奧古斯丁

哲學思想導論

Augustinus

克里斯多夫・霍恩 Christoph Horn 著

羅月美 譯

五南圖書出版公司 印行

目　次

* 引述方式（Zitierweise）

根據作品標題、卷、章的編號與節的編號引述奧古斯丁，例如：Conf. VII 7, 11 =
《懺悔錄》第7卷，第7章，第11節（Confessiones, Buch VII, Kapitel 7, Paragraph
11）。《聖經》的縮寫遵循「標準翻譯」的附錄。

Preface to the Taiwanese Translation of *Augustinus*

It is with great pleasure that I see the newly accomplished Taiwanese translation of my introduction into the study of Augustine going back to the year 1995. I published it at that time with the strong feeling that, so far, a specifically philosophical presentation of Augustine's thought was absent, particularly in Germany. In the years before the publication of the book it became somewhat fashionable to criticize Augustine for his alleged argumentative weaknesses and shortcomings, as well as for the so-called fatal consequences of his theory of sin, grace, and predestination. So I simply tried to present Augustine objectively, without negative prejudices, and in all of his intellectual attractiveness: and I am still absolutely convinced that he is an excellent thinker. Although he was not the first Christian philosopher, he should be seen as the first one having an eminent importance as an original and thorough author. He is on the same level as the most brilliant representatives of the Western tradition: Plato and Aristotle, Aquinas and Duns Scotus, Descartes and Leibniz, Kant and Hegel. With his innumerous writings Augustine in fact covers the majority of the most important topics of philosophy. Later Christian philosophers, especially those of the Medieval and Early modern period, owe a lot to Augustine, and most of them openly acknowledge that debt.

The little book was and is meant to inform its readers in a neutral, but benevolent way about Augustine's thought. I very much hope that it might inspire younger scholars and philosophers in Taiwan to take studies on Augustine seriously. Augustinian scholarship is now a worldwide enterprise, and we currently see a growing number of interesting contributions to research coming from East Asia.

I wish to thank Professor Dr Yip-Mei Loh was her intense and careful work with the translation from German into Taiwanese. Yip-Mei Loh is an extremely diligent scholar in her studies on Classical Greek philosophy and on Early Christian thought, and her German is brilliant. So I am very grateful that she did this challenging job.

Bonn, September 2020   Christoph Horn

中文版序

　　本書是根據西元1995年版我對奧古斯丁研究的介紹，很高興能看到最近被翻譯成繁體中文。那時候我出版這本書時是強烈地感覺到，至今，特別是德國，對奧古斯丁的哲學思想欠缺具體的呈現。在出版這本書的前幾年，據稱奧古斯丁論證的脆弱與缺陷，以及他的罪、恩典與預定論的理論帶來所謂致命的後果，批評奧古斯丁的話題就成為趨勢。所以，我只嘗試客觀地，毫無負面偏見的將奧古斯丁核心焦點呈現在大家面前：我仍然完全相信，他是一位傑出的思想家。儘管他不是第一位基督教哲學家，他應被視為第一位擁有舉足輕重並具有原創性和全面性的作者。他與西方傳統最傑出的代表人物處於同一水平：柏拉圖和亞里斯多德，阿奎那和鄧斯·司各特，笛卡兒和萊布尼茲，康德和黑格爾。奧古斯丁的著作無數，他實際上涉及了大多數的最重要的哲學主題。後來的基督教哲學家，尤其是中世紀和現代初期的哲學家，很多歸功於奧古斯丁，其中大多數人公開承認了這個受惠。

　　這本小書以一種不偏頗且善意的方式，介紹讀者有關奧古斯丁的思想。我非常希望它能激發臺灣年輕的學者和哲學家認真地研究奧古斯丁。奧古斯丁的學術研究現已成為一項全球性的事業，並且我們目前看到來自東亞的研究逐漸對它做出了越來越多值得關注的貢獻。

　　我要感謝羅月美教授，在這本德語著作翻譯成繁體中文，她所做的認真和仔細的工作。羅月美在研究古典希臘哲學和早期基督教思想方面是一位非常勤奮的學者，她的德文很好。因此，我非常感謝她做了這項具有挑戰性的工作。

克里斯多夫・霍恩

2020年9月，波昂

譯者序

　　在開始翻譯這本書時，內心一直挣扎著，到底是要以天主教的詞彙來翻譯這本書裡的關鍵詞呢？還是以基督新教的詞彙來翻譯它們呢？因爲聖奧古斯丁所生活的時代，他所讀的《聖經·舊約》是《七十士譯本》拉丁文聖經，而且宗教改革在當時是天方夜譚。直到這本書翻譯完了，我決定把天主教的詞彙改成新教的詞彙。原因之一是新教的詞彙是大多數人所熟悉的。這種詞彙上翻譯的差異的現象，獨特的出現在華語世界裡，因此，它們常常造成許多非基督徒的讀者在閱讀上的困惑。於是，我決定就新教與天主教的詞彙上的使用做一個簡單的對照表，以便讀者可以清楚它們之間的差異。

　　奧古斯丁在哲學史上的一個特殊的貢獻是「他也許是第一位作者把他的複雜的自傳的統一性當作哲學的問題」（頁23）；即，他是第一位哲學家把自己的生命故事別樹一幟的以哲學的神學方式呈現出來。在他的重要著作《懺悔錄》裡，他誠摯地向神懺悔，並向世人表達自己過往放任的行爲的罪咎，藉此創新了一種有別於歐利根的哲學的神學，儘管這樣的創新不是沒有爭議性的。正如本書作者對他的創新的描述「奧古斯丁的核心的生活各階段，對於他的哲學─神學的立場的發展，具有一個比其他哲學家的情況更爲重大的意義」（頁25）。清楚地，他的哲學神學的思想的形塑與他的生命歷程是不能切割的，因此要理解他的神哲學思想，必須從他的生命故事開始。可以這麼說，他的生命的歷程是他對時代價值的叛逆的造就，他的別具一格的神哲學卻是他對時代的精神的意義的重新詮釋與賦予，藉此啓明了中世紀的與現代的哲學的發展；尤其他在記號學與意志論的貢獻，決定性地影響後來哲學的發展。更不用說，他的恩典學說對馬丁路德的哲學的神學的影響

了。

　　西塞羅（Cicero）是一位最重要的作家，他對奧古斯丁的思想的影響是深遠的。奧古斯丁在《懺悔錄》第三卷，第四章告訴我們，他在十九歲時讀了西塞羅的《論哲學》這部作品之後使得他的思想發生的轉變，令他嚮往不朽的智慧。儘管奧古斯丁拒絕了西塞羅的懷疑論，但是他的哲學著作卻帶領著奧古斯丁認識希臘哲學。在西塞羅之後，影響奧古斯丁的思想的另一位重要人物是維吉爾（Vergil）。

　　瓦羅（Varro）是一位偉大的羅馬作家與重要學者，奧古斯丁在《論上帝之國》的第六卷，第二章裡最經常提到他；在那裡，他說瓦羅是一位最有學問的人，而且他的著作之多，以致我們無法一一讀完他的作品。在第三章裡，他告訴我們瓦羅在他的一部重要《論人類的與神的事物的文物》（*On the Antiquities of Human and Divine Things*）裡，把「神的事物」（共16卷）與「人的事物」（共25卷）區別出來。在這部著作裡，他首先談論有關於「人的事物」，接著才寫「神的事物」。在「人的事物」方面，在這部著作的前六卷書裡談論有關人，接著在六卷書裡談論地點，在下六卷書裡談論時間以及最後在六卷書裡談論有關事物。類似地，在「神的事物」方面，在不同的章節裡分別談論有關人、地點、時間與神聖的儀式。

　　奧古斯丁在《論上帝之國》的第六卷，第十章裡告訴我們，斯多噶主義哲學家塞內卡（Seneca）是在使徒時代裡一位重要的思想家，他比瓦羅更強烈地批評羅馬人的民間的神學（the civil theology），並把這種神學視為是一種迷信。除此之外，在第十一章裡，奧古斯丁告訴我們說，塞內卡對猶太人的安息日（the Sabbath）也有諸多的批評。因為每七天中就有一天休息，他們失去了近一生的七分之一，並且在緊急情況下他們不能有所行動，這樣常使得他們遭受損失。然而，對於那些對猶太人最懷有敵意的基督徒，塞內卡並沒有提及他們是好是壞。

　　在這本書裡，有幾個詞彙必須要釐清的是‘Gedächtnis’（記憶或思想，拉丁文是‘memoria’）、‘Erinnerung’（回憶，希臘文是‘anamnêsis’）、‘Gedanke’（思想）與‘Denken’（思想）。正如這本書的作者強調「記憶概念以

回憶理論爲依據」（頁73）的那樣，「記憶」與「回憶」是構成我們「思想」的一體兩面，缺少了其中的任何一個，思想就無法形成。清楚地，'Gedächtnis'的意涵不單純是「記憶」，它有更深層的意義。一般上它除了意涵「記住事件的能力」（Fähigkeit）之外，它還指「意識」（Bewusstsein），因爲正如作者所說的「思想（'Gedächtnis'）比官能（Fähigkeit）更能再生回憶」（頁86）那樣，這兩者都需要透過「回憶」以使存放在「記憶」（'Gedächtnis'）裡的東西實現爲'Gedanke'或'Denken'（思想）；即思想的產生是在回憶的過程中把「記憶」（'Gedächtnis'）實現。從這點看來「回憶」（'Erinnerung'）的另一面就是「思想」（'Gedächtnis'）。在德文裡這兩個詞是同義詞。作者說「時間除了存在於魂中之外，不存在於任何地方，亦即存在於記憶（Erinnerung, memoria）的形式中，當前的知覺（aktueller Wahrnehmung, contuitus）的形式中，和期待（Antizipation, expectatio）的形式（Form）中」（頁120）。作者爲了闡明這點，他特別借用拉丁文的'memoria'來表達，並且把'memoria'視爲是一種意識與在先的知識，它是我們的思想（Gedächtnis）。因此，在這本譯作裡根據脈絡分別把'Gedächtnis'翻譯爲「記憶」與「思想」。'Gedanke'與'Denken'的區別是前者指的是一個整體的概念，例如：作者在這本書裡指出奧古斯丁把柏拉圖的眾相學說當作爲「上帝的思想」（Gedanken Gottes）（頁82）。有一首德文歌曲'Die Gedanken sind frei'〈思想是自由的〉就很明確的表達這個詞彙的整體的概念；而'Denken'是由動詞變成中性名詞，它指的個別人的思想，而不是一個普遍的整體的概念。

譯者謝辭

　　每一本書的完成都有它的故事，奧古斯丁的神學哲學能夠真實地踏進我的生命，是在我念碩士班時，聽了鄭凱元老師的「維根斯坦的哲學」這門課。當時鄭老師使用的課本是維根斯坦的《哲學的研究》（*Philosophische Untersuchungen*）這部作品。打開這本書的第一頁的第一段話，維根斯坦引述了奧古斯丁的《懺悔錄》的第一卷，第八章的拉丁文原文作爲他的這部作品的開端。自此之後，我與奧古斯丁就結下了緣分。

　　我特別要感謝科技部於西元2012年補助我赴英國杜倫大學古典與古代歷史學系從事研究（核定編號：101-2917-I-030-002）撰寫我的博士論文，以及輔仁大學于斌樞機主教天主教人才培育基金於西元2019年輔助我赴德國萊比錫大學神學系從事研究。

　　我認識作者Prof. Christoph Horn是在西元2014年太陽花學運結束後不久，當時我還在等我的博士論文口考的時間安排，他寄了一分邀請函給我到波昂大學從事學術研究。一接到這封邀請函，我立即回函給他。同年六月拿到我的博士學位後，我就馬上飛離臺灣遠赴德國，開始了我短暫的博士後研究。這是我第一次到德國的經驗，在一個人生地不熟的陌生環境需要克服很多的困難，這些困難都不能阻礙我對古典哲學與神學的追求。今天會把他的這部作品翻譯成中文，是因爲我從這本小書裡得到許多的啓發。這確實是一本值得一讀的好書。對奧古斯丁有更深一層的認識，是在我翻譯完我的第一部翻譯作品，也是由五南出版社出版的馬克・愛德華斯教授的《歐利根駁斥柏拉圖》。我更要感謝當時在陽明大學任教的花亦芬教授，當年她願意把她的譯作《義大利

文藝復興時代的文化》這本書給我做校對，對它的閱讀不僅開啓了我的研究之路，也打開了我對翻譯的熱誠。謝謝您們給我學習與成長的機會。

　　感謝我的主治醫師林恩源博士在我車禍後的這一年多的時間裡給我許多的照護，讓我能平安的度過生命的險境。感謝張國聖教授與鄭惠芳教授的幫助，在狂風暴雨、巨浪突襲時，您們爲我掌舵，讓我暫時能安全靠岸，完成這本書的翻譯。感謝黎建球校長、林正弘教授、張炳陽教授、曾慶豹教授、邱榮舉教授、劉梅君教授、盧怡君教授、私校工會尤榮輝理事長與監察院賴鼎銘委員，以及李世萍女士、黃主守先生與中壢愛鄰舍協會的牧師、師母和同工們這些年來對我的照顧，還有許多無意間啓發我的人，提攜我、教導我、幫助過我的師長、前輩與朋友。在我被壓迫之中，仍有天主的平安。感謝我的摯友：Terry、Kevin、Jack、Jess Elliott、Birk Engmann、Sven Roemling、Matthias Vetter、Frauke Faure與Daniel Holder，謝謝您們給我的許多的幫助。十分謝謝五南出版社，出版我的第二部譯作。這本書有翻譯不夠理想的地方，請讀者們提供寶貴的意見給我，謝謝您們！最後，我要將這本書獻給我的碩士論文指導教授之一的張柯圳教授。

　　但願本書中的人文氣息能滋養我們內在的生命，豐富我們的土地，使我們的文化更充滿著愛與包容，讓理性（ratio）與公正的亮光（lumen）引導我們，成爲我們腳前的明燈。

羅月美

臺北市雲和街

2020年10月10日

譯者導論

　　柏拉圖學院與亞里斯多德的學生亞歷山大帝（西元前323年）對世界的影響與貢獻並非三言兩語可以道盡。儘管如此，可以肯定的是，沒有這兩位基督宗教哲學不會產生。

　　亞歷山大帝在三十歲時，他不僅領導了一個龐大而雜色的帝國，這個帝國從地中海東部和埃及延伸至印度的邊緣，而且把希臘文化的教養（paideia）輸出，將它融入到他所帶領的龐大的帝國裡，從而促進了一種新的國際文化的發展，這種文化被學者稱爲希臘文化（Hellenism）。[1]希臘語在當時就成爲類似於現代的英語，也是國際上最重要的溝通語言，它促進了貿易和旅行，貨物和思想的交換，以及政府和外交部門在廣大領土上的運作。[2]如果用現在的概念來思考的話，我們可以說希臘化是西方的第一個全球化的偉大經歷，尤其在教育上，希臘化扮演著重要的角色，因此在課程設計上，希臘哲學，特別是柏拉圖哲學是必修課，其目的是要訓練貴族子女從事理性思辨。[3]由於希臘語成爲當時知識分子的官方語言，以至於西元前二世紀，流散地中海的猶太人拋棄了他們的母語，並將其古老的神聖著作從希伯來語（或亞蘭語[Aramaic]）翻譯成希臘語。除此之外，基督教運動的最初幾個世紀中的大多數文本，甚至包括在「拉丁」西方（例如：在羅

---

[1]　Paula Fredriksen (2010). *Augustine and the Jews*, p. 4, pp. 42-43, (the US: Yale University Press). 參考馬克愛德華斯《歐利根駁斥柏拉圖》，羅月美譯，12頁。臺北：五南出版社，2020年5月。

[2]　Ibid., p. 4, pp. 42-43.

[3]　Ibid, p. 4.

馬或里昂[Lyon]）撰寫的文本，實際上都是用希臘語書寫的，[4] 例如：《聖經‧新約》的作者——包括保羅，可以說是已經希臘化的猶太人。當時他所讀的《聖經‧舊約》是從希伯來文翻譯爲希臘文的《七十士譯本》（the Septuagint）。[5]——以及亞歷山大城的斐羅（Philo of Alexandria，大約西元前20至西元40）、克雷蒙（Clement）與歐利根（Origen，西元184-253）都深受柏拉圖主義思想的影響。正如馬克‧愛德華斯（Mark Edwards）在他的《歐利根駁斥柏拉圖》裡說：「在神學家之中，亞歷山大城代表柏拉圖主義」[6] 那樣，當時的亞歷山大城的學術氛圍是充滿著濃濃的柏拉圖主義的氣氛。

在猶太人的傳統中，斐羅——一位已希臘化的猶太人，利用他的希臘文的知識來詮釋《聖經》，在年紀上比耶穌及保羅早很多——不是唯一一位，也不是第一位把柏拉圖視爲是詮釋摩西律法的有用資源，藉此主張：柏拉圖是借用摩西的思想，只是他的處理方法是更廣泛的與有趣的而已。[7] 簡言之，斐羅主張希臘哲學家借用了猶太人的哲學思想，並把它融入到希臘哲學思想裡。因此，在亞歷山大帝把希臘文化的教養（paideia）輸出時，柏拉圖學院（the Academy）扮演著一個積極的角色，而斐羅就身處在中期的柏拉圖主義（Middle Platonism）的開始階段。[8] 所以，這一點也不令人感到意外，歷史上把斐羅稱爲「猶太的柏拉圖主義的斐羅」（Philo's Judaic

---

[4] Ibid, p. 4.

[5] Wayne A. Meeks and John T. Fitzgerald (edited) (2007). *The Writings of St. Paul*, p. xxi, (the US: W. W. Norton & Company, Inc.)

[6] 馬克愛德華斯（2020）。《歐利根駁斥柏拉圖》，羅月美譯，第 1 頁。臺灣／臺北：五南圖書出版股分有限公司。

[7] Julia Annas (2017). *Virtue & Law in Plato & Beyond*, p. 189, (the UK: Oxford University Press). Cf. Paula Fredriksen (2010), pp. 46-47. Cf. G. R. Boys-Stones (2003). *Post-Hellenistic Philosophy – A Study of its Development from the Stoic to Origen*, pp. 79-85, (the US: Oxford University Press).

[8] Robert M. Berchman (1984). *From Philo to Origen – Middle Platonism in Transition*, p. 24, (the US: Brown Judaic Studies 69). 有關柏拉圖學院，請參考羅月美，〈柏拉圖主義〉，《基督教與華人文化社會研究中心通訊》，第 7 期，11-14 頁，2016 年 3 月。

Platonism）[9]或者「柏拉圖化的猶太主義的亞歷山大城的斐羅」（the Platonised Judaism of Philo of Alexandria）[10]。可以這麼說，就某種程度上，任何試圖想要把希臘文化與猶太文化區隔開來的人，都會導致對斐羅思想的誤解。

新柏拉圖主義的創始者是一位基督徒阿摩尼烏斯·沙克斯（Ammonius Saccas），但據說在他晚年時卻轉向了異教（paganism），他在西元200年在亞歷山大城創立了自己的學校，歐利根（Origen）與普羅丁（Plotinus，西元204-270）跟隨著他學習；新柏拉圖主義者努力把柏拉圖的與亞里斯多德的哲學融為一體，並對他們的作品做了許多的評論與註解。[11]普羅丁的哲學充滿著濃厚的基督教的思想，他的思想裡的兩個重要概念「流出」（emanation）與「回歸」（return）是他的存有論的等級說（ontological hierarchy）的核心概念，而前者是普羅丁的形上學的基體（hypostases）學說——太一（*Hen*）、心智（*nous*）與魂（*psychê*）——的基礎。[12]不過，「流出」的這個概念不是普羅丁獨創的，因為歐利根在他的《論第一原理》裡已經使用它來描述上帝的智慧的流出，甚至可以這樣說，它是出自於《智慧書》第七章，第二十五節裡說「她[即智慧]是上帝威能的氣息，是全能者榮耀的真誠流露（emanation）；因此，任何汙穢都不能浸入她裡面」。至於普羅丁的「基體」，這也不是他所新創的概念，也是出自於歐利根的《論第一原理》。[13]而「回歸」的思想早已出現在柏拉圖的《蒂邁歐》（*Timae-*

---

[9] Ibid, p. 23.

[10] John Dillon (1992). 'Origen and Plotinus: The Platonic Influence on Early Christianity', in *The Relationship between Neoplatonism and Christianity*, edited by Thomas Finan and Vincent Twomey, p.13, (Dublin/Ireland: Four Courts Press Ltd.).

[11] Pauliina Remes (2008). *Neoplatonism*, pp. 3-6 and p. 17 (the UK: Acumen Publishing Limited).

[12] Yip Mei Loh (2019 04). 'The Theory of Lux and Lumen in the Bible and Plotinus' in the *Monthly Review of Philosophy and Culture* 539, pp. 125-126. 有關「流出」的觀點，參考馬克愛德華斯（2020），《歐利根駁斥柏拉圖》，羅月美譯，第3頁。

[13] Origen (1966). *On First Principles*, translated by G. W. Butterworth, Bk. 1, Ch. 2. (New York/the US: Harper & Row, Publishers).

us）與《費德羅斯》（*Phaedrus*）裡。例如：《費德羅斯》247d-e裡，柏拉圖描述人的心智（nous）能夠看見我們的魂的掌舵手，當我們以神的真理與德性滋養我們的魂，它就長得越茁壯，它的羽翅長得更健壯，完全不被惡所駕馭，此時它能看見所有神的知識（epistêmê）與德性，它就降回到天的內部，返回家中（*εἰς τὸ εἴσω τοῦ οὐρανοῦ, οἴκαδε ἦλθεν*）。

普羅丁的思想不是沒有爭議的，例如：他的學生波菲利（Porphyry，西元234-305），在他的《普羅丁的生平》裡告訴我們，普羅丁曾被指控他的思想是抄襲一位敘利亞的柏拉圖主義者努美尼烏斯（Numenius，興盛年西元150至215年）的思想，儘管後來證實那是不正確的。[14] 波菲利與普羅丁形成強烈的對比，波菲利以他對《聖經》的熟悉對基督教採取強烈地批判，導致他的作品《反對基督徒》（*Adversus Christianos*）被燒毀[15]，至於他在哪方面以及如何反基督徒，我們現在無法從他的作品裡確切知道。不過，有學者認為波菲利反對耶穌的某些說法含糊不清，從純粹的哲學觀點來看，儘管在他看來耶穌的說法是胡說八道，但他也對耶穌的說法提出了神學上的反駁。[16] 他的學生是出生在敘利亞的楊布里庫斯（Iamblichus，大約西元240-325），年紀上是比他的老師年輕四歲，卻採取與他的老師不同的哲學批判的途徑。[17] 楊布里庫斯（Iamblichus）在西元三世紀時從羅馬回到敘利亞，在敘利亞的阿巴米亞（Apamea）這地方建立了他自己的學校，在那裡他除了專心研究畢達哥拉斯的哲學，亞里斯多德的邏輯學之外，也嚴格地挑選了柏拉圖的一些對話錄來研讀。[18] 在晚期的柏拉圖主義者之中，楊布

---

[14] Ibid., pp.5-6. Cf. Yip Mei Loh, 'Porphyry, An Anti-Christian Plotinian Platonist' in *International Academic Forum*, https://www.scribd.com/document/380692271/Porphyry-An-Anti-Christian-Plotinian-Platonist (Retrieved September, 2020).

[15] Yip Mei Loh, 'Porphyry, An Anti-Christian Plotinian Platonist' in *International Academic Forum*.

[16] Pauliina Remes (2008). *Neoplatonism*, p. 17.

[17] Ibid., pp.23-24. Cf. John Dillon (2004). 'Philosophy of a Profession' in *Approaching Late Antiquity – The Transformation from Early to Late Empire*, edited by Simon Swain and Mark Edwards, p.406, (New York/the US: Oxford University Press).

[18] John Dillon (2004). 'Philosophy of a Profession', pp. 407-408.

里庫斯（Iamblichus）是唯一的一位我們目前仍可以獲得那些他被保存下來的書信，例如：《論德性》（*On Virtue*）、《論真理》（*On Truth*）、《論命運》（*On Fate*）與《論辯證法》（*On Dialectic*）等等；只要反基督教的黎西尼屋斯（Licinius，大約西元265-325）在東方執政掌權，楊布里庫斯（Iamblichus）的立場就可以得到保證，但當君士坦丁（Constantine，大約西元272-337）接任後，要維持如此重要的希臘文化和宗教中心變得越來越困難，因此，這所學校就必須走入地下活動，等待以後伺機再重新出現。[19]

至於在亞歷山大城的學校（the Alexandrian School），我們沒有證據可以證明此時這所學校的教學是延續著安阿摩尼烏斯·沙克斯（Ammonius Saccas，大約西元三世紀時期的哲學家）的新柏拉圖式的教學傳統，但我們知道在西元五世紀初時，著名的數學家席昂（Theon，據說他曾是一位亞歷山大圖書館的一位研究員）與他的女兒海帕提婭（Hypatia，西元370-415）於西元415年被一群的基督徒暴徒所殺害。[20] 現在讓我們來到西元第五世紀與第六世紀的新柏拉圖主義，即所謂的雅典學校（the Athenian School），在這裡終於柏拉圖的學院成為官方的教學，這所學校的第一任領袖是雅典的普魯塔克（Plutarch，大約西元349-432），接著是敘黎安斯（Syrianus，大約死於西元437年；Domnius?），普羅克洛（Prolcus，西元410/12-485），馬力奴斯（Marinus，大約出生於西元440年），依稀多錄（Isidorus，大約西元450-520；Hegias?）澤若多托斯（Zenodotus）與達瑪西烏斯（Damascius，大約西元458-538）；這所異教徒的新柏拉圖主義的學校於西元529年在皇帝查士丁尼（Justinian，西元482-565）命令之下關閉。[21] 這樣，異教徒的柏拉圖學院就此結束。

---

[19] Ibid, p. 410. 有關於黎西尼屋斯（Licinius）與君士坦丁，請參考 Eusebius (2007). *The Church History*, x.8, translation and commentary by Paul L. Maier, (Kregel Publications).

[20] R. T. Wallis (1972). *Neo-Platonism*, p. 139, (London/the UK: Gerald Duckworth & Company Limited).

[21] Ibid., p. 138, p. 159. Cf. John Dillon (2004). 'Philosophy of a Profession', p. 411; and Pauliina Remes (2008). *Neoplatonism*, p. 198.

　　現在讓我們轉到於西元354年出生在非洲塔加斯特城（Thagaste）的奧古斯丁。在他的《懺悔錄》第八卷，第二章裡，他提到一位在西元四世紀時出生在非洲，且是一位把「柏拉圖主義者之著作」翻譯爲拉丁文的譯者，並皈依成爲基督徒的修辭學教師馬里烏斯・維多里努斯（Marius Victorinus）；奧古斯丁讀過他所翻譯的這些著作。[22] 此外，維多里努斯（Victorinus）還使用新柏拉圖主義的概念來描述與分析基督教的三位一體的神學（Christian Trinitarian theology）[23]，例如：他把新柏拉圖主義裡的三格組合（triad）對應於基督教中神格（Godhead）裡的聖父、聖子與聖靈；天父對應於存有，聖靈對應於在理智中的存有的對象化以及神子對應於生命。[24] 在奧古斯丁的皈依過程中，除了他的母親在他的信仰道路上給他很多的幫助之外，另一位重要的人物是米蘭主教安波羅修（Ambrose，大約西元340-397）。安波羅修對奧古斯丁的生命的影響是難以形容的，以致在他過世之後，奧古斯丁督促保羅尼努斯（Paulinus）爲安波羅修寫下他的生平，這點可從米蘭的保羅尼努斯的《聖安波羅修的生平》（*Life of St. Ambrose*）這部著作的第一句話的清晰明瞭的說明，我們可以對之一目了然。所以要理解安波羅修，除了在奧古斯丁的《懺悔錄》裡我們可以找到一些研究的資料之外，保羅尼努斯（Paulinus）的《聖安波羅修的生平》也扮演著舉足輕重的角色。在《懺悔錄》的第五卷，第十三至十四章裡，奧古斯丁告訴我們他到了米蘭去拜見主教安波羅修之後，他被安波羅修的演講所深深吸引，尤其是聽了他對《舊約》的文字詮釋，使他開始與摩尼教派漸行漸遠；在第九卷，第五章裡，他又告訴我們在他接受洗禮前，他向安波羅修請益應該讀《聖經》的哪一卷書；安波羅修建議他讀《以賽亞書》（Esaias）。接著他跟他

---

[22] Cf. R. T. Wallis (1972). *Neo-Platonism*, p. 167; and Mary T. Clark (1982). 'A Neoplatonic Commentary on the Christian Trinity: Marius Victorinus' in *Neoplatonism and Christian Thought*, p. 24, (Albany/the US: State University of New York).

[23] Pauliina Remes (2008). *Neoplatonism*, p. 198.

[24] Mark Edwards (2012). 'Augustine and His Christian Predecessors' in *A Companion to Augustine*, edited by Mark Vessey with the assistance of Shelley Reid, p. 218, (the UK: Blackwell Publishing Ltd.)

的朋友一起在米蘭受洗成為基督徒（《懺悔錄》第9卷，第6章）。另外，奧古斯丁也告訴我們安波羅修受到阿里屋教派（the Arian）的逼迫（《懺悔錄》第9卷，第7章）。

希耶洛繆努斯（Hieronymus，即Jerome（耶柔米））是當時與奧古斯丁有許多書信往來的一位舉足輕重的人物。希耶洛繆努斯於西元347年出生於羅馬帝國時期位在達爾瑪提亞（Dalmatia）省與潘洛尼亞省（Pannonia）之間的邊境地帶的斯替頓（Stridon），由於當時時代因素，嬰兒洗在當時並不常見，大多數人都是選擇成人之後才受洗，另一些人甚至延到在臨終前才接受洗禮。[25] 希耶洛繆努斯、奧古斯丁、盧非努斯（Rufinus）也不例外，他們到了成年之後才受洗成為基督徒。儘管希耶洛繆努斯的父母親是富裕的基督徒，他們並沒有讓他接受嬰兒洗；所以他長大之後，他選擇在羅馬接受洗禮皈依為基督徒。[26] 在羅馬結束他的學業之後，他到了德國的特里爾（Trier）以便把他所學的能夠在那裡有所發揮，並過著苦行的生活。[27] 後來他離開特里爾到了北義大利的阿圭萊雅（Aquileia）。他晚年卻在耶穌出生的地方伯利恆（Bethlehem）建立了他的修道院。[28]

根據奧古斯丁的《論上帝之國》第十八卷，第四十二章裡說，馬其頓的亞歷山大（Alexander of Macedon）的強行統治埃及之後，他被冠以「偉大」（"the Great"）的稱號，儘管他的成就在最高程度上令人讚嘆，但他的帝國並沒有持續到很久，他部分地依靠武裝力量征服了整個亞洲乃至幾乎整個世界。他的將軍們在他去世後並沒有和平分裂這個龐大的帝國。埃及隨即成為托勒密王朝的王國，埃及的國王托勒密一世（Ptolemy I）很想了解與擁有《聖經》，便俘虜許多猶太人把他們帶入埃及。在托洛密二世（Ptolemy II）繼承他的王位之後，他允許那些被托勒密一世帶到埃及的猶太人自由

---

[25] Stefan Rebenich (2002). Jerome, p.4, (London and New York: Routledge).

[26] Ibid.

[27] Ibid., p.6.

[28] Ibid., pp.12-20, pp.41-42.

（參考第四十五章），除了送了一個禮物給神的殿（temple of God）之外，
更懇求當時的最高祭司以利亞撒（Eleazar）給他一本《聖經》，讓他可以
把這部作品放入由他所建造的圖書館裡。因此，當他拿到這部希伯來文的
《聖經》時，他的下一個要求是要把它翻譯爲希臘文。當時共有七十二位精
通希伯來文與希臘文的譯者被分配到這項工作（從十二個部族裡每部族挑選
出六位，所以共有七十二位），當這項工作完成之後，這部翻譯作品被稱爲
《七十士譯本》（the Septuaginta）。[29]

　　希耶洛繆努斯重要的貢獻不僅把歐利根的一些希臘文作品翻譯爲拉丁
文，更重要的翻譯是他對聖經著作的各種抄寫。西元四世紀使用的聖經經文
完全不同，尤其是在《舊約》中。講希臘語的教會使用了希伯來聖經的譯
本，這個譯本起源於亞歷山大城，並被第一批基督徒採用，共有七十二位
譯者，但爲方便稱爲《七十士譯本》（the Septuaginta）。[30]在他們手寫的
過程中，他們的文字和措辭變得越來越不一致，因此在西元四世紀，至少
有三種不同的評註在不同地區被教會使用，包括西元三世紀時歐利根所做
的評註。[31]當時除了《七十士譯本》之外，還有西元二世紀的阿奎那（Aq-
uila），幸馬庫斯（Symmachus），提歐多替安（Theodotion）與一位匿名
譯者的新譯本。[32]歐利根受到《七十士譯本》與猶太人使用的希伯來語文
本之間的差異所困擾，於是他收集了他所知道的這些希臘文的譯本，並把
它們與希伯來文文本與《七十士譯本》逐字對照，這部《舊約》作品稱爲
Hexapla，意思是「六個版本」（"die Sechsfache"）或「六個部分」（"die

---

[29] Augustine. *City of God*, BK XVIII. 36-XX, BK XVIII, ch. XLII-XLV, London/England: Harvard University Press.

[30] Alfons Fürst (2011). *Von Origenes und Hieronymus zu Augustinus – Studien zur Antiken Theologiegeschichte*, S. 32, (Berlin/Germany: Walter de Gruyter GmbH & Co.).

[31] Ibid.

[32] Ibid. Cf. Augustine (2001). *City of God*, BK XVIII, ch. XLIII, (London/England: Harvard University Press). 奧古斯丁說，這位匿名的譯者的版本稱爲「第五部」。

Sechsteilige"）。[33]《七十士譯本》的經文在其他譯本的幫助下得到了更正，目的是使其盡可能與希伯來文原文對齊。[34]

從西元391年到405年，希耶洛繆努斯根據希伯來文與亞蘭語幾乎修訂了所有全部的拉丁文的舊約，在重新翻譯《聖經》時（後來稱他的聖經譯本爲《武加大譯本》（the Vulgatae）），他以歐利根的*Hexapla*爲基礎，因爲他所做的希臘文舊約的所有評註都最接近原始希伯來文文本。[35] 但是他的這項工作並沒有得到盧非努斯（Rufinus）與奧古斯丁的支持，前者堅持《七十士譯本》是唯一合法的與眞實的版本，後者認爲《七十士譯本》是會眾所熟悉的版本，比起希伯來文原文，出自於希臘文翻譯的版本在查詢上更容易些。[36] 奧古斯丁在他的《上帝之城》第十八卷，第四十三章裡說，「《七十士譯本》是希臘世界的基督徒所使用的唯一譯本，且這部《聖經‧舊約》已經被翻譯爲拉丁文，是拉丁教會所擁有的譯本。長老耶柔米（即希耶洛繆努斯）是一位最有學問並精通三種語文的學者，也使用這部譯本，但是他現在卻要從希伯來文（而不是從希臘文）重新把這部聖經翻譯爲拉丁文」。奧古斯丁很明顯地並不贊成這項他的最重要的成就的工作。

對於這些的歧異，希耶洛繆努斯在寫給支持他承擔這項翻譯工作的朋友德西德里烏斯（Desiderius）的信裡告訴我們，他做這項工作所承受到的壓力，他說：「這項工作肯定是危險的，並且受到批評者的攻擊，他們堅稱我是由於鄙視這七十位譯士而著手打造一個新版本來代替舊版本。他們在喝酒時就這樣測試能力，而我一次又一次地聲明，我在上帝的會幕中盡職盡責地奉獻了我所能提供的一切，並指出一個人帶來的偉大禮物不會被另一個劣等禮物所損害。」[37] 進一步，他發自內心的吶喊說：「我的對手，我的批評者，請聽我說：我既沒有責備，也沒有譴責這七十位譯士，但是我足夠大膽

---

[33] Ibid. 我們目前擁有歐利根這部作品只有殘篇。

[34] Ibid.

[35] Ibid., S. 33. Cf. Stefan Rebenich (2002). *Jerome*, p. 53.

[36] Stefan Rebenich (2002). *Jerome*, p. 54. Cf. Alfons Fürst (2011), S. 33.

[37] Ibid., p. 102.

的說在使徒與他們之中，我更喜歡使徒。我是從使徒的口中聽到基督的聲音，並且我讀到，在屬靈恩賜的分類中，它們擺在先知面前，而這些譯士幾乎占據了最低的位置。爲何你用嫉妒來凌虐自己呢？爲何你在無知者的心靈裡加油添火來攻擊我呢？」[38]

　　歐利根（一位東方基督教神學之父）的思想對早期奧古斯丁（一位西方的基督教教會之父）的哲學的神學的影響是重要的；儘管奧古斯丁對歐利根的講道集與《論第一原理》（*Peri Archôn*）作品的認識是透過或者希耶洛繆努斯（即耶柔米）或者盧非努斯（Rufinus）對歐利根的作品的翻譯，可是他在皈依之前就已經從深受歐利根思想影響的米蘭主教安波羅修（Ambrose）的講道裡認識了歐利根的哲學的神學思想，尤其他對安波羅修這部《論六天的創造》（*Hexaemeron*）的講道集的熟悉。[39] 在他的《懺悔錄》裡，奧古斯丁自己也說，當他第一次聽安波羅修講道時，他被他的講道的內容給深深的吸引住，爲他著迷，儘管在這部作品裡他隻字都沒有提到歐利根。

　　在歐利根的《論創世記》的講道集裡，歐利根在描述「在起初，神創造了天與地」時，他引述了《約翰福音》第一章，第一節到第三節「太初有道，道與上帝同在，道就是上帝。這道太初與上帝同在。萬物都是藉著祂造的，沒有一樣不是藉著祂造的。」[40] 他主張這個「起初」（*archê*, prin-ciple）就是基督（Christ），祂不在時間裡，因爲時間與空間都是透過祂與在祂之中的創造。同樣地，在安波羅修的《論六天的創造》裡也引述了《約翰福音》第一章，第一節到第三節來論證《創世記》裡的「起初」的概念是

---

[38] Ibid., p. 104.

[39] Gerald A. McCool, S/J.. 'The Ambrosian Origin of St. Augustine's Theology of the Image of God in Man' in the Theological Studies 20 (1959) 62-81, pp. 66-67. Cf. Ilaria L.E. Ramelli. 'Origen in Augustine: A Paradoxical Reception' in the *Numen* 60 (2013) 280-307, pp. 293-294, 296. (Leiden: Koninklijke Brill NV) and Györgu Heidl (1999), 'Did the Young Augustine Read Origen's Homily on Paradise?' in *Origeniana* VII, Herausgegeben von W. A. Beinert und U. Kühneweg, 597-604, p. 603, Leuven: Leuven University Press.

[40] Origen (1982). *Homilies on Genesis and Exodus*, translated by Ronald E. Heine, Homily 1, 1, p. 47. Washington, D. C.: The Catholic University of America Press.

與基督等同的。[41]而奧古斯丁的文本似乎參考了安波羅修的講道集的文本，他說「在起初上帝創造了天與地，不是在時間上的起初，而是在基督裡。因爲祂是與父神同在的道，透過祂以及在祂之中萬物被創造。」[42]從這裡我們不僅發現到奧古斯丁在註釋《約翰福音》這段經文似乎完全與歐利根及安波羅修相似；且更讓我們聯想起柏拉圖的《蒂邁歐》（*Timaeus*）裡的工匠神（Demiurge），馬克愛德華斯（Mark Edwards）把他描述爲「那個永恆的典範（paradigm）的模仿者」；[43]在《歐利根駁斥柏拉圖》的中文版序裡，他也說「歐利根比任何其他的哲學家更常引述柏拉圖」。

　　另一個歐利根影響奧古斯丁的早期觀點的是救贖的學說（the doctrine of *apokatastasis*）。希臘文的'*apokatastasis*'的原來的意思是指「返回到原始的地方」（return）、從疾病中「恢復」（restoration）健康或「修復」（restitution）那已被破壞的關係。在《使徒行傳》（*Apostelgeschichte*）第三章，第二十一節裡，馬丁路德把這個詞理解爲德文的'Wiederherstellung'，即「重建」或「修復」與神的關係。[44]奧古斯丁早期的思想爲了駁斥摩尼教（譯註：由摩尼（Mani或Manus）在24歲時所創立的信仰。摩尼大約在西元216年出生在今天的伊拉克，並於大約西元276或270年過世。這個信仰迅速的在印度、亞洲及羅馬帝國裡傳開來的一種二元論的思想[45]）的思想，他使用歐利根對「救贖」（*apokatastasis*）的理解。就歐利根而言，所有的靈魂都可以回歸到上帝那裡，包括惡人的靈魂，因爲只要這些靈魂在另一個世界裡經歷過永火（*ignis aeternus*）的淨化之後，最後他們也都可以修復或者重

[41] St. Ambrose (first paperback reprint 2003). *Hexameron*, translated by John J. Savage, Bk 1, ch. 15, p. 15. Washington, D. C.: The Catholic University of America Press.

[42] St. Augustine (1991). Two Books on Genesis against the Machees, translated by Roland J. Teske, S.J., Bk 1, ch. 2, p. 49. Washington, D. C.: The Catholic University of America Press.

[43] 馬克愛德華斯（2020），《歐利根駁斥柏拉圖》，羅月美譯，第29頁。

[44] Martin Luther (Revidiert 2017). *Die Bibel*, nach Martin Luthers Übersetzung. Deutsche Bibelgesellschaft.

[45] St. Augustine (1991). *Two Books on Genesis against the Machees*, translated by Roland J. Teske, S.J., p. 7.

建他們在墜落之前與神的那種原始的關係。[46]簡言之，他主張的是一種普遍的救贖（universal restoration）的觀念。可是，奧古斯丁在《論上帝之國》第二十一卷，第二十三章裡駁斥歐利根的這個觀念，並把它視爲一種異端的學說。他說：「《聖經》告訴我們上帝並不拯救那些惡人，在他們接受最後的審判後，他們被拋入到地獄裡接受永恆的火的永遠懲罰。……因爲基督說：『這些人要往永刑（*in supplicium aeternum*）裡去，那些義人要往永生（*in vitam aeternam*）裡去』[47]。……因此，說永恆的生命是沒有盡頭的，而永恆的懲罰是有盡頭的，這是荒謬的。」[48]清楚地，奧古斯丁在這裡警告他的讀者不應把'*apokatastasis*'理解爲歐利根所理解的意義，因爲那些經歷永火（*ignis aeternus*）的靈魂是不能回到上帝那裡的，而是要在地獄裡接受永恆的懲罰。

歐利根的救贖的學說似乎有柏拉圖的影子。柏拉圖在《斐多》（*Phaedo*）裡清楚的主張人的靈魂是不朽的，人死後靈魂必須是要前往另一個旅程，靈魂會旅遊到那個駐點完全視他的做惡程度而定。在《斐多》110b-113c裡柏拉圖描述地獄塔爾塔羅斯（Tartarus）有個不同的層級，在那裡分別有四條河，它們是Oceannus，Acheron，Pyriphlegethon以及Stygian。其中後面的兩條河最後匯入到塔爾塔羅斯（Tartarus）裡。死者的靈魂視他們在地上所做的惡的程度不同，越是凶殘與詭計多端的就越被拋入到越低層級的河流裡接受與他們的作惡程度的相等的懲罰，靈魂在那裡經受程度不同的各種的痛苦，最低層的是Stygian，在這裡是滾滾流著火山岩漿。在113b-114b裡柏拉圖告訴我們，這些被拋入到塔爾塔羅斯（Tartarus）裡的靈魂在接受完他們的懲罰，而且如果他們的懇求獲得他們所冒犯的人的原諒的話，他們就能離開那裡，再次地被河水帶回到塔爾塔羅斯（Tartarus）裡，從那裡再

---

[46] St. Augustine (2001). *City of God*, BK XXI, ch. XVII and ch. XXIII, (London/England: Harvard University Press).

[47] 《馬太福音》第 25 章，第 46 節。參考 St. Augustine (2001). *City of God*, BK XXI, ch. XXIII, footnote 1。

[48] St. Augustine (2001). *City of God*, BK XXI, ch. XXIII.

視他們的罪被饒恕的程度而再度被拋入符合他們的罪行的地方裡繼續接受懲罰，直到他們所有的罪都被原諒了，他們的靈魂被潔淨了，並過著虔誠的生活，且追求智慧（philosophy），他們就會被帶入到一個美好的地方，在那裡不會受到身體的束縛。[49] 但是柏拉圖並沒有說所有惡的靈魂最後都能得到拯救，他說：「靈魂是不朽的，這樣就沒有擔保它能遠離惡，也沒有擔保它能被拯救，除非它變得盡可能的善與明智」[50]。至於善的靈魂，柏拉圖在《蒂邁歐》（Timaeus）裡告訴我們他們返回他們原先被創造時被分配到他們所居住的那顆星星裡，在那裡獲得一種幸福的生命。[51] 很清楚的，有關於靈魂的觀點，他主張的是一種創造論，不單單是一種靈魂先存與不朽，並進一步認為惡人的靈魂在接受完與他們罪行相符的懲罰之後，他們最後會抵達一個美好的住所。這點與歐利根的救贖學說十分相似，而這點明顯的與奧古斯丁的觀點相衝突，以致以奧古斯丁晚期的思想與柏拉圖主義者的思想相行漸遠。而奧古斯丁對靈魂的觀點，就在創造論（creationism，即所有的靈魂都是神創造的）與遺傳論（traducianism，即人的靈魂與身體一起被誕生）之間游移不決。[52] 歐利根與柏拉圖之間的差異是歐利根相信神的愛能戰勝罪與死亡，因神的愛是永不止息（《哥林多前書》，13:8）。[53]

　　研究奧古斯丁的生平除了可參考他的《懺悔錄》之外，還有由他的朋友蓋勒馬主教玻西底烏斯（Possidius, Bishop of Calama）所寫的《聖奧古斯丁的生平》（Sancti Augustini Vita）。前者記錄他在西元387年皈依前的生活

---

[49] 參考《費德羅斯》（Phaedrus）249a-b。Plato (first publisher 1914). Phaedrus, translated by Hoarold North Fowler, (London/England: Harvard University Press).

[50] Plato (1914). Phaedo, 107c-d translated by Harold North Fowler, (London/England: Harvard University Press).

[51] Plato (first published 1929). Timaues, 42a, translated by R. G. Bury, (London/England: Harvard University Press). 參考《費德羅斯》（Phaedrus）249b-d。

[52] 參考 Gerald Bostock (2003). "Origen: The Alternative to Augustine?" in The Expository Times, 327-332, Vol. 114, issue 10, July 1, 2003, p. 329-331.

[53] Gerald Bostock (2003). "Origen: The Alternative to Augustine?" in The Expository Times, 327-332, Vol. 114, issue 10, July 1, 2003, p. 332.

與他的屬靈的過程經驗。後者記錄他皈依之後到他過世之前的種種經歷。要
理解一位思想家的思想作品，其所處的時代歷史與教養（paideia）是不容忽
視的，因爲人的思想是他的時代精神的展現。

引用書目

Annas, Julia. *Virtue & Law in Plato & Beyond*, p. 189, the UK: Oxford University Press, 2017.

Berchman, M. Robert. *From Philo to Origen - Middle Platonism in Transition*, the US: Brown Judaic Studies 69. 1984.

Boys-Stones, G. R.. *Post-Hellenistic Philosophy - A Study of its Development from the Stoic to Origen*, the US: Oxford University Press, 2003.

Bostock, Gerald (2003). "Origen: The Alternative to Augustine?" in The Expository Times, 327-332, Vol. 114, issue 10, July 1, 2003.

Clark, T. Mary. 'A Neoplatonic Commentary on the Christian Trinity: Marius Victorinus' in*Neoplatonism and Christian Thought*, Albany/the US: State University of New York, 1982.

Dillon, John. 'Origen and Plotinus: The Platonic Influence on Early Christianity', in *The Relationship between Neoplatonism and Christianity*, edited by Thomas Finan and Vincent Twomey, Dublin/Ireland: Four Courts Press Ltd., 1992.

_____. 'Philosophy of a Profession' in *Approaching Late Antiquity - The Transformation from Early to Late Empire*, edited by Simon Swain and Mark Edwards, New York/the US: Oxford University Press, 2004.

Edwards, Mark. 'Augustine and His Christian Predecessors' in *A Companion to Augustine*,edited by Mark Vessey with the assistance of Shelley Reid, the UK: Blackwell Publishing Ltd., 2012.

Eusebius. *The Church History*, translation and commentary by Paul L. Maier, KregelPublications, 2007.

Fredriksen, Paula. *Augustine and the Jews*, the US: Yale University Press, 2010.

Fürst, Alfons. *Von Origenes und Hieronymus zu Augustinus-Studien zur Antiken Theologiegeschichte*, Berlin/Germany: Walter de Gruyter GmbH & Co., 2011.

Heidl, Györgu. 'Did the Young Augustine Read Origen's Homily on Paradise?' in *Origeniana*VII, Herausgegeben von W. A. Beinert und U. Kühneweg, 597-604, Leuven: Leuven University Press, 1999.

Loh, Yip-Mei. 'The Theory of Lux and Lumen in the Bible and Plotinus' in the *Monthly Review of Philosophy and Culture* 539, p. 123-140, 2019.04.

_____. 'Porphyry, An Anti-Christian Plotinian Platonist' in *International Academic Forum*, https://www.scribd.com/document/380692271/Porphyry-An-Anti-Christian-Plotinian-Platonist (Retrieved September, 2020).

Luther, Martin. *Die Bibel*, nach Martin Luthers Übersetzung. Deutsche Bibelgesellschaft, Revidiert 2017.

Meeks, A. Wayne and Fitzgerald, T. John (edited). *The Writings of St. Paul*, the US: W. W. Norton & Company, Inc., 2007.

Origen. *Homilies on Genesis and Exodus*, translated by Ronald E. Heine, Washington, D. C.:The Catholic University of America Press, 1982.

_____. *On First Principles*, translated by G. W. Butterworth, New York/the US: Harper & Row, Publishers, 1966.

_____. *Homilies on Genesis and Exodus*, translated by Ronald E. Heine, Washington, D. C.: The Catholic University of America Press, 1982.

Plato. *Phaedrus*, translated by Hoarold North Fowler, London/England: Harvard University Press, first publisher 1914.

_____. *Phaedo*, translated by Harold North Fowler, London/England: Harvard University Press, first publisher 1914.

_____. *Timaues*, translated by R. G. Bury, London/England: Harvard University Press, first published 1929.

Ramelli, L.E. Ilaria. 'Origen in Augustine: A Paradoxical Reception' in the *Numen* 60, pp. 280-307. Leiden: Koninklijke Brill NV, 2013.

Rebenich, Stefan. *Jerome*, London and New York: Routledge, 2002.

Remes, Pauliina. *Neoplatonism*, the UK: Acumen Publishing Limited, 2008.

S/J McCool, A. Gerald. 'The Ambrosian Origin of St. Augustine's Theology of the Image of God in Man' in the *Theological Studies* 20 (1959)62-81.

St. Ambrose. *Hexameron*, translated by John J. Savage, Washington, D. C.: The Catholic University of America Press, first paperback reprint 2003.

St. Augustine. *Two Books on Genesis against the Machees*, translated by Roland J. Teske, S.J., Washington, D. C.: The Catholic University of America Press, 1991.

_____. *City of God*, London/England: Harvard University Press, 2001.

Wallis, R. T.. *Neo-Platonism*, p. 139, London/the UK: Gerald Duckworth & Company Limited, 1972.

馬克愛德華斯。《歐利根駁斥柏拉圖》，羅月美譯，臺灣／臺北：五南圖書出版股分有限公司，2020年5月。

羅月美。〈柏拉圖主義〉，《基督教與華人文化社會研究中心通訊》，第七期，11-14頁，2016年3月。

縮寫列表

（根據奧古斯丁詞典，第一冊，43-45）

Acad.   《論學院派者》（De Academicis）

an.quant.   《論魂的廣度》（De animae quantitate）

beata u.   《論幸福的生活》（De beata vita）

cat.rud.   《論指導初學者信仰》（De cathechizandis rudibus）

ciu.   《論上帝之國》（De civitate dei）

conf.   《懺悔錄》（Confessiones）

diu.qu.   《論八十三個不同的問題》
       （De diversis quaestionibus octoginta tribus）

doctr.chr.   《論基督教的教義》（De doctrina christiana）

en.Ps.   《詩篇說明》（Enarrationes in Psalmos）

ep.   《書信》（Epistulae [Briefe]）

ep.Io.tr.   《約翰壹書的講道》
       （In epistulam Iohannis ad Parthos）

Gn.litt.   《論創世記的忠實於原文的詮釋》
       （De Genesi ad litteram）

Gn. litt.inp.   《論創世記的忠實於原文的詮釋[未完成之書]》
       （De Genesi ad litteram [liber inperfectus]）

Gn.adu.Man. 《駁摩尼教的創世記》
       （De Genesi adversus Manicheos）

Imm.an.   《論魂的不朽》（De immoralitate animae）

Io.eu.tr.   《約翰福音書的講座》
       （In Iohannis evangelium tractatus）

lib.arb.　　　《論自由抉擇》（De libero arbitrio）

mag.　　　　《論教師》（De magistro）

mor.　　　　《論大公教會的道德》
　　　　　　（De moribus ecclesiae catholicae）

mus.　　　　《論音樂》（De musica）

ord.　　　　《論秩序》（De ordine）

pecc.mer.　　《論罪的優點與饒恕》
　　　　　　（De peccatorum meritis et remissione）

perseu.　　　《論堅韌的恩賜》（De dono perseverantiae）

retr.　　　　《修訂》（Retractationes）

serm.　　　　《講道集》（Sermones [Predigten]）

Simpl.　　　《致辛普里西岸茲》（Ad Simplicianum）

sol.　　　　　《獨語錄》（Soliloquia）

trin.　　　　《論三位一體》（De trinitate）

uera rel.　　《論真正的宗教》（De vera religione）

util.cred.　　《論相信之效益》（De utilitate credendi）

天主教與基督教詞彙對照表

恩賜（Gnade）vs 恩典

天主（Gott）vs 上帝／神

保祿（Paulus）vs 保羅

若望（John）vs 約翰

加音（（Kain）vs 該隱

亞伯爾（Abel）vs 亞伯

《瑪竇福音》（*Matthäusevangelium*）vs 《馬太福音》

默示（die Offenbarung）vs 啓示

《依撒意亞》（Jesaja）vs《以賽亞書》（Isaiah）

《若望福音》（*Johannesevangeliums*）vs《約翰福音》

保祿（Paulus）vs 保羅

馬爾谷（Markus）vs 馬可

聖言（verbum）vs 道

《創世紀》（Genesis）vs 《創世記》

以撒格—燔祭（Isaak-Opfer）vs 以撒—燔祭

宗徒 vs 使徒

《宗徒大事錄》（die Apostelgeschichte）vs 使徒行傳

《瑪竇福音》（Matthäus）vs《馬太福音》

撒慕爾紀（上）（Samuel）vs《撒母耳（上）》

加納的婚宴（der Hochzeit zu Kana）vs 迦拿的婚宴

梅瑟（Mose）vs 摩西

《格林多後書》（2 Korinther）vs《哥林多後書》

《訓道篇》（Ecclesiastes）vs《傳道書》

《創世紀》（Genesis）vs《創世記》

《聖詠集》（Psalm）vs《詩篇》

聖神（Heilige Geist）vs 聖靈

出谷紀（Exodus）vs 出埃及記

宗徒（Apostel）vs 使徒

恩寵學說（Gnadenlehre）vs 恩典學說

壹、生平與著作

　　北非修辭學家與大主教奧古斯丁（西元354-430）的意義經常被侷限在基督宗教傳統上的範圍裡。身為最重要的拉丁教父，他事實上決定性地影響著西方的教會以及西方的神學。在哲學史上他也占有一個不容爭辯的位置。首先，這涉及到他深遠的影響的意義：對歐洲的中世紀而言，奧古斯丁是核心的中介者與古代哲學的詮釋者。

　　這個有歷史作用的關鍵性地位可以設想，一些創新應歸諸這位教父，這個關鍵性的地位顯示，中世紀哲學和現代哲學與古代哲學相對立。實際上，對哲學史的比較研究把這些重要的創新賦予他。如何使得這些的歸因合理，這必須是在個別情況裡被檢驗。希波的主教（der Bischof of Hippo）很可能是哲學的意志概念的創始人（der Begründer des philosophischen Willens-begriffs），這個概念在中世紀晚期以及在現代（Neuzeit）裡取得成就。歷史哲學（Geschichtsphilosophie）的現代概念源自於奧古斯丁；同樣地，笛卡兒的我思（das cartesische Cogito）受到他的啓發。儘管不是第一位，可是在決定性的形式上這位教父把語詞（Wörter）詮釋爲記號（Zeichen）；此外，在記號理論上（Zeichentheorie）「符號學的三角形」的早期形式化（eine frühe Formulierung des 'semiologischen Dreiecks'）與他的名字結合在一起。關於關係的理論（Theorie der Relationen），奧古斯丁致力於填補實體—偶性—關係（Substanz-Akzidens-Verhältnis）。此外，他也許是第一位作者把他複雜的自傳的統一性當作哲學的問題。

　　當然，奧古斯丁的創新招致尖銳的評價，這些決定性的進步或者致命的錯誤發展與他的作品連繫起來。剛才在最後裡所提到的這位希波的主教的

成就，經常存在精神歷史的發展理論裡（in geistesgeschichtlichen Entwick-lungstheorien）。人們也許主張，在《懺悔錄》裡，奧古斯丁或許已經預知以及決定性地預備了具有與現代相同的這些自由、孤獨、罪的經驗和破碎的特性。這個議題在相同的方向進行，奧古斯丁第一次在不同於希臘哲學的方式教導「內在經驗的形上學」（"Metaphysik der inneren Erfahrung"; Windel-band，西元1935）。最近泰勒（Ch. Taylor）把在現代的意識的誕生的一個重要角色歸因於教父。奧古斯丁──笛卡兒的認識論（Erkenntnistheorie）的始祖──也許實現了一個轉向內在的嚴峻的一個步驟：可以說，一個成形的現代「迷途」，亦即「內在對象」（'innerer Gegenstände'）與一個無世界的我（eines weltlosen Ich）的「迷途」歸根於他（西元1994）。這類的議題肯定只有在有限制的情況下是正確的（參考本書第貳章，第二節（五），[vgl. Kap. II. 2.e]）。這個受歡迎的主張本身證實為同樣的校正需要，奧古斯丁是主體的時間經驗的發現者，它有別於物理性的外在時間。此外，這個觀點是可疑的，即奧古斯丁憑藉著他的恩典學說（譯註：'Gnade'天主教的翻譯是「恩寵」）以及原罪的學說，將一個「有力的身影投放在歐洲上」（"kräftigen Schatten...über Europa geworfen"; Flash，西元1980）。奧古斯丁要為晚期幾個世紀的獨裁的教會思想負責，這點幾乎難以用仔細檢查的方式獲得證實。還有在意識形態的系統思想上，對自由的求知欲的限制經常被歸於奧古斯丁（Blumenberg[4]，西元1988）。

為了澄清奧古斯丁連結於傳統的或者創新的見解是如何，一個歷史的分辨的工作是必不可少的。

一、一個複雜的傳記

有關於奧古斯丁的生平，我們十分的熟悉。固然只有極少數他的書籍、信件以及講道提供直接的傳記訊息；可是一系列的評註揭示了他的經歷豐富的生活方式。此外，儘管這些在自傳上並不十分可靠的，可是具資料性的《懺悔錄》，早期的奧古斯丁的傳記，連同出自於同時代的玻西底烏斯

（Possidius）——一位主教同事與朋友——的寫作的文獻參考也是如此。現代的傳記作者（Biographen）的困難度與其說是史料的缺乏，不如說是史料的豐富與隱微。的確，有利的情況是，這本傳記（Biographie）的科學研究已經表明有悠久的傳統。早在西元十七世紀的法國，這與楊森主義的爭論（mit dem jansenistischen Streit）有關，就有人開始以科學的方法研究奧古斯丁的生平。在這種情況之下，這就不與懶散的學術研究有關了；相反地，人們把這位教父的生平對於他的學說發展賦予顯著的意義。

傳記研究的進一步的推動力，出自奧古斯丁的傳記絕非古代晚期修辭學家和教士的樸實無華的生活方式。除了他的風格的優雅以及思想的透明度之外，始終存在著生活狀況——首先在《懺悔錄》的詮釋裡——挑戰著他從事教父的工作，以及，尤其在基督教的讀者的情況中，吸引一種認同。許多奧古斯丁的詮釋更集中在其傳記的細節上，無論這是教父的傳記式的風格，或者是弱點的顯露。這個進行方式是正確的：奧古斯丁的核心的生活各階段，對於他的哲學—神學的立場的發展，具有一個比其他哲學家的情況更為重大的意義。因此，除了以下傳記的簡述之外，還將更仔細的陳述三個關鍵性的發展階段（本書的第壹章，第二節[Kap. I. 2]）。

1. 出身與教育途徑　奧古斯丁（在傳統上錯誤地與第一個名字Aurelius列在一起）於西元354年11月13日出生在塔加斯特城（Thagaste，今天位於阿爾及利亞的蘇克阿赫拉斯[Souk Ahras]），他是非基督徒羅馬官員帕替西盧茲（Patricius）以及火熱的基督徒莫妮卡（Monnica）的長子。在父親與兄弟姊妹幾乎沒有被提及到的當時，他的母親——直到她的過世為止——在奧古斯丁的生命中扮演著一個有意義的、可以在一再重複心理分析上研究的角色。他是在塔加斯特城以及在其附近的馬道拉（Madaura）度過他的求學時期，在回顧時，奧古斯丁把他的求學時期描述為痛苦的，以及沒有生產力的時期。度過了他的無所事事的與「放蕩的」一年之後，他從西元370年到西元373年在北非的迦太基（Karthago）學習修辭學；他父親的過世，迫使這位十九歲的小孩，在他自己的故鄉擔任文法教師與修辭學教師以賺取費用。在學習修辭學的時期，他開始了與一位年輕的女性維持十五年的關係，

也就是他的兒子阿德歐達督思（Adeodatus）不具名的母親。

2. **西塞羅的《論哲學》**（*Hortensius*，譯註：此作品已經遺失）**以及第一本《聖經》文本**　他在專研取得修辭學－文學的教育中，奧古斯丁顯得太過於膚淺；他講述他閱讀西塞羅的文學作品的經驗，這個經驗對他而言，是意味著這部今日已經遺失的作品《論哲學》（*Hortensius*）呼召他走向哲學之路（《論幸福的生活》第1章，第4節[beata u. 1, 4]；《懺悔錄》第3卷，第4章，第7節[conf. III 4,7]）。對哲學的催促，正如他在西元373年在西塞羅裡讀到的催促那樣，他不單單把它當做是在理論－學術上的理解，「哲學」這個詞還包括有世界觀的學派（weltanschauliche Schulen）以及宗教的團體，哲學把其成員帶向真實的知識（Wissen）、幸福或者彼岸救贖的道路。這位十九歲的奧古斯丁在《論哲學》（*Hortensius*）的印象之下第一次轉向了《聖經》。然而，《聖經》缺乏文學的素質，使得這位訓練有素的修辭學家厭棄它（《懺悔錄》第3卷，第5章，9節[Conf. III 5, 9]）。

3. **摩尼教派**（Manichäismus）　藉由對西塞羅所促使的探尋，把奧古斯丁帶到摩尼教信徒（Manichäer，譯註：由摩尼（Mani或Manus）在24歲時所創立的信仰。摩尼大約在西元216年出生在今天的伊拉克，並於大約西元276或270年過世。這個信仰迅速的在印度、亞洲及羅馬帝國裡傳開來的一種二元論的思想）的這個宗教團體。由於奧古斯丁晚期的論戰，這些到目前為止還是處在一種可疑的尊重上。摩尼教派是出自東方的以及希臘化的來源的認知主義（Gnosis，譯註：這個詞又翻譯為「諾斯替」與「靈知」。）的一個變體；就其成員的數量，人們必須談論某種世界的宗教，而不是談論基督宗教的教派（Sekte）。當然摩尼教派也改造了猶太－基督宗教的要素，並在非洲以「耶穌基督的教會」（'Kirche Jesu Christi'）出現。其波斯創始者摩尼（Mani，西元216-276/7）甚至清楚地把他自己理解為在《約翰福音》（*Johannesevangelium*，譯註：天主教翻譯為《若望福音》）裡所宣布的保惠師（Trösters, paraklêtos，譯註：'paraklêtos'這個詞第一次出現在《約翰福音》第14章，第16節，天主教《聖經》把它翻譯為「護慰者」，即「聖靈／聖神」。這個詞也出現在《約翰壹書》第2章，第1節裡，耶穌

稱他自己是一位「中保」，即保惠師。所以耶穌是我們的第一位，也是主要的保惠師）的代言人；他把基督詮釋爲一位跟隨著他自己的先知。摩尼（Mani）的教導宣揚一種二元論（Dualismus），亦即，善與邪惡的原理的對照（auf der Gegenüberstellung eines guten und eines bösen Prinzips）。後者被視爲與《舊約》的世界的創造者相同，因此，《舊約》在道德上可疑的段落可以得到解釋。奧古斯丁對救贖相關的認識（Erkenntnis）的應許留下深刻的印象，他維持摩尼教信徒有長達九年之久。但是，在此期間他還是保持一定的知識分子的獨立性：他操練占星術，撰寫有關美學的論文，研究哲學文本，包括亞里斯多德的《範疇論》（Kategorien），並對天文學產生興趣（參考《懺悔錄》第4至第5卷[Conf. IV-V]）。最後，由於沒有充分地滿足他的期盼的緣故，他失望地離開了摩尼教。他明確的記載，與因他的知識（Wissen）而聞名的摩尼教徒黎維斯的浮士德（Faustus von Mileve，譯註：奧古斯丁的《懺悔錄》第5卷裡，談到這位摩尼教的主教來到非洲的迦太基，奧古斯丁在那裡與他相遇，在聽了他的演講之後，奧古斯丁發現到這個人除了善於玩弄詞藻與讀過幾篇西塞羅的演說（Tully's Orations）及一些塞內卡（Seneca）的著作之外，是一位對自由學科（liberalium disciplinarum，即通識教育）毫無常識的人）的對話是多麼的令人感到不滿意（《論相信之效益》第8章，第20節[util. cred. 8, 20]；《懺悔錄》第5卷，第6章，第10節以下各處[conf. V 6, 10ff]）。在加入摩尼教的成員的許多年中，他作爲在塔加斯特城（Thagaste）、迦太基（Karthago）和羅馬這段時間的一位修辭學的教師，他擁有一個飛黃騰達的生涯；最後他甚至成功升遷到米蘭的皇帝的宮廷。

4. **學院的懷疑**（Skepsis） 奧古斯丁講述了他轉向「新學院」（"Neuen Akademie"）的懷疑主義（Skeptizismus），也就是在希臘化時期的柏拉圖學派的繼承者的懷疑主義（《懺悔錄》第5卷，第10章，第19節[conf. V 10, 19]）。在傳記裡爲這點所留下來的篇幅是很少的，因此在他逗留羅馬時期（西元383-84），懷疑應該是顯示對摩尼教派的替代現象。無論如何，奧古斯丁的早期作品顯示了對學院裡的學者（Akademiker）的教學的

明確反應，也就是：知識（Wissen）或許是不可實現的。因此，懷疑對於修辭學的教授而言，至少必須構成一種嚴肅的選擇。奧古斯丁自己透過這個記錄解除了他的懷疑的生命階段的困惑，固然，按照學者的作風他理當懷疑一切，但是並沒有託付他們照顧有病的靈魂（《懺悔錄》第5卷，第14章，第25節[conf. V 14, 25]）。這點明顯意味著，他與他們只是在文學上的熟悉，而在個人上不曾屬於懷疑主義的哲學的圈子。

5. **安波羅修（Ambrosius）與基督宗教的新柏拉圖主義者** 奧古斯丁直到西元384年才升等成為朝廷的修辭學的講師；這個升等似乎是他以勞累犧牲健康換取來的。他未解決的以及迫切的哲學問題，是他在米蘭時維持的兩個重要的推動力。第一，是他遇到主教安波羅修（Ambrosius，西元339-397）以及與基督宗教的新柏拉圖主義者圈子有接觸，他們是羅曼尼努斯（Romanianus），柴樂諾波（Zenobius），荷摩京尼岸茲（Hermogenianus）以及曼利烏斯·提奧多羅斯（Manlius Theodorus）。安波羅修布道的修辭學的與哲學的品質，以及其經文的寓意式的作品詮釋（allegorische Schriftauslegung）使他接受教會的基督教信仰，並擺脫一些他的粗鄙和不可信。安波羅修是成功除去了他對《舊約》的神祕的面紗（mysticum velamentum；《懺悔錄》第6卷，第4章，第6節[conf. VI 4, 6]）。其次，新柏拉圖主義者的作品——他從辛普里西岸茲（Simplicianus）或者從這個圈子裡的其他的成員取得這些的作品——解決許多問題，這些問題是由奧古斯丁的唯物論的上帝的表象（Gottesvorstellung）所產生的；在這些的作品中，教導上帝的不變化性、非物質性以及非外延性（Ausdehnungslosigkeit）。奧古斯丁也在這些的作品裡發現到有效的手段對抗學院式的懷疑（die akademische Skepsis）。尤其他的米蘭的轉向到基督教的信仰是由莫妮卡（Monnica）的督促促成。

6. **皈依與在卡撒西亞坤（Cassiciacum）的停留** 在西元386年的夏天，奧古斯丁完成了一個轉向，根據他自己的陳述，這個轉向或者回到令人印象深刻的哲學的閱讀的經驗，或者有一種戲劇性的皈依經驗的形式（參見第壹章，第二節（一）[vgl. Kap.I.2.a]）。無論如何，奧古斯丁決定放棄他的職

圖一　奧古斯丁（左）與摩尼教徒黎維斯的浮士德在討論

（出自於西元十一世紀時的古書手抄本的手製彩色細密畫，阿夫朗什市立圖書館[Bibio-
thèque municipale Avranches]）

業生涯。出於健康的理由，以及更深入研究哲學的意圖，這位三十二歲的中年人帶著他的母親與他的兒子，以及農莊的一些朋友與學生返回到北義大利的卡撒西亞坤（Cassiciacum）。在那裡，他的第一期的作品流傳給我們；這些以柏拉圖式的對話錄形式所組成的文本，在核心上已經包含有奧古斯丁的最主要的哲學概念。

7. **教會的執事**　奧古斯丁在西元387年的復活節晚上受洗。在返回到米蘭之後，他致力於創作的工作；在這段時間裡生產出諸如《論音樂》、《論真正的宗教》以及《論自由抉擇》等著作。他打算在非洲過一種修道院的生活。在計畫離開之前不久，莫妮卡過世了；不久之前，兒子與母親在奧斯提亞（Ostia，譯註：奧古斯丁的母親聖莫妮卡在56歲時在這裡過世，而沒能如願死於她的故鄉塔加斯特城；當時的奧古斯丁也已33歲了。參考《懺悔錄》第9卷，尤其第11章）已有一個共同的異象（Vision）。奧古斯丁在回到非洲（西元388）之後，在塔加斯特城（Thagaste）過著一種修道院的生活。他在西元391年無意中被任命為希波的神職人員，並且在西元395年被任命為主教。在這個教會的生涯裡，他的修道院的理想生活被限制住了，他決定提出一個迫切的請求。奧古斯丁透過他的反摩尼教與反多納主義的活動（anti-donatistische Tätigkeit），很快在非洲的主教職務上取得領導性的角色。從那時起，他的許多寫作擁有即興作品的特色。除了這種論文與他的牧師的和教會的活動之外，奧古斯丁在西元390年代寫作了《詩篇的詮釋》、《創世記的詮釋》以及《羅馬書的詮釋》以及《懺悔錄》。

8. **多納主義者的論爭**　多納主義的運動可追溯到西元四世紀開始最後一次的異教徒對基督徒的迫害。他們所關心的事情是一種不妥協的基督徒的生活方式。多納主義者（Donatisten）拒絕所有那些在迫害期間無法成功經受考驗的跟隨基督的人，尤其關於司鐸和主教；他們把他們的嚴格與一系列的禮拜儀式的特殊的實踐結合在一起，多納主義者把聖禮的價值與奉獻聖禮的教士的操守結合在一起。他們反對國家與教會的結合。因此，奧古斯丁必須捍衛自己抵抗與世俗的統治缺乏距離的指控（quid autem vobis est cum regibus saeculi;《駁斥彼第黎岸孚茲的書信》第2卷，第92章，第202節

[Contra litteras Petiliani II 92, 202]；譯註：彼第黎岸孥茲（Petilianus）是西元五世紀時出生在北非的一位多納主義者。我們對他的認識是透過他與奧古斯丁的書信的往來。），這位教父自西元393年始就參與多納主義（Donatismus）的爭論。他教導一種客觀的大公的紀律（disciplina catholica），大公的紀律說明了人品與主觀的靈感無關緊要。聖禮的有效不取決於其奉獻者的尊榮。奧古斯丁在非洲面對占大多數的多納主義者，自西元400年始他同意——在最初是溫和的分析手段之後——強硬的手段以及最後他甚至是要為國家的暴力措施共同負責（參見《書信》第93封與第185封[vgl. ep. XCIII 與 CLXXXV]）。儘管這些藉由「傲慢」與「固執」的措施可能有利於多納主義者：無形中它們意味著，奧古斯丁從一種心安理得的模式轉到教會被賦予一種強制性的權力去反抗異教徒（Häretiker）的這種想法。這裡奧古斯丁引用有關強制參加婚禮的客人的經文（compelle intrare：《路加福音》第14章，第23節 [Lk 14, 23]）。

9. 伯拉糾的爭辯（Pelagianischer Streit） 伯拉糾主義（Pelagianismus）在大約西元400年左右在教會裡頭形成了一種苦行運動（eine asketische Bewegung），它反對基督徒的日常生活的膚淺化；其活動範圍尤其是羅馬城的貴族階層。除了英國的伯拉糾（Pelagius，大約西元384-422）之外，還有敘利亞的盧非努斯（Rufinus），以及奇勒斯提厄斯和來自伊卡隆的朱利安（Caelestius und Julian von Aeclanum）都是其代表，後來的主要反對者是奧古斯丁。這場運動發生在從西元408年（針對伯拉糾的第一次衝突）到西元431年（在以弗所的宗教會議的最後的裁決）；然而在哥德人（die Goten，西元410）征服羅馬之後，只是由於它的主要人物移居到非洲以及巴勒斯坦，這才產生了深遠的影響。這場運動無論是在其追隨者的力量，還是在其特殊的神學教義的規模，都不能與多納主義相提並論；透過與阿里屋教派（Arianismus，譯註：君士坦丁[Constantine]在位期間，他面臨著亞歷山大城的神父阿里烏斯[Arius]的這個主張：父神與子神的神性不同。這個學說引起當時許多的神學家的譁然與譴責。於是君士坦丁在西元325年在拜占庭的尼西亞召開第一次的尼西亞公議會[the first Council of Nicaea]以

解決這個紛爭）與摩尼教派（Manichäismus）相比的對立性，它甚至顯現得是作爲正統的，而不是作爲有威脅的和異端的。這場運動反對原罪的學說的教條的後果；因爲透過首先的人的罪，上帝的良善的創造既不會被敗壞，意志自由也不會被取消。伯拉糾主義（Pelagianismus）強調道德自律的拯救的相關性（Erlösungsrelevanz），沒有嚴格地否定上帝恩典（Gnade Gottes）的意義。在這點他似乎提供一種值得討論的神學（Theologie）。這套神學不允許倉促地從奧古斯丁的觀點上做出譴責；然而一個歷史的誤解同樣是把他作爲一位基督教人文主義所作的輕率的評價。

在奧古斯丁的帶領之下的非洲教會與伯拉糾派之間的衝突，並未發生在廣泛的民眾裡，而是在神學論戰和教義裁決的層面上發生衝突。在西元411年在迦太基（Karthago）的一場的宗教會議反對伯拉糾派的奇勒斯提厄斯（Caelestius），由於後者的小孩洗禮的相對性。奧古斯丁的一個追隨者奧羅修斯（Orosius）在耶路撒冷的一場宗教會議上（西元415）傲慢的表現，以致在宙斯城（Diospolis）的這場宗教會議上還是做出對伯拉糾有利的決定。非洲人的確得到了教皇伊諾森一世（Papst Innozenz I.）的同意，然而，他的繼任者左希姆斯（Zosimus），在他對伯拉糾主義的做出裁決之前，一開始卻猶疑不定。在西元418年，在迦太基的一場非洲的一般的宗教會議上駁回了伯拉糾主義的學說。後來才有奧古斯丁與來自於伊卡隆（Aeclanum）的一位傑出的對手朱利安（Julian）開始了一場長期的文學爭議。在西元426年奧古斯丁得知其對手的「半伯拉糾主義的」恩典學說（Gnadenlehre），並反對這個學說。

10. 晚年　奧古斯丁在與伯拉糾的論戰過程中採取更加苦楚與厭棄的特徵；他大量的文學的生產與他的公職顯然耗盡了他的精力。直到他生命的晚年，他進行寫作他的巨作《論上帝之國》（De civitate dei，譯註：拉丁文的‘civitas’指的是「共同體」[commonwealth]，或者「國家」，但也可以指「城」。這裡把這部著作翻譯為「國」的概念），並對他的作品《修訂》（Retractationes）做修訂，以及幾篇有關於恩典神學的論文。他在西元430年8月將近七十六歲時在希波過世，在汪達爾人（die Vandalen）圍攻這個城

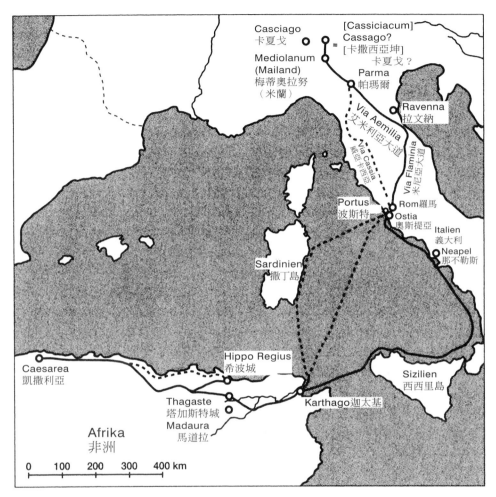

Casciago
卡夏戈

[Cassiciacum]
Cassago?
[卡撒西亞坤]
卡夏戈？

Mediolanum
(Mailand)
梅蒂奧拉努
（米蘭）

Parma
帕瑪爾

Ravenna
拉文納

Via Aemilia
艾米利亞大道

Via Cassia
貓亞卡西亞

Via Flaminia
米尼亞大道

Portus
波斯特

Rom羅馬

Ostia
奧斯提亞

Italien
義大利

Neapel
那不勒斯

Sardinien
撒丁島

Caesarea
凱撒利亞

Hippo Regius
希波城

Sizilien
西西里島

Thagaste
塔加斯特城

Madaura
馬道拉

Karthago迦太基

Afrika
非洲

0   100   200   300   400 km

─────────確定的旅行路線；--------------可能的旅行路線

圖二　現在奧古斯丁的北非與義大利的地圖

市期間。他的生命的結束大約是與古典時期的結束一致相同：西羅馬帝國抵
抗日耳曼部落的遷移壓力只有幾年；在西元476年，最後一任羅馬皇帝必須
退位。

二、發展階段中有爭議的闡明

　　奧古斯丁的作品是幾乎完全流傳下來；包括一百多篇的論文。還有一些內容豐富的講道集以及書信集，這些作品集仍在透過新的發現而不斷擴大。關於這個體量龐大的文本篇幅，玻西底烏斯（Possidius）所擔心的是，沒有人能處理奧古斯丁的這些寫作。在聖依西多錄（Isidor von Sevilla，西元560-636）的修道院裡，有一個收納這位教父的作品的書櫃，上面有著不起眼題辭：誰說他能讀完全部這些內容的人，他就是一個騙子。在編輯以及翻譯的技術上，整部作品面臨了很大的問題。始於西元十七世紀末期的毛里塔尼亞版（die Mauriner-Ausgabe；在《拉丁文的教父學》卷32-47[in: *Patrologia Latina* Bde. 32-47]）直到今天爲止還沒有完全被取代；兩個現在批判的版本至今尚未完成（在：《拉丁教會的文集》[in: *Corpus Scriptorum Ecclesiasticorum Latinorum*]以及在：《基督宗教全集》[in: *Corpus Christianorum*]。拉丁文系列）。法國的奧古斯丁的圖書館最接近全集翻譯；在德語中只有部分的翻譯（請參見附錄）。

　　除了全集的篇幅外，最主要的困難在於這位教父的哲學發展的複雜性。不僅是他的外在的生活處在一個根本性的歷史與教會政治的變動的時代，也是他的理論的立場受到引人矚目的轉變。奧古斯丁甚至建議按照他的作品的時間順序閱讀，以便向他的讀者說明「我的寫作進度進行到什麼程度」（《修訂》導論3 [retr. prol. 3]）。沒有其他古代的傳記可以看到類似如此深刻的變化，教父的思想是在其所說的東西中不斷的修正與修改，因此正確地被認爲是「在本質上演化的」（"essentiellement évolutive"; du Roy）。來自希波的主教對他的詳盡的異教教育進行一次忠實可靠的基督宗教的重新詮釋；此外，他參與了他的時代的最重要的哲學與神學的論辯，並且從它們裡面獲得了豐富的刺激。因此，對外在的傳記的階段的闡明尚未掌握他的哲學的傳記的問題；最重要的動機改變必須更實事求是地加以解釋。現在不明顯的開始情況直接要求人們去提出尖銳的發展假設。尤其那三個明顯的切入點，奧古斯丁的皈依，他藉著新柏拉圖主義所新創的詞彙，以及他的恩典學說的發現導致在研究上形成一種顯著的差異的觀點。

（一）爲了什麼而皈依？

在西元386年的夏天，奧古斯丁遭遇到一場引人注目的皈依經驗。如果《懺悔錄》的報導在傳記上是可靠的話，那麼戲劇性的經驗仍然足以成爲基督徒的皈依經驗的範例，也就是保羅（Paulus，譯註：天主教翻譯爲保祿）的「大馬士革的經驗」（'Damaskuserlebnis'，譯註：又稱爲「保羅皈依基督」。即保羅在往大馬士革的路上皈依成爲基督徒，成爲後來我們所知道的外邦人皈依的經驗。參見《使徒行傳》第9章，第1節至第19節與第22章，第1節至第22節）。奧古斯丁記載，當他在一座米蘭的花園裡，躺臥在一棵無花果樹下聽到一個小孩子的聲音。聲音一直重複著「拿起來，讀！」（tolle lege）這樣的一個敦促，直到他認出聲音中是神令的指令爲止。於是，他想要打開保羅的書信，以便去閱讀最靠近神的指引的地方。奧古斯丁只因他對苦行與節制的要求，拒絕了基督宗教，他偶然讀到《羅馬書》第十三章以及以下的一個段落，這段落勸告爲了生活在基督裡不要「放縱」。據說當他閱讀這個段落的文字時，他從困惑無助中立即地轉變成宗教的確定（religiösen Gewißheit）與堅信不移（Zweifelsfreiheit；《懺悔錄》第8卷，12章，29節[conf. VIII 12, 29]）。

他在《懺悔錄》第八卷裡所提供的皈依的描述是，教父在影響歷史上的最具意義的文本。花園場景的母題可以在無數的圖畫的以及文學的描述上發現到；這個影響史的最重要的見證是由皮爾（Pierre）與珍妮·庫爾塞（Jeanne Courcelle）所編寫的一部令人印象深刻的彙編。在巴洛克的音樂（Barockmusik）甚至出現一首由約翰·阿多夫·海瑟（Johann Adolf Hasse，西元1699-1783）作曲，曲名爲《聖奧古斯丁的皈依》（La conversione di Sant' Agostino）的神劇，這首曲子把「拿起來—讀」的段落（tolle-lege-Passage）成爲焦點。然而皈依描繪的直接性就成泡影；如果人們有注意到可對比的描繪的話，那麼描述的典型化的要素就映入眼簾。奧古斯丁稱自己爲沙漠教父聖安東尼（Wüstenvaters Antonius）的範例，後者是基督教修士制度的創始人，同樣地，他藉著一句經上說的話的影響（Eindruck eines

Schriftworts），應當尋求一種貧窮的生活。此外，透過演說家與哲學家馬里烏斯‧維多里努斯（Marius Victorinus）的類似事件（Parallele），這個描繪可以很清楚被確定。他並不是透過他的基督宗教的柏拉圖主義成爲一位基督徒，而只是「透過教會的牆壁」（"durch die Kirchenmauern"），也就是透過洗禮（Taufe），成爲一位基督徒。經較仔細的觀察，這些類似事件——對於奧古斯丁的描述，這些類似事件可以在基督教與基督教之前的古代時期裡發現——顯示爲如此的多樣化，以致我們有理由去懷疑在《懺悔錄》的第八卷（Confessiones VIII）裡的述說沒有提供給我們經驗的報導，而是提供給我們一種額外的解釋以及文學的文體（Courcelle[2]，西元1968）。

對於米蘭花園場景的狀態，除了具文學樣本的明顯意義之外，對於這個研究，還出於一個更大的懷疑《懺悔錄》的第八卷裡的報導。明顯的，已經在第七卷裡描述皈依的經驗，儘管這個皈依的經驗是基於對「柏拉圖主義者之著作」上的閱讀（"Schriften der Platoniker", [Platonicorum libri]；在《懺悔錄》第7卷，第9章，13節更常出現[conf. VII 9, 13 u.ö]），而且這個經驗被描述爲一種逐漸地提升到神那裡去（《懺悔錄》第7卷，第17章，第23節[conf. VII 17, 23]）。自然地，問題馬上就產生，這個報導如何與花園場景的描述有關。人們很快就發現到，《懺悔錄》的第八卷（Confessiones VIII）的花園的經驗不是透過另一部自傳的文本來證實；它既不在卡撒西亞坤（Cassiciacum）的對話裡有所回應，也不出現在接下來的幾年的報導裡（《論相信之效益》第1章，第2節；第8章，第20節[util. cred. 1, 2; 8, 20]；《論兩種魂》第9章，第11節以下[De duabus animabus 9, 11f]）。

當然，西元386年的皈依年（Bekehrungsjahr）的對話錄是特別有關；它們包含有兩個在自傳上非常詳實的段落。在《論幸福的生活》第一章，第四節（De beata vita 1,4）裡，奧古斯丁報導——與《懺悔錄》一致——他較早之前所閱讀到的《論哲學》（Hortensius -Lektüre）、他與摩尼教（Religion der Manichäer）的關聯、學術上的懷疑論的插曲以及安波羅修（Ambrosius）布道對他的重大的影響。接著他述說，他因爲「妻子與榮譽的職分的吸引」而無法從事「哲學」。與在《懺悔錄》第八卷（Confessiones VIII）

不同，早期報導沒有把花園場景稱為對基督徒的生命引導的最後推動力。相反地，文本裡提到「胸中的痛苦」（"Brustleiden", pectoris dolor），這個痛苦應該會是妨礙他繼續從事他的工作。

當然，這裡的概念哲學必定不與「信仰」（'Glauben'）相反，但是它清楚地表達出這個決定性的發現是在閱讀普羅丁的作品中形成的。相比之下，沒有談論到保羅與「拿起來──讀──場景」（tolle-lege-Szene）。現在應該注意的是，《論幸福的生活》（De beata vita）反映了西元386年11月的對話，並且確定是在同一年裡完成。相比之下，《懺悔錄》的第八卷的形成的時間是大約西元400年。因此，有根據地把早期的報導放到受懷疑晚期的報導是合理的。

還有《論學院派者》（De Academicis）這篇對話錄甚至是在《論幸福的生活》（De beata vita）之前就已誕生的作品，它包含有一個與《懺悔錄》第八卷（《論學院派者》第2卷，第2章，第5節[Acad. II 2, 5]）相悖離的自傳性的段落。這個報導再一次表明關鍵的經驗是來自閱讀哲學的書籍裡，不是在花園的景象（Gartenszene）裡。那裡值得注意的是「我即刻全然回到我的內心之中」（"Ich kehrte sofort ganz in mich zurück"）這個表述；這個表述在新柏拉圖的提升模式的語言（Sprache des neuplatonischen Aufstiegsmodells）裡描述這種皈依，這個模式對於朝向神的哲學道路後續體現是關鍵性的。這點也是與《懺悔錄》的初次皈依的報導──由層次提升的報導──一致，與花園的描述不一致。

關於西元386年夏天所發生的事件，所有報導的共同內容是《柏拉圖主義者之著作》（Platonicorum libri）。儘管早期的根源不必然把花園的場景排除在外。然而，奧古斯丁的著名的皈依描述在《懺悔錄》第八卷可以算是一種風格化（Stilisierung）；第七卷可以算是較接近於現實（Realität）：經驗的核心是在一種哲學式的閱讀（Lektüre）。它幫助解決了許多問題，奧古斯丁把這些問題當作是摩尼教派與懷疑主義（Skeptizismus）所遺留下來的遺產。是否人們必須從這個結果裡推論出，這位教父在西元386年完全沒有信奉基督宗教，而是信奉柏拉圖主義？幾乎在同一個時間，史學家哈

納克（Harnack）與布希野（Boissier）在西元1888年把對這位教父的發展的研究呈現在大家的面前，這些研究引發了長達十年去從事這個發人深思的問題。大約在世紀之交，研究的趨勢走向——如同在哈納克（Harnack）與布希野（Boissier）已經呈現的那樣——是去肯定許多已提出來的問題。例如：哥古頓（L. Gourdon）談論「兩次的皈依」（"deux conversions"；西元1900）；阿爾法里奇（P. Alfaric；西元1918）接受西元386年他轉向信奉新柏拉圖主義以及在西元386年與400年之間他才有意開始逐漸的轉向基督宗教。

的確，早期的皈依的報導是比晚期的敘述更具有濃厚的新柏拉圖主義的色彩。然而，這樣的詮釋證明是錯誤的。大家應記得，奧古斯丁在皈依之後的只有幾個月於西元387年的復活節時已經受洗了。早期與教會疏遠一點並不嚴重。此外，兩個最古老自傳的段落已經清晰地主張柏拉圖主義與經文的權威相符。此外，在早期的奧古斯丁那裡，已經存在信仰與理性的特點的連結；人們根據哈納克（Harnack）與布希野（Boissier）把他詮釋為理性主義的以及專制主義的（參考Lütcke，西元1968），這完全是錯誤的。的確，在《論秩序》（De ordine）裡，理性的見解與被提出給「無教養的群眾」的不可理喻的信仰相比包含有優點（第2卷，第9章，第26節[II 9, 26]）。還有，甚至哲學的教育途經適用於那個地方，權柄（auctoritas）應是不可或缺的。沒有教會的權柄（Autorität）的引導，哲學的追求是沒有方向的；哲學應把理性引向洞察（Einsicht）基督宗教的奧祕（《論秩序》第2卷，第5章，第16節 [ord. II 5, 16]）。一個早期文本段落已經質疑，是否柏拉圖與普羅丁的神學的知識也是充足，即使這個知識應該是真實的（《獨語錄》第1卷，第4章，第9節[sol. I 4, 9]）。只有靈與恩典、理性與權柄的結合產生一種「回歸天家」（"Rückkehr in die Heimat"）的效果（《論學院派者》第3卷，第19章，第42節[Acad. III 19, 42]）。奧古斯丁在這裡已經宣稱，他不曾偏離基督的權柄（auctoritas Christi；《論學院派者》第3卷，第20章，第43節[Acad. III 20, 43]）。甚至祈禱的效果在早期清楚地被承認（《論秩序》第2卷，第20章，第52節[ord. II 20, 52]）。更甚者，早期的著作與晚期的主教

的職位的相符合已經包含有差異性，透過這個差異，新柏拉圖主義與基督宗教應該彼此分離：儘管柏拉圖主義者知道神的非物質性以及祂的三位一體性，但是對於基督的道成肉身（譯註：即天主教的聖言成血肉）卻一無所知（《論學院派者》第3卷，第19章，第42節[Acad. III 19, 42]；《論秩序》第2卷，第5章，第16節[ord. II 5, 16]）。

　　自本世紀中葉以來，關於權威批判的新柏拉圖主義者奧古斯丁的課題可以被視為過時的。尤其是庫爾塞（P. Courcelle;[2] 西元1968）《懺悔錄》的研究對此已經達成一種研究共識，即從一開始，基督教的各個環節就已經體現了。基督教的與新柏拉圖的要素絕不結合成一個隨意的綜合體；相反地，奧古斯丁對基督宗教的哲學的重構的興趣形成指導原則。皈依的決定性的契機固然是在閱讀柏拉圖的時期，但是正因為新柏拉圖主義的哲學的優點解放了教會的學說離開站不住腳的外表。在西元386年之前，奧古斯丁的努力的目的是為了要找到基督徒可接受的形式。在米蘭的花園經驗——從一位異教徒突然變成一位基督徒——裡，皈依的文學的高潮太過於輕易地把這個逐漸接近的過程隱藏起來。

（二）奧古斯丁的柏拉圖主義的根源

　　奧古斯丁的早期的洞察（Einsciht）是在於發現，柏拉圖主義使得教會的基督宗教在哲學上是可以接受的。在《論學院派者》（*De Academicis*）裡奧古斯丁說，柏拉圖是「最純粹的與最明亮的哲學之嘴」（"reinste und leuchtendste Mund der Philosophie"，第3卷，第18章，第41節[III 18, 41]）。在《論真正的宗教》（*De vera religione*）裡他甚至說，「在修改了一些詞彙與句子之後」柏拉圖主義者可以「被視為是基督徒」（paucis mutatis verbis atque sententiis Christiani fierunt；第4章，第7節[4, 7]）。正好與尼采（Nietzsche）將基督教的鄙視為「人民的柏拉圖主義」（"Platonismus für das Volk"）相反，奧古斯丁在此看到一個論點有利於教會，即教會可以說構成了某種柏拉圖式的群眾運動。當奧古斯丁強烈地強調這些差異時，他在某

個時候還是主張這個一致性課題（例如：《懺悔錄》第6卷，第5章，第7節以下[conf. VI 5, 7f.]；《約翰福音書的講座》第2卷，第4章[Io, eu. tr. II 4]；《論上帝之國》第8卷，第9章[ciu. VIII 9]）。奧古斯丁經久的朝向新柏拉圖主義哲學的方向奠基在兩個世界的學說上：精神的、理智的世界先行於可見的世界（《論學院派者》第3卷，第17章，第37節[Acad. III 17, 37]）。更詳細的刻劃這個柏拉圖主義的學說內容，將在下面的章節裡呈現（本書的第貳章，第二節與第貳章，第六節（五）[bes. Kap. II. 2 und II. 6. e]）。首先，提出了這樣的問題，就是柏拉圖主義所根據的那個源頭。

在《論幸福的生活》第一章，第四節（De beata vita 1, 4）裡，奧古斯丁已經談論普羅丁（Plotin，西元205-270）的書籍（Lektüre）：他讀了新柏拉圖主義者的「幾本書籍」。這些書籍似乎點燃了他，更且顯得是與《聖經》的信息一致。他也在其他方面提到普羅丁，甚至把他誇讚爲「復活的柏拉圖」（《論學院派者》第3卷，第18章，第41節[Acad. III 18, 41]；參見《書信》第118封[ep. CXVIII]）：普羅丁充分地再現了柏拉圖的哲學。反之，他的學生波菲利（Porphyrios，西元234-304）僅獲得一位「博學的」人（doctissimus）的稱號。儘管這個看似明確的情況，探問奧古斯丁的新柏拉圖主義的來源卻引發了一場長期的辯論，這場辯論由另一個替代者「普羅丁或波菲利」來確定。在較早的研究情況不清楚之後，著名研究者不僅已經對普羅丁（Henry）也對波菲利（Theiler）——偶爾也對這兩位（Courcelle）都——加以闡述，近來一般把更大的影響歸給波菲利（P. und I. Hadot, Dörrie, Madec）。

普羅丁的《九章集》（Enneaden）在思想上以壓縮的、有前提條件的形式寫成。因此，說它對奧古斯丁有一個直接的影響是相當不合理的，因爲普羅丁的論文——這些論文是限定給內部的讀者圈——很少直接釋放出議題。與此相反，波菲利維持一種寬廣的、思辨的風格，這對翻譯成拉丁文不會造成問題。尤其人們可以從《論上帝之國》的第十卷裡推斷出，他確實必定是奧古斯丁的源頭。因爲在那裡，奧古斯丁忙於反對他的精靈學說（Dämonenlehre）；以《論魂的回歸》（Von der Rückkehr der Seele[De regressu animae]）爲題旨的波菲利的作品的斷簡，我們只知道是出於這個背景。奧古斯丁低估了他的如此重要的源頭，這點可能基於他對精靈學說（Dämonologie）的反感。當然，把奧古斯丁的柏拉圖主義歸回波菲利的問題是在於極其貧乏的文本基礎。由於波菲利的反基督宗教的論戰，他的廣博的作品已成爲教會焚書的受害者。

奧古斯丁定向於波菲利，這可以藉由他探問希臘文寫作的新柏拉圖主義者的拉丁文的翻譯獲得確定。如他自己所描述的那樣，這位教父不能閱讀希臘文文本（至少不在他的早期裡）。他從米蘭的新柏拉圖主義者的圈子裡取得在翻譯的形式有爭議的文稿。這些文本的譯者是馬里烏斯·維多里努斯（Marius Victorinus），在《懺悔錄》的第八卷（*Confessiones* VIII）裡敘述了馬里烏斯·維多里努斯成爲基督徒——作爲奧古斯丁自己的皈依的一個動力與範例。維多里努斯（Victorinus）強烈依賴於波菲利是這樣的一個更廣泛的論點：普羅丁的《九章集》對奧古斯丁而言確定不會是主要的。儘管個別的研究也導向普羅丁的來源，奧古斯丁可能知道這些作品：《論美》第一卷，第六章[10]（*Über das Schöne* [I 6(10)]）、《論三種主要的假設》第五卷，第一章[10]（*Über die drei hauptsächlichen Hypostasen* [V 1(10)]）與論理智的整體性的論文（VI 4/5[22/23]）以及天意寫作（die Vorsehungsschrift, III 2/3[47/48]）。是否這些教導也無法從波菲利的作品取得，這不再能夠加以判斷。像典型的波菲利對否定神學的措辭，進一步證實了這個源頭的假設。

（三）向恩典教師（doctor gratiae）發展

奧古斯丁在一個富有啓發性的地方，說明了恩典神學與伯拉糾（Pelagius）的爭論是如何發生的（《論堅韌的恩賜》第20章，第53節[perseu. 20, 53]）：

我有在那些書裡（亦即《懺悔錄》多卷書裡）……經常向神說：「請

祢給予祢所命令的，並且請祢命令祢所意欲的」（da quod iubes et iube quod vis）。當我的這些話被當今的一位弟兄和主教同事伯拉糾所提及，他不能忍受這些話，而是頗為激烈地反對，並且與提到這些話的人幾乎發生爭辯。

如果奧古斯丁的訊息是正確的話，伯拉糾以他是希波的主教的職務馬上認出這個具挑釁性的重點：假如神必須確保祂的誡命的實現，人類的行為的自由就被消除了，存在有以基督教的生活形態的義務，就像希望一樣稀少，人們還是能夠出於自由的意願轉向神。因此，道德上的讚揚之理念似乎受到危害。伊卡隆的朱利安（Julian von Aeclanum）把奧古斯丁的立場評定為一種不可克服的摩尼教派；根據另一種意義，這個立場可以被描述為回復到一種非哲學的信仰主義（Fideismus）。然而，這兩種解釋顯然的都漏掉了奧古斯丁的恩典學說（Gnadenlehre）。這個學說的意圖絕不是把一種實質上的邪惡（Böse）帶入神的概念裡，或者甚至把創造宣告為完全的墮落。說奧古斯丁自西元四世紀末就放棄了哲學，可能同樣是錯誤的；相反地，在他的晚期的作品裡，他就以尋求上帝和柏拉圖的哲思為標誌（例如：《論上帝之國》第8卷，第8章[z.B. ciu.VIII 8]）。然而，在西元390年期間，在他的思想（Denken）裡有了一種改變，這一確認是正確的。當我們比較《羅馬書》的兩種註釋：西元394/5年的《使徒給羅馬人的書信……解釋》，以及西元396/7年的《致辛普里西岸茲》第一卷，第二章（Ad Simplicianum I 2），這點變得很清楚。而第一個文本教導人們自由地轉向上帝的自由奉獻，第二個文本則擁護一種尖銳的恩典學說。

是否這個恩典學說指出奧古斯丁轉向到一種權威式的思考方式呢？事實顯然支持這點。奧古斯丁自西元391年以來就是一位神職人員（Priester），為了《聖經》研究，他向他的主教瓦列里烏茲（Valerius）請求休假（《書信》第21封[ep. XXI]）。奧古斯丁的意圖是致力於比之前更堅固的寫作上的觀點。事實上，對奧古斯丁而言，恩典學說與原罪學說的產生首先來自於他的羅馬書信的釋經的進展。自西元395年成為希波的主教以來，在非洲處理

與多納主義（Donatismus）的對抗時，他快速扮演著一個領導性的角色，類似情況出現在西元411年以後，在柏拉糾主義的論戰中。顯然，奧古斯丁的立場不受日益嚴重的衝突而影響。一方面，他請求更高的教會當局介入反對多納主義。在較晚期的柏拉糾主義的背景中，他援引了教會的權威，創造著名的格言「羅馬人一說話，討論就結束」（"Roma locuta, causa finita"），這句格言——大概是在這個形式上——可以在西元417年的布道上被找到（《講道集》第131卷，第10章，10節[serm. CXXXI 10, 10]）。另一方面，他引導國家的力量對抗多納主義者（Donatisten），因而他助長了對當局的不信任，就是當局對抗來自其國家的批評的趨勢。教會與國家的脅迫手段之運用，對他而言似乎是作為他最後的，卻是必要的手段（Brown，西元1972）。同時，奧古斯丁自此以後賦予大公教會——被理解為一個機構——更重大的意義。致力於教理的正確性，定向於信仰的準則（regula fidei），這變得重要。年輕的執事（Amtsträger）奧古斯丁同意塞普路斯的信條（der Formel Cyprians），就是「在教會之外沒有救恩」（salus extra ecclesiam non est：《論洗禮》第4卷，第17章，第24節[De baptismo IV 17, 24]）。

的確，根據某種權威式的信念的轉變，是有一些理由反對這些情況的某種解釋。其一，在《羅馬書》的第一個註釋裡絕不缺乏恩典學說；在當時，這位教父教導神的恩典必須先行於人對神的奉獻（Zuwendung）；這兩種的詮釋之間有一種有機的發展，沒有斷裂（T. G. Ring，西元1994）。其次是奧古斯丁的解釋，尤其就《羅馬書》第九章來看，恩典學說與原罪學說的結合，在今天固然是一個無可爭辯的與過時的文本詮釋，可是對奧古斯丁的時代而言，它絕不是一個任意的文本詮釋。況且，奧古斯丁在教會的傳統上不具有特殊的地位；《致辛普里西岸茲》（Ad Simplicianum）的文本根本上也包含有「拒絕罪人」的學說，古老教會的平凡的善（Gemeingut）。以及最後《致辛普里西岸茲》（Ad Simplicianum）沒有在任何地方清楚地把恩典學說與使用強迫的手段（Einsatz von Zwangsmitteln）結合起來。固然神「堅固」（'verhärtet'）了一些人的意志，但是這並沒有成為教會的或國家的強迫之理由。

奧古斯丁絲毫沒有揭示人的道德的自律（die moralische Autonomie），就如同伯拉糾（Pelagius）所認爲的呢？根據他晚期的作品的一個著名的格言，他「致力於人的自由意志，恩典卻獲勝了」（《修訂》第2卷，第1章，第1節[retr. II 1, 1]）。有時這被理解爲，恩典（Gnade）與自由（Freiheit）在此是否被帶入到一種嚴格排除的關係裡，這又意味著恩典的學說戰勝了自由的學說。對奧古斯丁而言，自由與恩典絕不彼此排斥：《論自由抉擇》的自由的理論包含恩典的概念，一如晚期的恩典學說包含自由。相反地，在弗拉施（K. Flasch 1980; 1990）重新建構如下的奧古斯丁的立場之後，他將後者的立場冠上不人道的惡名：這位教父甚至否認人類對救贖事件（Erlösungsgeschehen）有極小的貢獻：神成就一切美好的事物以及人的好的行爲：甚至第一次獻身於爲神所揀選，是回歸到他的「預期的恩典」（gratia praeveniens），因爲信仰的開端也就是神的禮物（initium fidei donum dei：《論堅韌的恩賜》第20章，52節[perseu. 20, 52]）。人同樣不能拒絕恩典，就像他能夠獲得恩典一樣，恩典固然以複雜的迂迴方式作用著，卻是不可抗拒的。根據弗拉施（Flasch）的重新建構，因此神與人的每一個互動都被揚棄：上帝與罪人無關，他自己唯獨在被揀選的人之中行動。有一種「雙重預定」（'doppelte Prädestination'，譯註：'Prädestination'也有被翻譯爲「宿命」、「命定」）：救贖（Erlösung）或者棄絕（Verwerfung）從一開始和沒有他的參與（sein Zutun）可能就決定了。

我們應當承認，自《致辛普里西岸茲》（Ad Simplicianum）的作品以來，恩典的學說（Gnadenlehre）不再把人的功績（menschliche Verdienste）視爲恩典的條件（Gnadenbedingung）。首先，奧古斯丁主張某種學說，由此，上帝在創造之時，就已經預定（voraussieht）人的自由的投入或者離棄（Zu – oder Abwendung），以及對於人的道德來安排他的恩典。奧古斯丁後來卻又也給人一種積極參與的可能性；他認爲人對於他的願意去相信與不相信，他負有責任（例如：《致辛普里西岸茲》第1卷，第1章，第14節[z.B. Simpl. I 1, 14]）。此外，他相信這些是非常好的道德功績，那個在最後審判時引導人從呼召（vocatio）到最終的揀選（electio）的東西（《致

辛普里西岸茲》第1卷，第2章，第13節[Simpl I 2, 13]）。主張恩典不可抗拒地在影響仍然是錯的：人拒絕的可能性（die Möglichkeit menschlicher Zurückweisung）依然存在（例如：《論靈與書信》第31章，第54節[z.B. De spiritu et littera 31, 54]）。因此，使用《聖經》的話說「意志為上帝所預備」（praeparatur voluntas a domino）絕不是指一種操縱；相反地，人的意志依然被奧古斯丁設想為自由的（O' Daly，西元1989；參考本書第貳章，第六節（二）[Kap. II. 6. b]）。與朱利安（Julian）相比，這位教父拒絕決定論（Determinismus）的譴責：一種「被強迫的意志」（cogi velle）是沒有意義的概念。因此，早期自由理論與後期的恩典的學說在其中心概念中彼此並還沒有差異：根據這兩者的立場，自由意志沒有神的幫助並不能到達目的。事實上，不同之處在於，根據第一個立場，上帝拯救那些在祂的眷顧（seiner Vorsehung）裡祂預先知道（vorausweiß）的人，他將轉向祂，根據第二個立場，上帝按照一個無法探究的決定做選擇。

　　從第一個立場過渡到第二個立場，不能從另外的自由與恩典推導出來，而是從奧古斯丁對教會的理解裡推導出來（參考Simonis[2]，西元1981）。因為這些包含了極大的困難。例如：在基督出現之前，是否人們被排除在救贖（Heil）之外呢？奧古斯丁否定這點，並主張基督宗教 —— 儘管名稱不同 —— 已經存在了（參見《修訂》第1卷，第13章，第3節[vgl. Retr. I 13, 3]）。由此產生這個問題：為何這種「匿名的基督宗教」（"anonymes Christentum"）也不應按照基督的外形（Christi Erscheinen）而存在。奧古斯丁對此很難做出一個強制性的答覆。如果教會是需要救贖的話，神在教會中揀選誰呢？以及為何呢？或者奧古斯丁可以主張：對於神的選擇，人的功績（menschliche Verdienste）是起決定性的作用的；可是道德的功績（moralische Verdienstlichkeit）的判準沒有說明已受洗的嬰兒的教會歸屬。或者他能夠擁護這個觀點，即上帝揀選或者拒絕一個人是沒有明顯的理由；可是在這種情況裡，上帝顯示為一個令人生畏的、殘暴的暴君。在西元391-397年，奧古斯丁對這個問題的反省是一個複雜的過程。在闡明《羅馬書》中（《羅馬書》第5章至第9章[Röm 5-9]），他終於碰到原罪學說（Lehre von der Erbsünde, peccatum originale）的解決之道（參見《論眞正的宗教》第15章，第29節[uera rel. 15, 29]；《論自由抉擇》第3卷，第19章，第19節[lib. arb. III 19, 53]）。因爲另外選擇的第二扇門窗似乎是可以接受的，如果上帝的意旨的莫測高深（eine Unergründlichkeit des göttlichen Ratschlusses）不再由揀選（Erwählung）和拒絕（Verwerfung）來主張，而只是由揀選主張的話。這也適用在所有的人都共同有這種內疚感的情況。如果上帝不盲目地施行拯救與懲罰，而只是在所有被拒絕的人（die Verworfenen）之中做出不可思議的選擇，那麼祂不再像一位恣意的暴君，而是像一個溫和的法官那樣，祂出乎意料地從一群的罪犯中赦免了一些人。因此人們不可以再指責上帝是不公正的；祂的良善藉由被拯救的人（die Geretteten）得到證明，他們逃脫了應得的懲罰，然而，那些被拒絕的人（die Verworfenen）不能埋怨他們的命運。上帝似乎甚至只是揀選最糟糕的罪人，越加把功績（Verdienstlichkeit）的想法排除在外。保羅（Paulus，譯註：即天主教的保祿）由於他對基督徒的迫害獲得應有的報償——當然是許多的糟糕的東西（《論恩典與自由抉擇》第5章，第12節[De gratia et libero arbitrio 5, 12]），晚期的奧古斯丁也是如此。他已經在《懺悔錄》裡描述他自己的轉向基督宗教，以及在後來的自傳性的文本裡（《論堅韌的恩賜》第20章，第53節[perseu. 20, 53]），更清楚描述爲與罪大惡極相對反的恩典；偷竊梨子的敘事使人想起《聖經》的罪墮落史，確實不是偶然的（《懺悔錄》第2卷，第4章，第9節[conf. II 4, 9]）。

奧古斯丁相信，以《聖經》做基礎的原罪學說，已發現一個極爲合理的解決方式。他的解決方式實際上是在一個三段論的形式上：如果（i）每位未受洗的人都淪爲咒詛，以及，如果（ii）沒有一個咒詛不可歸諸先前的咎責，那麼，這必定（iii）有一般的罪咎存在。當奧古斯丁在大約西元397年，在年老的米蘭主教與朋友辛普里西岸茲（Simplicianus）的堅持下，爲他撰寫《羅馬書》的詮釋，完成對原罪學說的突破。在關鍵性的文本《羅馬書》第九章，第九節至第二十九節裡（Röm 9, 9-29），保羅自己本身堅持以掃被拒絕（die Verwerfung Esaus）以及雅各被揀選（die Erwählung

Jokobs）是毫無根據性的（依據《創世記》第25章－第27章[nach Gen 25-27]）。透過把這福音書（Perikope）與《羅馬書》第五章，第十二節以下各處（Röm 5, 12ff）的連結，奧古斯丁得出這個觀點，除了恩典之外，保羅（Paulus）還教導一般的罪的糾纏；無一例外，所有人都犯了「在亞當裡的罪」（"in Adam gesündigt"），因此，人的本性是澈底敗壞的。

這個理論——根據這個理論，整體人類在一個值得詛咒的程度內存有咎責的——當然完全沒有如奧古斯丁起初看來的那樣理性。因為，一個人如何能代表所有其他的人犯罪呢？人們應如何設想道德的咎責（Schuld）的傳播呢？奧古斯丁說，在亞當裡「我們的本性」（natura nostra）已經犯罪；總之，原罪的解釋被排除在「家族紐帶」（"Sippenhaftung"）之外：無論一個人與犯行者有多親近，沒有人應對不屬於他的行為負責。仍有兩種解決方案（參見《書信》第166封，第9章，第27節[vgl. ep. CLXVI 9, 27]）。或者神同時帶著每個人的魂（Seele）創造與亞當的咎責（Schuld）的一個連結；然而，在這樣的創造論裡，罪性遺傳（Sündentradierung）就回歸到上帝本身，這對上帝的圖像（das Gottesbild）而言是毀滅性的。或者咎責遺傳自性行為；然而，在這樣的一種遺傳主義（Traduzianismus）中，道德的問題被重新詮釋為生物學的問題。雖然奧古斯丁看到了範疇錯誤（Kategorien-fehler），這種錯誤是在第二個答覆裡，但是他還是堅持這種理論——尤其沒有進一步對「遺傳的過程」做澄清。這種觀點只起一點點的理性的作用，創造的意義僅存在於這點上，即藉由被揀選的人去增補有福者因「天使墮落」（"Engelabfall"）所減損的的數量。大多數人被排除在這種恩典之外；罪的量（massa peccati）同時是譴責或者毀滅的量（massa damnationis oder perditionis）。這是不容置疑的，奧古斯丁在原罪理論上存在著一種在哲學上不一致以及在倫理上站不住腳的立場。然而，這不涉及到一種「恐懼的邏輯」（"Logik des Schreckens"；弗拉施[Flasch]）。同樣地，去主張奧古斯丁在論辛普里西岸茲（Simplicianus）的寫作裡進行了第二次的，甚至比在西元386年更澈底的轉變（Zeoli，西元1963），這是錯誤的。

關於原罪理論，奧古斯丁對性愛理論的評價也是有爭議的；也在這方

面，奧古斯丁被控告有不人道的看法（例如：Beatrice，西元1978）。伊卡隆的朱利安在論戰的意圖上，已經把奧古斯丁置於摩尼教信徒的這一邊。根據希波的主教——如同根據大多數的希臘的教父那樣——「罪的情慾」（'sündhafte begehrlichkeit', concupiscentia）是原罪傳遞的那種東西。可是，把這等同於性愛（Sexualität），這是錯誤的：「情慾」（concupiscentia, Begierde）這個詞在價值上最初甚至是中性的。如果他把它描繪為一種負面價值的情慾的話，那麼必須留意，奧古斯丁把「情慾」（concupiscentia）也應用於錯誤的欲望追求的非性愛的形式，例如：應用於權力慾（libido dominandi）。此外，性愛應該僅僅是一種沒有洗禮的惡，也就是不在「基督教的婚姻」（'christlichen Ehe'）裡的惡；然而，這位教父認為甚至在婚姻之中，罪的後果仍然是可被感覺到的。根據奧古斯丁，這些後果存在於性愛抽離了有意的控制（Brown，西元1991）。因此，奧古斯丁沒有全然把它視為原罪的負面的結果；他把「墮落」之前的亞當與夏娃完全歸因於性。所以人們不可把摩尼教對性的譴責與奧古斯丁關於統一意志的瓦解的論題相混淆。

貳、哲學的與神學的主要課題

一、出自卡撒西亞坤的早期哲學

　　奧古斯丁發展他的早期作品的時期，從西元386年的皈依延伸到大約西元395年主教職務的接管。然而，整個早期哲學的特點就在皈依之後的幾個月：在西元386年的9月與387年的3月期間形成重要的文本《論學院派者》（*De Academicis*），《論幸福的生活》（*De beata vita*），《論秩序》（*De ordine*）以及部分《獨語錄》（*Soliloquia*）。在北義大利的卡撒西亞坤（Cassiciacum）的這些的對話錄是具有確定性、幸福、惡（Übel）、秩序、神意（Vorsehung）、美以及教育的這些主題，甚至在奧古斯丁的思想中持續延伸到晚期。

　　短暫停留在北義大利——不清楚的是，是否是隱藏在古代的卡撒西亞坤（Cassiciascum）後方的卡夏戈／瓦雷澤（Casciago/Varese）的地方，還是卡薩戈／布里亞恩札（Cassago/Brianza）的地方——使他連續於閒暇自由（otium liberale，譯註：拉丁文的‘otium’是指希臘文的‘scholē’，即英文的‘school’（學校）就是來自於這個希臘單詞。因為在古代只有貴族有閒暇的時間從事思想的創作。所以學校就是有閒暇的貴族的去處，在那裡他們討論哲學，即科學，問題）的羅馬人的傳統。西塞羅（Cicero）的吐斯古路（Tusculum，譯註：Tusculum在古代羅馬時期一個最著名與繁華的鄉村，當時許多貴族高官在那裡擁有別墅，而西塞羅是他們中的其中一位。根據西塞羅的這部《吐斯古路的爭論》（*Tusculan Disputations*），在他62歲時，他的女兒過逝，他放棄他的政治生涯，與他的朋友在吐斯古路的別墅一連五天討論哲學的問題。）為這種鄉下生活塑造了最著名的範例，這種生活是

由有教養的人的閒暇所決定的。雖然奧古斯丁談論一種哲思的閒暇（otium philosophandi；《論學院派者》第2卷，第2章，第4節[Acad. II 2, 4]），以及談論一種基督徒生活的閒暇（《修訂》第1卷，第1章，第1節[retr. I 1, 1]），人們卻絕不可去想到修道院的社群（eine klösterliche Kommunität）。奧古斯丁的朋友阿里皮烏茲（Alypius），學生里聖堤烏茲（Licentius）和特里吉蒂烏茲（Trygetius），兄弟納維吉烏茲（Navigius），兒子阿德歐達督思（Adeodatus），母親莫妮卡（Monnica）以及兩位表兄弟，每天一起朗讀半卷的維吉爾（Vergil，譯註：大約西元前70至19。他是奧古斯都[Augustus]時期的一位重要的古代羅馬詩人；《論秩序》第1卷，第8章，第26節[ord. I 8, 26]）的書，以及早期哲學—神學的對話，他們讓一位祕書（notarius）把這些對話記錄下來。然而，後者並沒有意味著我們擁有在這些對話裡的對話紀錄。當然，對於古代的對話而言，風格化的規模是不足的，比方說，維持通俗語言的表達和偶爾繁瑣的辯論就證明這一點。然而，有更多的詳細的研究顯示，這完全是源自柏拉圖和西塞羅模式的對話習慣（mos dialogorum）的文學創作。

（一）確定性

根據他自己的說話，奧古斯丁一度對學院式的懷疑（Skepsis）的觀點有同感，根據這個觀點，唯有可能性（Wahrscheinlich）可以被認識，而真理永遠不可能。他對起源的認識（Quellenkenntnisse）的範圍於此是有爭議的；或許奧古斯丁從西塞羅的《論學院》（Academica，譯註：這部著作是西塞羅論述學院的哲學及它與斯多噶主義的區別。）以及《論哲學》（Hortensius）獲得他的知識（Wissen）。在這狹隘的基礎上，人們幾乎不能把這位三十歲的人視為是一位懷疑論者（Skeptiker）。因此，其意義是明白不過了，即他的懷疑論（Skeptizismus）主要是反摩尼教（anti-manichäisch）激發起來的。學院派者（Akademiker）爭論的水平對他而言似乎帶給摩尼教徒承受不了的哲學的考驗。在《論學院派者》第二卷，第九章，第二十三節

（*De Academicis* II 9, 23）裡，說是懷疑論者的論爭「妨礙了」（"behinder-ten"）眞理的追尋：而就只是說，他們得到一個內容豐富的反駁（參見《修訂》第1卷，第1章，第1節[vgl. Retr. I 1,1]）。而且，不接受奧古斯丁的懷疑時期，事情就變得十分的清晰，這就是爲何在他皈依之後直接對付懷疑論者。在發現「柏拉圖的作品」（'platonischen Schriften'）時，奧古斯丁也會遇到可以用來針對學院派者（Akademiker）的論辯。

在對話的過程之中，奧古斯丁對付了阿克西勞茲（Arkesilaos，大約西元前315-240年，譯註：他是柏拉圖學院的懷疑主義[又稱爲中期的柏拉圖學院或新學院]的創立者）與卡內阿德茲（Karneades，大約西元前215-219年）。他們駁斥眞理的可理解性，並且認爲沒有任何陳述是可以接受的。唯有可能性（Wahrscheinlichkeit，譯註：此詞又可翻譯爲「形似」，即與那個「形」（idea, form）相似。例如：經驗世界裡的數字2是與理念世界裡的數字2相似）是可以獲得的，人們必須抗拒誘惑，去接受那個單單與眞理相等的東西。西塞羅的措辭「可能的」（'verisimile'）在這裡確切地描繪根本的可能性概念（Wahrscheinlichkeitsbegriff）。根據現代的、數學的可能性理論爲導向的觀點，「B的可能性」意指事件B在一定的總案例中隨著事件A之後發生；某個可能的東西是個或然眞的東西（etwas probabilistisch Wahres）。反之，學院式的懷疑（die akademische Skepsis）強調「僅僅是」相似性（die 'bloße' Ähnlichkeit），因此強調只是可能事物的虛假外觀（den falschen Schein des nur Wahrscheinlichen，譯註：'Schein'這個詞取自形容詞'wahrscheinlich'這個詞的中間部分，即形容詞'wahr'與名詞'Schein'[「光線」、「外觀」或「外表」]組合起來。所以名詞'das Wahrscheinlich'的意思是指「外觀是真的」或「看起來是真的」）。可能的是那個看起來如同眞理（die Wahrheit）一樣的東西，可是眞理是無法觸及的。爲了理解這些學院派者（Akademiker），人們必須在詭辯—爭論的傳統（sophistisch-eristischen Tradition）的背景下檢視他們的可能性概念。然後，每個立場都可以用論證加以捍衛；因爲，在相競的觀點之間基本上是不可能存在理性的決定，一種意見只能藉由演說術或其他超理性的權力工具

和計巧來取勝（如第歐根尼・拉爾修第4卷，第28章論阿克西勞茲[Diogenes Laertius IV 28 über Arkesilaos]）。因為在懷疑主義的眼裡，對眞實的理解（die Erfaßbarkeit von Wahrem[katalêpsis, comprehensio]）是很糟糕的，普遍的終止判斷（epochē）對智者而言似乎顯得是合宜的。例如：阿克西勞茲（Arkesilaos）強調，人們必須超越蘇格拉底，並顯示確定自己的無知（西塞羅：《論學院》第1卷，第12章，第45節[Cicero, *Academica* I 12, 45]）；實際上能說服人的頂多是排除不確定性。正如我們透過塞克斯圖斯・恩丕里柯（Sextus Empiricus）認識到（《皮浪的概述》第1卷，第226章[Hypot. Pyrrh. I 226]），相對於古代懷疑，即皮浪主義（Pyrrhonismus；參見Ricken 1994）的較為溫和的變種，較新的學院的性質（ein Proprium der Neueren Akademie）在於主張普遍的不可識別性。

現在人們可以針對理性，持一種懷疑的不信任直接提供合理的深思熟慮（rationalen Erwägungen）。只有可能性的事物（Wahrscheinliches）是可觸及的，正是這種觀察不可避免地已經將僅僅可能事物的水平（die Ebene des bloß Wahrscheinlichen）拋在後面。奧古斯丁轉而反對學院的立場：懷疑主義（Skeptizismus）暗中使用了眞理概念。沒有眞實者的學識（ohne Kenntnis des Wahren），「相似性眞理」的概念（Der Begriff des "Wahrheitsähnlichen"）不能被建構起來，正如我們不認識這兩個人，同樣不能夠論述他們的相似性（die Ähnlichkeit）那樣（《論學院派者》第2卷，第7章，第16節[Acad. II 7, 16]）。

在另一個論點中，奧古斯丁接受了來自於奇提翁這地方的斯多噶主義者芝諾（Zenon von Kition）的固定在外在知覺（Außenwahrnehmung）的眞理標準：芝諾認為，當覺知的對象（Auffassungsobjekt）的非存在可以確定地被排除時，人們可以談論知覺（Wahrnehmung）；而且，一個存在心靈（Geist）裡的印象毫無疑問地必須與其外在世界的源頭相對應。奧古斯丁解釋這個原理如下：當每一個懷疑被排除之後，眞的事物（etwas Wahres）就被掌握住了。「芝諾的這個定義」（《論學院派者》第2卷，第5章，第11節；第3卷，第9章，第21節[Acad. II 5, 11; III 9, 21]）也獲得學院派者

所認可；然而，他們相信不存在有條件滿足的事物。爲了證明眞正的知識（wahrem Wissen）的可觸及，奧古斯丁稱「1+2+3+4=10」爲等式的例子（《論學院派者》第2卷，第3章，第9節[Acad. II 3, 9]）；即使「全部的人類」打鼾，「3x3=9」也仍然是眞的（《論學院派者》第3卷，第11章，第25節[Acad. III 11, 25]）。因此，就像畢達哥拉斯主義（Pythagoreismus）和新柏拉圖主義一樣，奧古斯丁因此將數學理解爲確定性的化身（Inbegriff von Gewißheit）；他甚至說，人們不應相信任何不像數學知識（mathematisches Wissen）那樣確定的東西（參見第貳章，第二節（二）[vgl. Kap. II. 2. b]）。然而，當代哲學可能不會認可這個例子：數學的陳述既不包括絕對的主觀確定性，也不揭示邏輯的必然性（Notwendigkeit）。我們也許在數學中可能會犯錯，而且數學也包含有直觀的要素（Anschauungselemente）。只有在知識（Wissen）包含其缺乏替代性的確定性時，不含錯誤才能達成。

爲了實現芝諾的定義，其他的候選人似乎更合適：奧古斯丁透過以類似出現在笛卡兒（Descartes）的《第一沉思錄》（*Erster Meditation*）裡的那個夢論證來發展它。學院派者們（Akademiker）指出，在夢中出現的對象和事件被認爲是眞實的，而醒來時它們卻被證明是夢幻泡影。然而，奧古斯丁引用了兩種絕對的，同時在夢中有效的確定性。第一，他稱爲邏輯的確定性：如果世界具有四個要素，它不能同時沒有這四個要素（《論學院派者》第3卷，第13章，第29節[Acad. III 13, 29]）。或者：是否有一個或多個世界，這可以說是不確定的，然而，不是有一個世界，就是有多個世界（《論學院派者》第3卷，第10章，第23節[Acad. III 10, 23]），這是確定的。這些陳述的確定性爲其形式的特徵所影響；這些陳述只主張排中命題（des Satzes vom ausgeschlossenen Dritten）的有效性，以及矛盾命題的有效性，條件是在這些例子中，它們是涉及到完全的選言的（vollständiger Disjunktion）情況。是否這一個邏輯的法則的有效性，是奧古斯丁所希望指出的東西，這似乎是可疑的：也許他錯誤地相信，「不是有一個世界，就是有多個世界」這個命題包含某種自然哲學的陳述。第二，奧古斯丁導入一種讓人想起笛卡

兒方式的主觀的眞理：部分置於水中的方向舵看起來是彎曲的。雖然學院派者在這裡看到眞理的單純的表象的一個證據，但這位教父強調，是否方向舵是直的，還是彎曲的，人們都會說與問題無關：「它向我顯現爲彎曲的」：這個確定仍然是不可駁斥地確定（《論學院派者》第3卷，第11章，第26節[Acad. III 11, 26]）。關於絕對確定性的第二種形式，我們將再次遇到「奧古斯丁的我思」（'augustinishes Cogito'）的指稱（Bezeichnung）（本書的第2章，第2節（五）[Kap. II. 2.e]）。

這位教父儘管對於斯多噶主義—學院式的爭論的認識不足，但他很顯然達到了一個高論證水準。值得注意的還有他在哲學史上對學院派者的分類。他們的善變者似的不可掌握性（《論學院派者》第3卷，第5章，第11節；第6章，第13節[Acad. III 5, 11; 6, 13]）應該具有一個隱藏的意義：他們或將事實上的柏拉圖主義表現爲祕密學說（Geheimlehre），並且相對於斯多噶學派，只是由於祕密的緣故，他們作爲懷疑主義者出現。例如：阿克西勞茲（Arkesilaos）偏愛他的知識（Wissen）「像埋藏黃金那樣」，而不是將其傳給不適合的人；同樣，卡內阿德茲（Karneades）據說只提供了外在的知識給沒有經驗的人（Uneingeweihten äußerliches Wissen；《論學院派者》第3卷，第17章，第37節以下各處[Acad. III 17, 37ff.]；參見《懺悔錄》第5卷，第10章，19節[conf. V 10, 19]）。卡內阿德茲（Karneades）自己承認，沒有人不認爲某物是眞的而能夠採取行動。西塞羅對學院派者的這種闡明——也出現在塞克斯圖斯·恩丕里柯（Sextus Empiricus）中——在歷史上可能是不適當的。然而，它卻與奧古斯丁的柏拉圖式的歷史圖像很吻合。在奧古斯丁裡，進一步的歷史的細節再次地指向波菲利（Porphyrios）的源頭：在不朽問題上，柏拉圖曾是畢達哥拉斯主義者的學生，以及普羅丁的讚美和主張柏拉圖與亞里斯多德的學說的相符的這樣的意見。

（二）幸福的倫理學

奧古斯丁在他的後期仍然同意羅馬學者瓦羅（Varro，大約西元前116-

27）的觀點，對於哲學思考，除了對幸福的追求（Glücksstreben）就沒有其他的理由了（nulla est homini causa philosophandi nisi ut beatus sit；《論上帝之國》第19卷，第1章[ciu XIX 1]）。這個觀點是奠基在一種喪失在中世紀時的概念的內涵的哲學。自蘇格拉底開始，尤其自希臘化時期的各種學派開始，「哲學」一詞代表一種生活藝術的概念（Hadot 1991）。在犬儒主義者（Kyniker）那裡，在斯多噶學派（Stoa）裡、在伊比鳩魯主義者或者柏拉圖主義者那裡的核心，哲學的倫理學從來不意指一個抽象的規範，而是一種「魂的引領」（'Seelenleitung'）的具體的實踐。年輕的奧古斯丁從西塞羅的《論哲學》（Hortenisus）學到這一方面的「教誨」（'Mahnung', exhortatio ad philosophiam）。所以事實說明了，在《論學院派者》（De Academicis）裡，幸福的追尋以對確定性（Gewißheit）與真理（Wahrheit）的問題澄清為前提：對懷疑論者的駁斥顯得迫切，因為透過對真理的揚棄，幸福的追尋變得不可能。因此，反對學院的另一個異議是，學院它拒絕明顯的真理（erkennbarer Wahrheit），而無視於幸福的追求（《論學院派者》第1卷，第3章，第9節[Acad. I 3, 9]），也就是每一個道德的面向（第3卷，第16章，第35節[III 16, 35]）。奧古斯丁所要證明的學院派者們自己既不快樂也不聰明，這一事實讓學院派者們對幸福理論所構成的挑戰變得清晰起來（《論幸福的生活》第2章，第14節[beata u. 2, 14]）。

在幸福理論的亞里斯多德─斯多噶主義的傳統上，奧古斯丁把對幸福的追求理解為人的不變的特徵（beatos nos esse volumus；《論幸福的生活》第2卷，第10章[beata u. 2, 10]；《論三位一體》第13卷，第4章，第7節[trin. XIII 4, 7]）。幸福（das Glück）是所有人類行動的目標（參考《論上帝之國》第8卷，第8章[vgl. ciu. VIII 8]）。與學院派者的對話（Akademikerdialog）之後完成的作品《論幸福的生活》不久，普遍的幸福尋求就構成了一個能夠達成共識的起點。因此，幸福是所有的行動以及欲望都靜止之處；一個人在不擁有所欲求的東西時，他是不幸福的。但是，不是所有為我們所欲求與獲得的東西事實上都是幸福的。因此，莫妮卡認為幸福首先來自於對善的擁有（aus dem Besitz von Gutem）。但是對各自的善的占有也只是暫時

的。如果人們想要談論善的話，那麼這種永久性的占有必須被保證。這涉及到兩種要求：第一，善必須始終擁有一個人們可以稱之為幸福的東西；第二，善必須是確保永恆幸福，善必須是永恆的和不可改變的（《論幸福的生活》第2章，第11節[beata u. 2, 11]）。因此，唯有上帝被視為帶來永久幸福的善；只有上帝的永恆不變才能使人類的幸福永久（同上；參見《論自由抉擇》第2卷，第9章，第27節[vgl. lib. arb. II 9, 27]）。

後來奧古斯丁一再回到這個想法，即幸福概念產生了一種永恆的沉思對象的要求，幸福引起了對這個對象的觀看（《論自由抉擇》第2卷，第13章，第35節[lib. arb. II 13, 35]；《論八十三個不同的問題》第35卷，第2章[diu. qu. 35, 2]；《論上帝之國》第10卷，第15章[ciu. X 15]）。柏拉圖的神的擁有或者神的享有的母題對他而言獲得一種核心的意義（參見Hanse，西元1939）。可是，神只可以占有那位「根據他的意志而行」、「過良善的生活」以及「擁有純粹精神」（"reinen Geist hat"）的人，所有這三項規定都顯示是一致的（《論幸福的生活》第3章，第18節[beata u. 3, 18]）。幸福與德行、道德和理性是直接相關聯的（《獨語錄》第1卷，第6章，第13節[sol. I 6, 13]）。德行，道德和理性都觸及到尺度的概念（Begriff des Maßes）：一方面，模態（modus）代表正確的行動和品格正確的尺度（節儉[frugalitas]，謙虛[modestia]，節制[temperantia]：《論幸福的生活》第4章，第31節[beata u. 4, 31]）；另一方面，尺度（Maß）意味著它是那個理性必須遵守的尺度，即智慧（《論幸福的生活》第4章，第32節[beata u. 4, 32]）。奧古斯丁把第三種基督宗教的意義增添到古代德行倫理學（Tugendethik）的尋常的事上。神是智慧，即基督，所導向的尺度（參見第貳章，第六節（五）[Kap. II. 6.e.]）。因此，誰——在這三層的字面意義上——「擁有那個尺度，亦即，誰擁有神、父，透過神擁有子，他就是幸福的（《論幸福的生活》第4章，第34節[beata u. 4, 34]）。

早期的幸福理論從斯多噶主義的學說——智者的幸福在於德行，德行總是在人的支配範圍裡——以及從柏拉圖的觀點——能到達不變的神明世界的人是幸福的——構成了綜合體。事實上，早期的奧古斯丁大量使用了

斯多噶主義式的和柏拉圖式的思想財富；因此，他引用了特倫斯的一節詩
節（ein Vers des Terenz），這個詩節包含了斯多噶主義的主張，因為人們不
可能達其所欲（wolle），一個人應該（solle）欲（wollen）其所能（könne;
quoniam non potest id fieri, quod vis, id velis, quod possis：《論幸福的生活》
第4章，第25節[beata u. 4, 25]）。當然，奧古斯丁後來大大地淡化了對特倫
斯的引述，以及他的幸福理論的斯多噶主義的部分（den stoischen Anteil：
《論三位一體》第13卷，第7章，第10節[trin. XIII 7, 10]；《論上帝之國》
第14卷，第25章[ciu. XIV 25]）。根據他晚期的信念，伊比鳩魯主義者（die
Epikureer）錯誤地把身體（Körper）確定為最高的善，就如同斯多噶主義者

圖三　奧古斯丁（中間）與安條克（Antiochus）、芝諾（Zenon）、伊比鳩魯（Epikur）
　　　與瓦羅（Varro；從左邊起）在討論有關幸福的理論
（出自於：亞歷山大·德·勞德，聖奧古斯丁上帝之國含手稿的畫作，第3卷，巴黎西元
1909年，石板125）

也錯誤地把魂（die Seele）視爲最高的善，然而唯有柏拉圖主義者（die Platoniker）合乎實際地把神（Gott）理解爲至善（das summum bonum；《論上帝之國》第8卷，第10章[ciu. VIII 10]；《書信》第118封[ep. CXVIII]）。就是這個理由，奧古斯丁在晚期的作品裡，在幸福的理論方面緊扣著柏拉圖的部分：柏拉圖根據德行將生命稱爲人的目標；爲了這個目的，方法在於哲學式的上帝探索（《論上帝之國》第8卷，第8章[ciu. VIII 8]）。很顯然，這幅柏拉圖的圖像遵循的是一個推論出新柏拉圖主義的源頭。這位教父提出了新柏拉圖主義的根本學說：在所有創造中，存在著回歸神聖起源的傾向（zum göttlichen Ursprung；參見omnia in unum tendunt；《論秩序》第2卷，第18章，第47節，[ord. II 18, 47]）。

因此，相對於西塞羅，奧古斯丁對哲學的要求包含了一個補充：《論幸福的生活》（De beata vita）是奧古斯丁式的《論哲學》（der augustinische Hortensius），並擴展到新柏拉圖主義的回歸概念（參考ad deum reditus；《論幸福的生活》第4章，第36節[vgl. beata u. 4, 36]）。對話教導人們有意識地追求一種本質上在人之中所產生的傾向（Tendenz）。「傾向」在這裡完全是在字面上理解：在較後面的段落上，奧古斯丁談論魂的「引力」（"Schwerkraft"）或「重量」（"Gewicht", pondus），重量將人類拉向某個方向。這個重量是快樂（Freude, delectatio；例如：《論音樂》第6卷，第11章，第33節[z.B. mus VI 11, 33]）。行爲理論的一個重要要素依賴於快樂（die delectatio）：在一個主要的，甚至是前道德的層面，人們嘗試去避免不快樂（Unlust）以及增強快樂（Lust），藉著他使用快樂的判準（anhand des Kriteriums der delectatio）來檢驗感性的物項。在使用理性方面，人也可以意識到這樣的事實，即一個較深刻的愉悅（Freude）是與理性的以及道德的生命結合在一起的；因此，他可以發現到他的魂本質上已經緊緊追求上帝。更仔細審察，對上帝的愛因此證明了魂的重量（參考 pondus meum amor meus；《懺悔錄》第13卷，第9章，第10節[conf. XIII 9, 10]）。當然，同樣存在著背離（Abwendung, aversio）的可能性，這種背離應是導致不道德的生活方式（perversio）。

　　魂的這種向量的特質是《懺悔錄》一開始的著名的陳述的含意，即上帝「依照他自己創造」（"auf sich hin geschaffen", fecisti nos ad te）人類，我們的心是不安息的，直到它在上帝裡面找到安息為止（inquietum est cor nostrum, donec requiescat in te）。同樣，奧古斯丁與眾不同的措辭可以回歸這裡，他「本身成為一個重大問題」（factus eram ipse mihi magna quaestio；《懺悔錄》第4卷，第4章，第9節[conf. IV 4, 9]）。這位教父談論與柏拉圖「差異性的領域」（regio dissimilitudinis；《懺悔錄》第7卷，第10章，第16節[conf. VII 10, 16]），以便表達個人與離上帝之中心的痛苦的距離。這種奧古斯丁的幸福理論的一致性，可以藉著晚期的和平概念顯示出來：根據這個概念，所有的被造物依據其本質已經是處在和平裡，這種和平構成他的末世論的實現（參考第貳章，第五節[Kap. II. 5]）。在《論上帝之國》第十九卷裡，有關這個晚期的幸福概念的重要文本，奧古斯丁把上帝永恆的存有定義為至善（summum bonum），相反地，把這種幸福狀態的欠缺定義為極惡（summum malum）。因此，奧古斯丁堅持他談論的他早期針對288幸福概念所做的解決，瓦羅（Varro）使用一個有系統的準則擬定它們。

　　在完成《論幸福的生活》之後的幾年，奧古斯丁的一個最根本與最顯著的區別是出自於對幸福的定義：唯有上帝可以是「享受」（"Genießen", frui）的對象，然而，所有其他的事物只允許因著上帝的眷顧「被使用」（"gebraucht", uti）。教父解釋說，「享受」（"Genießen"）意味著為了事情本身的緣故而事情連結於某人；相反地，「被使用」（"gebraucht"）意指使用某物來實現人們所追求的東西（《論基督教的教義》第1卷，第4章，第4節[doctr. chr. I 4, 4]）。在西元395年的早期參考文獻中，享受（frui）和使用（uti）的概念被導回到道德善（Guten, honestum）與有用（Nützlichen, utile）的對比（《論八十三個不同的問題》第30章[diu. qu. 30]）。所有道德上的過犯和罪都源自單純使用可享受的事物，或者不允許享受只准被使用的事物。道德善（honestum）與「有用」（utile）的區別源自於斯多噶主義的倫理，這個區別可能取自於西塞羅（《論職責》第2卷，第3章[De officiis II 3]）。相反的，對享受（frui）與使用（uti）也可能源自於瓦羅（參考《論

上帝之國》第19卷，第3章[vgl. ciu. XIX 3]）。

　　奧古斯丁的觀點初看之下似乎值得商榷。如果上帝是人類唯一合法享受的對象，為了享受上帝的目標的所有對象是被工具化了，那麼人類同胞似乎成為通往上帝之路的單純的工具。這與康德（Kant）強調的絕對命令的觀點衝突，即「人被對待，……在任何時候同時當作目的，而絕不只是單純當作手段」（Akad. Ausg. IV 429）。要考慮的是，康德沒有排除使用人，而使用（uti）在奧古斯丁裡，意含著以一種嚴格的神中心（theozentrische）方式來敲定手段。如果人與沒有生命的物項或者動物能夠做為「使用」的話，那麼，奧古斯丁只是意指它們沒有呈現絕對的目的或最終目標，而是呈現通往上帝之路的中途停留。希波的主教沒有違反康德的自我目的準則（Selbstzweckformel），只要人類同胞徹底地——即使是間接地對上帝的愛——形成了倫理的關注的對象：「我們出於同一個愛而愛上帝與鄰人，而我們愛上帝是為了他自身的緣故，反之，我們愛我們和鄰人是為上帝的緣故」（《論三位一體》第8卷，第8章，第12節[trin. VIII 8, 12]）。而且自愛的合適的形式應該間接地來自上帝的愛（《論大公教會的道德》第1卷，第26章，第48節[mor. I 26, 48]；《論三位一體》第14卷，第14章，第18節[trin. XIV 14, 18]）。根據這種「有秩序的愛」（"geordneten Liebe", ordinata dilectio）的概念，可見世界的所有事物都根據它們的相對價值上被愛。的確，當這種神學倫理學或許是非人道的，如果它被導入某種宗教的利己主義時，這恰恰與其最終目標相矛盾。另一個危險更嚴重：奧古斯丁的倫理學可以將任意而為的上帝的誡命顯明為最高的道德指示。然而，奧古斯丁著名的準則「愛以及做你想要的東西」（dilige et quod vis fac；《約翰壹書的講道》第7章，第8節[ep. Io. tr. 7,8]）並沒有意指這點。奧古斯丁斯並不代表神學的意志主義（theologischen Voluntarismus；參考本書第貳章，第六節（二）[vgl. Kap. II.6.b]），相反，他教導了《新約》的愛的誡命的倫理學。

　　然而，奧古斯丁的愛的概念也遭遇到神學的疑慮（theologische Bedenken）。愛的概念似乎是一個具有歷史意義的，但事實上卻是希臘思想和《聖經》思想（Denken）的不成功的綜合，這種綜合揭示了真正基督教

的愛的觀念（Liebesvorstellung）。根據瑞典神學家尼格倫（A. Nygren[2]；西元1954）的看法，這位非洲教父把《聖經》中上帝對人的無私的愛（agapê），與柏拉圖式的對上帝的渴望（erôs）的概念連繫在一起。甚至在尼格倫（Nygren）之前，有人主張這位教父事實上表現的不是基督宗教的博愛（die christliche Nächstenliebe），而是表現一種個人主義的回歸模式（individualistisches Rückkehrmodell, Holl 1923, Arendt 1929）。這的確是正確的，奧古斯丁確實把愛定義爲一種「渴望」（"ein Streben", motus quidam；《論八十三個不同的問題》第35章，第1節[diu. qu. 35,1]）；但是這種渴望爲了他自身的緣故注視在某個對象上。像尼格倫（Nygren）這樣的批評家，他的錯誤在於對諸如欲望（appetitus）或者上帝的享受（fruitio dei）的概念，做了自我主義與個人主義的詮釋；在這樣做時，奧古斯丁的學說仍然沒有考慮到把自愛與上帝的愛的連結（參考Holte 1962, Burnaby 1970）。

（三）惡與秩序、自由與神意

在《懺悔錄》裡，我們得知摩尼教徒的奧古斯丁如何解釋善與邪惡（Böse）的對比：它們應形成（bilden, moles）兩個無限大的「領域」（'Massen'），它們彼此敵對著。那個善的領域，即上帝或者靈（Geist），在各方面都是自由的，只受到邪惡（das Böse）的限制；邪惡領域的應是比善的領域更「厚重」，此外它是「醜陋的」。因爲善對於邪惡不負有責任，這兩個領域不可追溯到單一個領域裡（《懺悔錄》第5卷，第10章，第20節[conf. V 10, 20]）。精神的實體被稱爲「一」（'monas'），而早期的奧斯丁把極惡的實體（substantia et natura summi mali）也稱爲「二」（'dyas'；《懺悔錄》第4卷，第15章，第24節[conf. IV 15, 24]）；一與二的這種對照（Antithese）應表達在善的行爲之中的自身一致（Selbstübereinstimmung），以及在邪惡的行爲之中的分裂狀態（Zerrissenheit）。《懺悔錄》譴責這種模式（Modell）是它僅僅把存有者（Seiendes）理解爲質料（Materielles）。奧古斯丁從道德上解釋了他早期的錯誤觀念，即物質世界在精神世界和他仍然「不純粹的」理解之間產生。現在新柏拉圖主義向他展開兩

種有關惡（Übel）的新的理論的決定性的概念：一種非物質的精神概念，以及一種存有的逐漸地限縮（Einschränkung des Seins[privatio，譯註：即「缺乏」]）的觀念（Vorstellung）。

　　惡（Übel）的問題是奧古斯丁哲學的中心思想之一。在傳統的作品裡，這是自《論秩序》（De Ordine）這部作品以來，它持續存在的兩個問題。首先，這位教父問，惡（Übel）從何而來（unde malum；《懺悔錄》第7卷，第7章，第11節[conf. VII 7, 11]）：它如何被安排到良善的上帝的創造裡呢？這個問題實質上對應於現代的神義論問題（Theodizeeproblem）；儘管奧古斯丁不是歷史上的源頭，但他是該主題的最具影響力的倡導者（Exponent）。爲了能夠確定惡（Übel）的來源，首先惡的形而上學地位（der metaphysische Status des Bösen）必須說明。因此，第二個問題是：什麼是惡（quid sit malum；《論善的本性》第4章，第4節[De natura boni 4,4]）？對第一個問題的回答——世界秩序的統一性在這個問題上還是在爭議中——預設了對第二個問題的解決。

　　新柏拉圖主義的模式藉由把精神的，可理解的世界與感官的經驗世界區別開來，保持世界秩序的統一性，同時又將兩個世界彼此緊密連繫在一起。作爲一個無擴展的體量（Größe），屬靈的事物（das Geistige）出現在感性領域的任何地方，以便形塑和安排這個領域。屬靈的標號（Kennzeichen）完全可以出現在物質的最小部分中。以這種方式，同時藉著強調可理解事物的差異性與無所不在（die Andersartigkeit und die Omnipräsenz des Intelligiblen），該模式（Modell）擺脫了二元論的困境，這困境導致承認善與惡的等級相同。善屬於「上面的世界」，相反地，惡單單屬於「下面的世界」。新柏拉圖主義的重點是它教導有關兩個世界的衍生的統一性。在理智世界與感性世界之間存在一種原型—複製—關係（Urbild-Abbild-Relation），還有：在絕對者、第一原理與感性世界之間存在著連續的衍生關聯（ein kontinuierlicher Ableitungszusammenhang）。存有的降低（Seinsminderung）——這個降低遇到「從上面到下面」的衍生的變化過程——絕不揚棄它的統一性：存有階層（Seinsstufen）更多地被理解爲存有等級（Seinsgrade）。這種模式意謂著，當談論某種的缺乏（sterêsis, privatio, corruptio）時，也就是談論惡的非自主的特質（unselbständigen Charakter des Übels）。

對於奧古斯丁而言，發現所謂的缺乏理論（privatio-Theorie）是多麼有意義的，這可以在一個早期的文本裡看出來：在《論幸福的生活》應可得到證明，幸福在於對善的擁有（im Besitz des Guten），相反地，不幸福在於對善的欠缺（im Fehlen des Guten）。現在反對這個題旨的說法是，即使善似乎不欠缺時，恐懼也會摧毀幸福。對此，莫妮卡提出了一個解決的方法，這個方法是得到大家的「普遍讚揚」，而奧古斯丁自己剛想要從哲學的著作中（philosophorum libri）學習到它：恐懼是在智慧上的**缺乏**（Furcht ist *Mangel* an Weisheit；《論幸福的生活》第4章，第27節[beata u. 4, 27]）。否定性的特殊方式——否定性在於缺乏的概念（im Begriff des Mangels）——隨後被顯示在普羅丁式的例子上：愚蠢是知識的缺乏，黑暗是光明的缺乏，露體是衣物的缺乏。「缺乏」（'Mangel'）一詞總是描述某種確定的、相對的欠缺，但並不代表純粹的否定性（reine Negativität）。

據此，奧古斯丁自《論自由抉擇》以來把對惡的意志決定（Willensentscheidung zum Böse）解釋為對「無」的轉向（Wendung zum "Nichts"）（《論自由抉擇》第2卷，第20章，第54節[lib. arb. II 20, 54]）。無（das Nichts）絕不應是一種無意義的概念；它必須存在，因為宇宙的秩序「在適當的等級上從最高處下降到最低處」（《論自由抉擇》第3卷，第9章，第24節[lib. arb. III 9, 24]）。儘管在奧古斯丁的理論裡，普羅丁的質料（die plotinische Materie）很少當作形上學的惡（das metaphysische Übel）出現，他絕不缺乏這個質料（參考《懺悔錄》第12卷，第3章，第3節以下各處[vgl. conf. XII 3, 3ff]）。關於質料，也就是創造的原始材料，它大約是「接近於無的無形式的」（"Formloses nahe beim Nichts", informe prope nihil；第12卷，第6章，第6節更常出現[XII 6, 6 u.ö.]）東西。它只是「差一點兒」（"beinahe"），而不是完全沒有，因為它只是表示缺乏——那意思是指：不完全——而與存有者相對立。人們只可以既不「認識」（"kennen"）也不「表述」（"aussprechen"）非存有者（das Nichtseiende）：因此，邪

惡的源頭或許不應進一步被闡明（《論自由抉擇》第2卷，第20章，第54節[lib. arb. II 20, 54]）。這個解決方法直到奧古斯丁的晚期爲止都仍然有效。還有《論上帝之國》（*De civitate dei*）強調，上帝會與非存有絕對地對立，因爲所有的存有者——在不同的等級上——都是善的（《論上帝之國》第7卷，第2章[ciu. XII 2]）。奧古斯丁還提出了一個問題，即什麼東西能夠促使背離上帝的墮落天使的邪惡意志朝向惡（Übel）。上帝或者其他的靈體（Geistwesen）不考慮這種意志的喜好（diese Inklination des Willens）。奧古斯丁提出答覆：自由意志是自發的與非衍生的，嚴肅的對待意志的概念意味著將其理解爲非衍生的。因此，是否採用了普羅丁的物質（die plotinische Materie）呢？絕沒有；普羅丁的物質在闡述上仍然作爲形上學的惡出現，即只有「出自於無的受造的自然」可能是邪惡的（böse）：邪惡的事物始終是轉向存有論上更壞的事物（Wendung zum ontologisch Schlechteren），特別是轉向自身（《論上帝之國》第12卷，第6章[ciu. XII 6]；《駁朱利安》第5卷，第39章[Contra Iulianum V 39]）。

但惡的事物如何能夠介入有序而良善的宇宙中呢？奧古斯丁的回覆在這裡與斯多噶主義的與普羅丁的解決方式一致：惡並不構成對善的否定（keine Negation des Guten），而是一種對它的純粹的對照（Antithese），這個對照整體提升了世界的秩序與美（《論秩序》第1卷，第7章，第17節以下[ord. I 7, 17f]）。就奧古斯丁而言，這個學說在世界的圖像中一再被採用爲「頌歌」（"Gesang"）或者「讚美歌」（"Lied"; carmen universitatis：《論音樂》第6卷，第11章，第29節[mus. VI 11, 29]；《書信》第138封，第1章，第5節[ep. CXXXVIII 1,5]）。可見的世界是美的，正是透過它的對立面：就像一首歌的美，其和諧正是產生於其組成部分的差異性和對立性（Verschiedenheit und Gegensätzlichkeit；參考《論上帝之國》第11卷，第18章[vgl. ciu. XI 18]）。甚至不那麼有價值的東西——例如：蠕蟲——在衡量其可能性上還總是反映出最高層級的神聖秩序（《論眞正的宗教》第41章，第77節[uera rel. 41, 77]）。同樣地，在斯多噶學派以及在普羅丁裡，宇宙相較於舞臺，而人相較於劇本。對照的要素的統一性是透過一種目的論

的實例，即神意（Vorsehung, pronoia，譯註：這個詞中文又翻譯為「神的靈鑒」，「天啓」或「神的眷顧」）被保證：秩序被理解為一種按照計畫所引導的動力學，可見的世界臣服於神的神意（von der göttlichen Vorsehung）所支配的過程。

同樣對奧古斯丁而言，世界秩序意指與神意（Vorsehung, providentia）一樣的嚴格的統治。為了以《聖經》方式合法化世界秩序，他經常引用經文「你（即神）根據度（Maß），數（Zahl）和重量（Gewicht）安排所有事物」（omnia in mensura, numero et pondere disposuisti；《智慧書》第11章，第21節[Weish11, 21]）。這位教父給予這節經文一個柏拉圖式的解釋：度、數和重量是相的範型（ideale Paradigmen），這些範型是決定以及督導所有感性事物的產生與轉變。除了這些詞彙的意義之外，「秩序」（'Ordnung'）還可以用在其他的兩種方式上：一個是作為由人所創造的，尤其是政治的與法律的秩序，例如在格言上：「萬物應在完美的秩序裡」（《論自由抉擇》第1卷，第6章，第15節[lib. arb. I 6, 15]），另一個是指那種引導人上升歸向上帝的體量（Größe）：秩序是當我們在我們的生命中追隨它時引導我們歸向上帝的東西（《論秩序》第1卷，第9章，第27節[ord. I 9, 27]）。仔細檢查，顯示有三個詞義：神意（Vorsehung）、人類的組職以及朝向上帝之路的階梯都匯集在單一個體量（Größe）上。奧古斯丁將所有這三種功能與聖靈的學說（Lehre vom Heiligen Geist，譯註：天主教把 'Heiligen Geist' 翻譯為「聖神」）結合起來：這聖靈安排了世界的進程，聖靈提供理性作為永恆的法律（lex aeterna），也就是提供作為準則（Maßstab）給人類關係的方向，此外，聖靈還具有定向與引導的功能。

意志自由的強調是奧古斯丁的創新以反對普羅丁的立場。是否神意學說（die providentia-Lehre）不再揚棄意志自由（Willensfreiheit）？這位教父極為堅決地強調神的預知與自由意志理論的統一性（Vereinbarkeit von Gottes Vorherwissen），神的預知沒有預定論的效果（keine determinierende Wirkung；《論自由抉擇》第3卷，第3章，第6節以下[lib. arb. III 3, 6f]）：恩典（Gnade）完全基於這樣一個事實：即上帝已經預見到了人類的道德的

配得（die moralischen Verdienste des Menschen），並且善意地接納它們。從西元396/7年以來，他放棄了這種神意的概念以利於恩典的學說（Gnaden-lehre），神意概念強調恩典（Gnade）的不配；而現在人類自由意志的學說並沒有受到限制。

（四）美、藝術、音樂

　　根據一些簡短的評論，我們知道奧古斯丁在他的摩尼教時期寫了一部題爲《論美與愉悅》（*De pulchro et apto*）的作品，篇幅有二或三卷書（《懺悔錄》第4卷，第13章，第20節[conf. IV 13, 20]）。這篇未流傳下來的論文描述了審美經驗（die ästhetische Erfahrung），並試圖在理論上確定它——無需藉助柏拉圖的理智的世界。據推測，他從斯多噶與摩尼教的要素裡構成一個綜合體。奧古斯丁記載，他把美（Schönen, pulchrum）與愉悅（Angemessenen, aptum）之間做了區別，前者是憑藉著其自身是美的，後者是與某個其他的事物相對的美；這部作品的錯誤在於，由於對屬靈事物的錯誤的概念的理解，它只在物體上理解美（《懺悔錄》第4卷，第15章，第24節[conf. IV 15, 24]）。隨著西元386年的轉折，奧古斯丁也發現到柏拉圖主義的美學理論；這個美學理論是他的許多的發現之一，他在他以後的工作中一直堅持這個理論的價值。

　　在《論眞正的宗教》第三十二章，第五十九節以下（*De vera religione* 32, 59f），奧古斯丁向一位虛構的建築師提出美感愉悅的原因（Ursache ästhetischen Gefallens）的問題。爲何建築師在設計建築物時如此重視圓拱的均等？爲了能夠回答這樣問題，據說這位建築師必須把感性層級（die Ebene der Sinnlichkeit）置於腦後；他必須「擁有內在的雙眼去看不可見的世界」。如果他是有能力，亦即，如果他能夠提供有關他的勞動的基礎的資料，他不會說某個事物美的，因爲它令人愉悅，而是相反，某個事物令人愉悅，因爲它是美的。因此，鑑賞判斷（das Geschmacksurteil）絕不是任意的，它具有客觀的地位。然而什麼使得建築物在客觀上是美的？奧

古斯丁的目標是，建築美是基於建築構件的相似性及其與對稱性相連繫。然而，建築的要素是否能達到在對稱性中所力求的統一性（Symmetrie angestrebte Einheitlichkeit, unitas）呢？不能，因爲不存在有這樣的物體，它是沒有那種嚴格的統一性的「軌跡」（"Spur", vestigium），美感愉悅根本上指向這個軌跡。另一方面，沒有任何一個可擴展的（ausgedehnt）與可切割的事物是絕對地統一的，因爲，即使自身高度的和諧的比例也不意指有一種嚴格的統一性。因此，建築師的質疑以這樣的洞察（Einsicht）結束：感性美指涉到在感官領域裡甚至無法實現的統一性。雖然這種統一性呈現在感官對象的形態（Gestalt, species）中，可是僅作爲理智統一性的模仿。

重複的章節包含奧古斯丁的美學的本質上的特徵。奧古斯丁說在柏拉圖的《饗宴》（*Symposion*, 210a ff）的傳統上，感性的愉悅（sinnliches Gefallen）超越其自身而指向理智的實在（die intelligible Realität）。爲了看到這點，需要進入到那個層級（Ebene）裡，美學的現象在那層級上構成，據此也構成我們對它的判斷。它表明，感性愉悅涉及到類似的部分的理性秩序（eine rationale Ordnung von gleichartigen Teilen, congruentia partium rationabilis：《論秩序》第2卷，第11章，第33節[ord. II 11, 33]；參考《論魂的廣度》第8章，第13節以下[an. quant. 8, 13f.]）。對於這種秩序結構奧古斯丁的最重要的表達是「相似性」（similitudo）、「和諧」（convenientia）、「協調」（congruentia）、「對應」（correspondentia）或「相等」（aequalitas）。但是，是什麼使得一系列對象成爲有序的系列？奧古斯丁的回答是：數；美是奠基在數學的秩序（auf mathematischer Ordnung）上，例如：把相等與相似性歸結到數的結構中（ubi autem aequalitas aut similitudo, ibi numerositas：《論音樂》第6卷，第13章，第38節[mus. VI 13, 38]）；或者「美的愉悅奠基在數上」（pulchra numero placent；同上）。藝術家的活動在於只要他的手與工具在這活動裡運動著，直到透過這樣的活動與某個外在的對象獲得愉悅（Gefallen），他最可能適合於「數的內在的光」（"innere Licht der Zahlen angepaßt"；《論自由抉擇》第2卷，第16章，第42節

[lib. arb. II 16, 42]）。

　　從數的中心位置發展成為印象（Eindruck），奧古斯丁的美學簡單地著眼於某種數學的比例理論（mathematischen Proportionenlehre），這對於古代的建築或者雕塑來說是關鍵的。更重要的是要留意到，他拒絕按照普羅丁的作品《九章集》第一卷，第六章[一]（*Enneade* I 6[1]）的模範的觀點，即美已經充分被確定為對稱（Symmetrie）。就奧古斯丁而言，這是如同在柏拉圖的《費多》（*Phaidon*）那樣，憑藉著一種不可見的美，美的事物才是美的（pulchritudo, ex qua pulchra sunt quaecumque pulchra sunt, nullo modo est visibilis；《論八十三個不同的問題》30[diu. qu. 30]）。這意指著，美不是次要的，就像是存在的數的秩序的附帶現象（Epiphänomen einer bestehenden Zahlenordnung），而是回歸美的事物的相的臨在（die Präsenz der Idee des Schönen）。因此，某個數學上有規則的事物不是自身是美的，而是僅僅憑藉著其對稱是美的事物的相（Idee des Schönen）的表現。只有對象的形式（forma, species）才能喚起它的美。相反地，醜是形式的缺乏（ein Mangel an Form，譯註：即相的缺乏）。

　　奧古斯丁使用雙重形式的概念（Formbegriff）：決定了感性對象的形狀（Gestalt：《論自由抉擇》第2卷，第16章，第44節以下各處[lib.arb. II 16. 44ff]）的眾確定的形式（die definiten Formen），它們本身應奠基在所有者的一個形式上（forma omnium；《論真正的宗教》第43章，第81節[uera rel. 43, 81]）。這兩個等級在它們的統一性（Einheitlichkeit）的程度上彼此不同。儘管感性的形式（die sinnlichen Formen）統一了它們的質料（Material），但是它們與所有者的形式（forma omnium）本身不同，它們仍然是不統一的。因此，形式的概念來自統一的概念（Einheitsbegriff；參見 vis ipsa formae commendatur nomine unitatis；《論創世記的忠實於原文的詮釋[未完成之書]》第10章，第32節[Gn. litt.inp. 10, 32]；參考《論秩序》第1卷，第2章，第3節[ord. I 2, 3]）。在柏拉圖主義的傳統裡，沒有任何的多的一（ein Eines ohne jede Vielheit）被視為統一的最高等級；在奧古斯丁裡也是如此，基礎在於這個統一概念，這就是為何眾多部分的對稱仍然還不可以是最高層

次的美的原因。形式以及美被理解爲嚴格的統一性（參見omnis pulchritudi-nis forma unitas；《書信》第18封，第2章[ep. XVIII 2]；參考《論眞正的宗教》第32章，第60節[vgl. uera rel. 32, 60]）：只有在統一不再分有多時，美才是完全的實現，如此就與上帝同在。

　　審美現象的超越的（transzendente）意義在形式層級（auf der Ebene der Formen）方面已經開始：根據奧古斯丁的看法，這些形式已經不眞正屬於對象，它們都是對象的形式。它不應是美的對象，美的效應（die ästhetische Wirkung）以及美的判斷（das ästhetische Urteil）奠基於美的對象。更正確地說，美的經驗超越了這個事實，即觀看（das Sehen）與判斷已經包含有可理解的環節。審美（Ästhetische）包含有「靈的軌跡」（"Spuren des Geistes", vestigia rationis；《論秩序》第2卷，第11章，第33節[ord. II 11, 33]）：奧古斯丁把軌跡理解爲「專注的魂」（'aufmerksame Seele'）的線索或提示。如果有人實際追問感性美的起源問題，他就談到不可言說的判斷基礎，亦即，談到這個問題：什麼是我們的判斷的根據（quid sit, secundum quod iudicamus；《論眞正的宗教》第52章，第101節[uera rel. 52, 101]）？根據奧古斯丁，判斷以理性的亮光（lumen rationis）爲依據；在先知識（apriorischen Wissen）的這種實例的意義，對奧古斯丁的知識理論是十分重要的（第貳章，第二節（四）[Kap. II. 2.d]）。

　　根據一種「裡面的光」的概念，奧古斯丁也詮釋了藝術（Kunst）的創作方面。據此，藝術家在可理解的領域中擁有一種特殊的洞察（eine be-sondere Einsicht）；他的藝術工作是以這種洞察爲基礎。因此，而不是相反的他的作品的美是一個有秩序的、藝術的形態（Gestaltung）的間接的與推導的結果；在創作行動可以開始之前，美必須已經是「被直觀到」（"an-geschaut"）。這個理論的契機可以回溯到普羅丁。與柏拉圖對只能製作次階圖像的模仿藝術的批判相反（《理想國》第10卷[Politeia X]），普羅丁強調，眞正的藝術不模仿感性事物（das Sinnliche），而是模仿理智的形式（die intelligiblen Formen）；菲迪亞斯的宙斯（der Zeus des Pheidias）是如此形成的，「宙斯可能就是這樣要顯現在我們的眼前」（參見《九章集》第

5卷，第8章[31]第1節，第38節以下各處[Enn. V 8[31] 1, 38ff]）。藝術產品就是這樣，將其接受性奠基在對可理解事物的洞察（Einsicht）上。因此，藝術扮演著一種向上引導的角色（eine anagogische Aufgabe）：透過這個角色，魂可以完成從感性的愉悅轉向到理智的美的喜樂。

（五）教育

奧古斯丁生活在一個政治衰落時期的這個事實，促成了這種的評價，即希波的主教是一個衰弱中的有文化的人（Marrou[4] 1958, 85: un lettré de la décadence）。根據古代晚期的文化的衰落，他的教育是膚淺的。然而，這個的評價是與這個事實相矛盾的，即奧古斯丁在卡撒西亞坤（Cassiacum）時期擬定，並嚴格遵守一個百科全書式的教育方式的規劃。在《論秩序》（*De ordine*）的第二卷書裡這個想法是最清晰明顯的。人的魂（eine menschliche Seele）如何可以到達上帝那裡，問題在於在那裡的構想的核心。奧古斯丁描述那些年輕人的教育途經作為實例，他們在長期的努力之後，成功的取得這樣的一種「回歸」（'Rückkehr'）。除了道德禁慾的訓練之外，它還要求定期地通過一系列的科學（《論秩序》第2卷，第16章，第44節[ord. II 16, 44]），即七種自由技藝（artes liberales）。這些科學指的是文法、辯證法、演說術、音樂（含詩學）、幾何學、天文學以及和簡單的算術有區別的數學的知識。這些學科依照它們的內容與它們的教育價值被扼要加以描述。在一個令人回想起博納文圖拉（Bonaventura），庫薩努斯（Cusanus）或黑格爾（Hegel）的敘述中，奧古斯丁概略地描述了理性的連續進程的道路：這條道路開始於行動與經驗之內與在美感的享樂（Genuß）之中的理性的環節，並在一種「無知的知識」（in einem "nichtwissenden Wissen"）中透過自由技藝通往技能教育達到對上帝的掌握（《論秩序》第2卷，第18章，第47節[ord. II 18, 47]）。哲學的辯證法站立在知識的最頂端，理性本身在辯證法中掌握自身。這種自我掌握（Selbsterfassung）奠基於對數的本質的洞察。這已經談論到數學的反—懷疑主義的與具藝術

的理論的意義：此外，辯證法證明數作為所有知識的隱藏的基準（die ver-
deckten Leitgrößen alles Wissens；參考第貳章，第二節（二）[vgl. Kap. II.
2.b]）。奧古斯丁展現了依賴統一性科學的數學（Mathematik abhängigen
Einheitswissenschaft, mathesis universalis）的相（Idee），這個相在辯證法裡
透過對數的掌握達成自己本身。

從《論秩序》第二卷（De ordine II）來看，令人訝異的訊息隱含了某
種意義，奧古斯丁企圖根據瓦羅（Varro）的範本撰寫一部科學手冊的百科
全書（《修訂》第1卷，第6章[retr. I 6]）。從計畫中的學科之書（disciplina-
rum libri）裡，我們擁有《論辯證法》（De dialectica）與《論音樂》（De
musica），然而另一部作品，一部語法的論文（Grammatiktraktat）已經遺
失了。奧古斯丁明確地談論到他以百科全書去追求這個意圖：它引導精神
（Geist）「從身體到非身體」（"vom Körperlichen zum Unkörperlichen"）
（《論音樂》第6卷，第1章，第1節[mus. VI 1, 1]；參考《修訂》第1卷，第
6章；第1卷，第11章，第1節[retr. I 6; I 11, 1]）。正如馬魯（Marrou）所認
為的那樣，這點就已經證明了一般晚期的古典教育，以及尤其是奧古斯丁的
知識的視野，絕不意謂著某種的衰敗。奧古斯丁擁有廣泛的與豐富的學識，
不僅如此，他還特別擁有在羅馬文學、語法與詩韻學領域的學識（Hagen-
dahl，西元1967）。在古代後期中，對於吸納和集中泛希臘化的教育，波菲
利（Porphyrios）再次證明是關鍵人物（I. Hadot，西元1984）；因此，基本
上，中世紀的自由技藝的概念（die artes liberales-Konzeption）追溯到新柏
拉圖主義。因為這個事實，奧古斯丁已經認識到要把入門的三藝（trivium）
從主要的四藝（quadrivium）裡區別開來，然而，證據只是不夠充足（參考
《論秩序》第2卷，第16章，第44節[vgl. ord. II 16, 44]）。

對於奧古斯丁的早期的柏拉圖的教育概念，一個美的例子是《獨語錄》
第二卷，第二十章，第三十五節（sol. II 20, 35）的陳述，一個在自由教
育學科中受教的人，他重現了經由遺忘（Vergessen）所遮掩的知識。「遺
忘」（"Vergessen", oblivio）的概念與「記憶」（"Erinnerung", memoria）
的概念一起建構了奧古斯丁的知識論的基礎。另一方面，魂的不朽（Un-

sterblichkeit der Seele）的證明是奠基在魂能夠通往可理解的「數的結構」
（"Zahlenstruktur"; ratio numerorum；《論魂的不朽》第4章，第5節[imm.
an. 4, 5]）。人們稱這個結構是所有科學的介面（coetus）。在這裡，再次顯
示出哲學—數學的主導科學的觀念。晚期的奧古斯丁也指出了特殊學科順
序的教育價值；他進一步持守這個觀點，就是，自由技藝構成「記憶」的
內容（den Inhalt des "Gedächtnisses"），亦即，根本的知識。有人可能這麼
說，記憶（die memoria）在某個「內在的區域」上包含把自由的學科的知
識，甚至是直接在自身上，就是說不僅僅是——如同在感官印象裡——它們
的複製影像（Abbilder）而已（《懺悔錄》第10卷，第9章，第16節[conf. X
9, 16]）。還有在《論上帝之國》第二十二卷，第二十四章（De civitate dei
XXII 24）裡，也提到共相的學習的概念（Konzeption einer mathesis univer-
salis），它明確地被排除在對「高傲的」知識（"hochmütigen" Wissen）的
譴責之外。

　　奧古斯丁後來沒有放棄哲學的教育理想，而是放棄百科全書式的教育
計畫。就在幾年之後，他評判出他的早期的興奮是不利的：「我因知識而
自誇」（《懺悔錄》第7卷，第20章，第26節[conf. VII 20, 26]）。奧古斯丁
對古代教育的態度尤其是在《懺悔錄》裡被懷疑（Skepsis）所決定；文學
的虛構的對象（例如：維吉爾的《埃涅阿斯》[Vergils Aeneis]），學校的演
說術，以及尤其是劇院是他所尖銳批評的（《懺悔錄》第1卷[conf. I]）。相
反地，凱撒利亞的教父巴西流（Kirchenvater Basilius von Caesarea）可能已
經找到對古代教育的一個善意的評價。儘管一般上奧古斯丁並沒有指責這個
評價。然而，現在他將其使用強烈地朝向對經文解釋的要求。在他的這篇論
文《論基督教的教義》（De doctrina christiana），作為對《論秩序》（De
ordine）的回應，它要提供一個純正基督教教育的綱要，他支持《埃及人的
戰利品》（Spolia Aegyptiorum）的學說（《論基督教的教義》第2卷，第40
章，第60節以下[doctr. Chr. II 40, 60f.]；《懺悔錄》第7卷，第9章，第15節
[conf. VII 9, 15]）：以色列人在埃及從奴役中出逃時所帶走的貨物事實上是
屬於他們的；同樣地，基督徒應擁有更正當的權利要求古典教育中有價值的

東西。

　　布孟博（H. Blumenberg；西元1961與[4]1988）支持這個論點，即奧古斯丁在「理論好奇心的形塑過程」中扮演著一個重要的，儘管是負面的角色。希波主教本來回歸到把好奇心（curiositas）列入惡習目錄裡這個過程（參考《約翰壹書的講道》第2章，第13節更常出現[vgl. ep. Io. tr. 2, 13 u.ö.]）。布孟博的論點很明顯是不能被排除的：事實上，傲慢無知的哲學家與有恩賜的加利利的漁夫的對照是一個經常重複的母題。在歷史上這可能是正確的，即奧古斯丁的傲慢與謙卑的對照（Antithese）持續作為理論的好奇心與單純的無知的對照。因此，所做的陳述被誤解了。或許因為對於奧古斯丁的哲學而言，他表現了一種墮落的假說，布孟博（Blumenberg）沒有注意到這個事實，即有教養人的「傲慢」（superbia）正好會阻止真正的認識（Erkennen）。所以，奧古斯丁對他所說的對照懷有空洞的好奇心與本質知識（Wissen）的對立，而不懷有教育與服從專制的無知的對立。

二、認識理論與上升概念

　　奧古斯丁的認識理論（Erkenntnistheorie）可以連接在記憶（memoria）與光照（illuminatio）的概念上。然而，作為認識論的一個核心要素，「記憶」（'Gedächtnis'）與「啟明」（'Erleuchtung'）顯得是不尋常的。雖然第一個概念似乎僅僅表明知識的部分性能（Teilleistung），第二個概念在哲學的脈絡上看，就如同一種神學的成見那樣。我們陌生的印象不是導因歷史上的距離；這兩種表達在古典時代晚期的日常語言中，它並不具有認識論的應用的意義。實際上，語詞使用的明確表述起源於柏拉圖式的傳統。這個傳統在「精神的上升到較高的世界」的母題裡也解釋了奧古斯丁的認識論與倫理學的連結。

　　記憶的概念（memoria-Begriff）以回憶的理論（anamnēsis-Lehre）為依據。在《美諾》（Menon）裡，柏拉圖描述了這種現象，即一位未受過教育的奴隸透過單純的提問，能夠達到更豐富的幾何學的洞察（Einsichten）；

因為他的知識（Wissen）既不是奠基在先前的教育上，也不是奠基在現有的資訊上，柏拉圖把這個解釋為「回憶」（"Erinnerung", anamnēsis）。在這方面，魂應該重新獲得在它先前存在的狀態裡所得到的知識（Wissen）。《斐德羅》（*Phaidros*）更詳細描述了這種出生的相的觀看（die Ideen-schau）的特徵：感性的美使魂回憶起（erinnert）在它的「墮落」之前，以及它的「展開」（"Entfiederung"）之前對相的觀看。此外，對於相的認識（Ideenerkenntnis），柏拉圖使用可擴展的光之隱喻（eine ausgedehnte Lichtmetaphorik）。太陽的比喻（Sonnengleichnis）（《理想國》第6卷，507d-509b[Politeia VI, 507d-509b]）確定了思想（Denken）與藉助於光的比較的相之關係：如同太陽使對於看（das Sehen）的對象可以掌握那樣，眾相只有在最高的相——即善的相——的光裡是可以認識的。洞穴的比喻（Das Höhlengleichnis；《理想國》第7卷，514a-517a[Politeia VII, 514a-517a]）把整個的認識的路徑（Erkenntnisweg）描述為上升到最高的光；感性世界的太陽在比喻的層面上似乎是在洞穴裡的火，它的影子（即知覺的事物）投射在牆壁上。在這個圖像（Bild）裡，「善的相」等同於洞穴外面的太陽，善的相照亮對象（＝眾相），並使它們是可見的。洞穴的比喻指出，柏拉圖把物理的太陽與善的相的關係，不僅理解為單純的隱喻（Metapher），而且理解為類比（Analogie）。新柏拉圖主義的動向的出發點就在其中：超出非本有隱喻的語言使用之外，代表某種正規的光的形上學。在柏拉圖裡，光的語意場屬於第一原理的以及理智世界的最佳描述（Beierwaltes，西元1977）。

（一）知覺與想像力

可知覺的對象是否獨立於我們與它們（實在論，Realismus）的關係而存在，或是它們可以被描述為我們的建構（Konstruktionen；觀念論（Idealismus），譯註：或者翻譯為「相論」）呢？奧古斯丁以他的知覺理論主張一種混合立場。這些立場的根源可能恢復了普羅丁，普羅丁很明顯地把他的觀念論的立場（或他的相論的立場，seine idealistische Position）與感

官生理學的理論要素結合起來（參考Blumenthal，西元1971）。在古代醫學（Medizin）中，自從希羅菲盧斯（Herophilos）和埃拉西斯特拉圖斯（Erasistratos，西元前三世紀）的發現與從透過蓋倫（西元二世紀Galen）對這些發現的系統化以來，中樞神經系統的作爲已經爲人所知。詮釋這個發現是柏拉圖主義者所關注的，這種詮釋與具認知的魂的優先性一致。

根據奧古斯丁的觀點，這些神經通道從外部感覺器官向大腦傳遞衝動，在那裡它們接受了一種解釋。以什麼樣的方式，這些刺激被傳輸，以及它們在那裡如何被掌握，仍然與這個的問題一樣不清楚的：人們如何透過感覺器官確實表象出（vorzustellen）從外部世界刺激而來的收納。對於第二個問題，奧古斯丁採取了出自希臘醫學的一種中介的靈氣的構思（die Konzeption eines vermittelnden pneuma）。之後，所有的知覺被詮釋爲一種間接的接觸。看到某個事物意謂可見的對象──透過微細物質的、火焰般的「空氣」來傳輸──影響眼睛，從而在分秒無差之下到達眼睛；相對應地，聽到某個東西意指耳朵與聲源彼此進行被媒介了的連結。甚至感覺器官，實際上是整個人體，被認爲是被這個媒介所穿透。身體一部位的穿透程度決定了它對刺激的敏感性；例如：骨頭、頭髮和指甲應該擁有低比例的空氣，因此較少有疼痛感或完全無感（參考《論音樂》第6卷，第5章，第15節[mus. VI 5, 15]）。另一方面，根據《論創世記的忠實於原文的詮釋》（De Genesi ad litteram），空氣只是聽覺的媒介，然而──與柏拉圖一樣──火被賦予視覺，水被賦予味覺與嗅覺，以及土被賦予觸覺（第3卷，第4章，第6節以下[III, 4, 6f]）。

知覺在這些媒介的基礎上，作爲「相似者透過相似者」（von 'Gleichen durch Gleiches'）的認識（Erkenntnis）而發生。另一方面，這個理論解釋了從外部物體現象到物體現象、從物理過程到生理過程的過渡。此外，它也應該使從外在世界到內在世界，從物理生理到心理過程的過渡成爲可以理解。這或許是錯誤的去認爲奧古斯丁主張魂是物理的外在印象的投射面，這些印象起源於感覺器官。相反地，他把知覺理解爲與普羅丁一樣，是作爲一種由魂所控制的一種現象。他明確地拒絕這樣的觀點：身體對魂所起的作用就

如同工匠（fabricator）對材料（materia）所起的作用那樣（《論音樂》第6卷，第5章，第8節[mus. VI 5, 8]）。反之亦然，心理對身體產生作用也完全如此。魂使用身體去感覺外在的世界。

根據奧古斯丁的看法，外在的影響不直接對魂產生作用；魂是這樣的，魂在外在影響下積極選擇。因此，愉悅或痛苦的感受被解釋為物理材料與魂的活動的相符或互不相容。一般上，知覺意謂著魂對這些反應的注意（attentio）或意向（intentio）（《論音樂》第6卷，第5章，第9節[mus. VI 5, 9]），而不是直接理解感性材料。知覺意謂著去擁有魂對物體印象的反應的意識（《論魂的廣度》第23章，第45節[an. quant. 23, 45]）。如果「魂的一個身體印象沒有處於隱藏時」（《論魂的廣度》第25章，第48節[an. quant. 25, 48]），就有某物被知覺到。這個「沒有處於隱藏」（non latere）可以解釋魂與所認為沒有直接接觸之外界的關係。在知覺中，魂的角色是如何地強勢，這顯示一個事實，當連續性的對象被知覺到時，需要魂的能力。唯有當我知覺持續期間，我知道是與同一個知覺對象相關時，一個有擴展的對象（ein ausgedehnter Gegenstand）才能被看見，而一個聲音才能被聽見（參考第貳章，第二節（三）[Kap. II. 2.c]）。

在《論音樂》第六卷（De musica VI）裡，存在一個聲學的知覺過程的差異理論，這個過程是奠基在數（numerus）的概念上。這位教父理解「數」（"Zahl"）為一種聲學的測量單位，類似詩行中的音步（Versfuß）。在比喻的意義上，他也使用涉及到儲存在記憶中（Gedächtnis）的那種詩行音步的表達，或者使用我們奠基於對詩的評價的那種詩行中的音步的表達。在這種比喻的意義上，有「數」的五種不同的方式在知覺的過程中扮演某種的角色：（1）聲音（也是物體的，corporales）的數（die sonantes numeri），（2）存在的數（die occursores numeri），（3）進展的數（die progressores numeri），（4）記錄的數（die recordabiles numeri）以及（5）審判的數（die iudiciales numeri）。當我聽到一首音樂時，它的物理的部位（physikalische Seite）以（1）聲音的數描述：一定數量的聲學數據擊中了我的聽覺器官。所意指的「相悖的」觀點的數是指存在的數，觀點的數控制

上述魂的選擇機制，從而確定對某首音樂的知覺或忽視。所產生的幻想結構（Phantasiegebilde）從魂來理解（3）進展的數，這些結構都是有意的與非任意的。「數的回憶」（"Erinnerungszahlen"）（4）源自於過去的聽覺的體驗，它們使對象世界的連續性成為可能。對奧古斯丁來說，最重要的是「評價的數」（"Bewertungszahlen"）（5），它們使得以情感方式接受或拒絕外部的感覺對象成為可能，以及使得拒絕以自發方式所產生的內部對象成為可能。因為根據「審判者是比被審判者更優秀」的原則，它們應獲得最高的榮譽。

評價的數的這個角色類似於所謂的「內在感官」（sensus interior）的角色。根據他在《論自由抉擇》（第2卷，第3章，第8節以下各處[II 3, 8ff]）裡著名的討論，內在感官描述一種我們與動物共同擁有的魂的、前理性的判斷能力。它的效力在於統一來自不同感覺器官的各個體知覺（Einzelwahrnehmungen），並判斷適合它的追求目標，還是本能目標所知覺到的對象：例如：他讓某個對象被歸類為適當的食物。然而，還有存在著另一種，即第六種的數，奧古斯丁把它標號為純理性的，也因此把它標號為不變化的與「不朽的」：理性的數（die numeri rationis）。只有以這些數——它們能夠合理地評價所有其他的數的層別（Zahlenebenen）——人的特性（das menschliche Proprium）在知覺的過程中才能被表明出來。在奧古斯丁的表述裡，一種修復式教誨（eine protreptische Mahnung）——把固有的知覺的焦點越來越集中瞄準在這個最高層別上——與理性的數結合起來。

這種表象能力（Vorstellungsvermögen, phantasia，譯註：這裡phantasia是表象，它與Phantasien[幻想]不一樣）的功能在奧古斯丁那裡一再重複，並以持久的意圖（Absicht）處理。他總是強調，對於道德人（die moralische Person）從幻想（Phantasien）的糾結出發的危險。幻想（Phantasien）都是圖像（Bilder），它們是我們根據先前的身體的知覺在我們的「記憶」（"Gedächtnis"）裡形構的。在此，奧古斯丁把根據實際看到的內容（例如：迦太基城牆的情況）的回憶的圖像（Erinnerungsbildern），與他自己從未見過的虛擬構思的事物（例如：亞歷山大城牆），區別開來（《論

三位一體》第9卷、第6章，第10節[trin. IX 6, 10]）。表象的第二種類，即所幻想的事物（die phantasmata），對認識的能力構成最大的危害，因爲這個危險帶有一種把虛構與眞實混淆的傾向。錯誤的現象（Das Phänomen des Irrtums）全然奠基於這種所幻想的事物的作用上（《論音樂》第6卷，第11章，第32節[mus. VI 11, 32]）；靈（der Geist）應該嚴格與那些「感官對象的被歪曲的圖像」保持距離。完全在這一理論的意義上，奧古斯丁在《懺悔錄》中把他年輕時的「偏差」描述爲由於魂的圖像而來的認識（Erkenntnis）的遮蔽。他還明確地試圖將所有假教師與異教徒標號爲具有感官取向的人，並將他們的「錯誤」歸因於某些想像力的遮蔽（Teske 1993）。

（二）數與相

在奧古斯丁那裡，非常廣泛地存在許多地方教導數的哲學意義；在確定性的、秩序性的和教育性的問題的脈絡下，我們已經遇到了數的概念，甚且在美學中，最後在感知理論中也有。數的概念的意義甚至還跨越了上述所提到的領域：在一個顯著的地方，奧古斯丁把他的上升概念與數的概念連結起來。

奧古斯丁對數的評價的實質性的核心是在於「可理解的數」（"intelligibler Zahlen"）的概念（《論秩序》第2卷，第16章，第44節[ord. II 16, 44]）；這些數被設定與單純的「數的圖像」（"Abbildzahlen"）相對照。我們形構數的圖像用於處理可見的對象；因此它們就像那些無限地可分割，而不是反過來無限「可擴大的」（'vergrößerbar'）。相比之下，可理解的數是不可分割的，但可以無限增長（《書信》第3卷，第2章[ep. III 2]）。從數學的角度來看，奧古斯丁的意思一方面是指有理數是在0與1之間，另一方面是指自然數的集合。可理解的數的發現，除非透過神明的介入，否則應該是不可能的；人只能透過神的力量遇見這個眞理，這個眞理像是變化無常的海神伯洛托士（Proteus）那樣自行擺脫自己（《論學院派者》第3卷，第5章，第11節[Acad. III 5, 11]；《論秩序》第2卷，第15章，第43節[ord. II 15, 43]）。

　　一開始人們很難理解這兩組數的區別是如此的重要，以及爲何可理解的數據稱只能被掌握住很少。此外，在多大程度上，數產生無差錯的認識（Erkenntnis）（《論秩序》第2卷，第5章，第14節[ord. II 5, 14]）？奧古斯丁的意思是，所有知識的超越的基礎（die transzendenten Grundlagen allen Wissens）是同時與可理解的數一起被掌握。然而，可感的圖像的數（die sensiblen Abbildzahlen）應該從感性的現象裡被導出，可理解的數的無限性與不可分割性呈現了我們不能從經驗裡認識到的屬性（Eigenschaften）。可理解的數指涉在可感性的實在裡（in der sinnlichen Realität）不存在的事物；的確，這些數是如此指涉它們單單蘊含無限性與不可分割性。因爲無限性首先提供一個整體的數的系列（Zahlenreihe），它只能在整一的情況中（im Fall der Eins）談論嚴格的不可分割性。可是我們既不能仔細查看這個數列直到最後的數爲止，我們也不能掌握一個沒有部分的整一性（eine teillose Einheit）。因此，理智的數（die intelligiblen Zahlen）把思想（Denken）指涉與單一知識（Einzelwissen）相反的總體知識的超越性（die Transzendenz des Gesamtwissens）。如同數列所指出的那樣，眞實的知識的總體性必須是無限的，奧古斯丁以這樣一種方式證明：他將「我知道，我存在」（"Ich wieß, daß ich bin"）這種不可懷疑的確定性帶入一種同樣確定的、反覆的形式，亦即「我知道，我知道，……，我存在」（"Ich weiß, daß ich weiß..., daß ich bin"；《論三位一體》第15卷，第12章，第21節[trin, XV 12, 21]）。另一方面，理智的數指向整一性（die Einheit）；首先，因爲這點保證了數的形式側面（Formaspekt der Zahlen）以及與它們關聯的法則特徵（Gesetzescharakter ihrer Beziehungen）。因此，對數的值精確性與持久性的評價隱含地針對一（das Eine; quisquis intelligit numeros, nihil sic amat ut monadem; nec mirum, cum per eam fiat, ut ceteri amentur；《書信》第3卷，第2章[ep. III 2]）。

　　當人們了解到，他所意指的一個「無限的知識」的概念（Begriff eines "unendliches Wissens"）：基督（Christus），就是他依據《聖經》的使用把基督理解爲「上帝的知識」（'Gottes Wissen'；智慧[sapientia]）。奧古斯丁

的數的哲學的意義就變得十分的清晰了。對於上帝作爲父神而言，那個絕對單純的整一性（die absolut einfache Einheit）是一個深奧的稱號。因此，數概念從與三位一體思辨（Trinitätsspekulation）的連結獲得其最初的意義（seine erstrangige Bedeutung）。可是，數還占有另一層的功能，即關於可見世界的構成。在奧古斯丁的作品裡反覆地說，沒有數將會使得「一切化爲烏有（in nichts）」（例如：《論自由抉擇》第2卷，第16章，第42節[z. B. lib. arb. II 16, 42]；《論音樂》第6卷，第17章，第57節[mus. VI 17, 57]）。這個陳述是基於這位教父確認數的概念與形式的概念（Zahl-und Formbegriff）這一事實。正如同藝術家根據理想的數的比率形塑他們的作品那樣，世界的構造應該遵循數的法則來完成。奧古斯丁曾經把這個理論置入一個階梯式序列的形式（die Form einer stufenförmigen Ableitungsfolge）裡（《論音樂》第6卷，第17章，第58節[mus. VI 17, 58]）。在此，他把「感官的數」（"sinnliche Zahlen"）導回到較高的「空間的數」（locales numeri），接著從「時間的數」（temporales numeri）那邊推導出它們來，後者來自於世界魂（Weltseele）。存在有「可理解的數」（"intelligible Zahlen"）作爲更進一步的階層。因此，至少這適用於奧古斯丁的早期哲學，也就是數，它們是以階梯式地在神聖的與可見的實在性之間進行調解。數是工具，上帝用這個工具創造世界，以及憑藉著工具的幫助，祂使它們保持在一個完滿的秩序裡；在這種功能上，數代表了上帝（Gott），被理解爲聖靈（Heiliger Geist，譯註：天主教稱爲聖神）。

本質的數（Wesenszahlen）與導出的數（abgeleiteten Zahlen）之間的區別在古代的哲學裡具有一個重要的歷史地位。柏拉圖已經多次描述它們了（例如：《政治家》284e；《斐立普》57d[Politikos 284e; Philebos 57d]），而且亞里斯多德也論及它們（大概在《形上學》M3，1080b 24以下[Metaphysik M 3, 1080b 24f]）。更確切地說，柏拉圖在他的「不成文學說」（'Ungeschriebenen Lehre'）裡，把眾相（Ideen）理解爲本質的數（Wesenszahlen），而且從一與不定的二這兩個至高的原理推導出它們。整一性（Einheit；父[Vater]）與無限性（Unendlichkeit；子[Sohn]）在奧古斯

丁那裡明顯地反映出這個學說的傳統。柏拉圖或許已經將世界的結構與理想的數的實效性連繫起來。魂與數的相等甚至還可以在柏拉圖的學生色諾克拉底（Xenokrates，大約西元前396-314年）那裡發現到。中期的柏拉圖主義者與新柏拉圖主義者如此強烈地依靠數學的要素，甚至產生這樣的信念：柏拉圖的哲學源自畢達哥拉斯的哲學。反過來也是正確的，新畢達哥拉斯主義（Neupythagoreismus）取決於柏拉圖的傳統。數的意義是如此的廣泛，以致古代晚期的柏拉圖主義把眾相完全解釋為數。甚至在奧古斯丁那裡，可理解的數實現了柏拉圖的眾相知識論的與存有論的功能。奧古斯丁如何根本上掌握柏拉圖的相的理論呢？

　　然而，目前眾相的理論存在著很大的爭論，這個理論在古代的柏拉圖主義裡是作為一種教條的學說呈現，而不是作為一種疑難問題的學說（aporetisch-problematische Lehre）呈現。柏拉圖晚期著作《巴曼尼德斯》（*Parmenides*）提出的，尤其亞里斯多德以及塞克斯圖斯・恩丕里柯（Sextus Empiricus）提出的對此理論的異議，在那裡並沒有導致它的相對化。對此，其理由是眾相的理論，與現代的討論不一樣，絕不被視為柏拉圖最重要的學說主張。然而柏拉圖的當代的詮釋大部分圍繞著眾相的問題，古代的傳統把一個金字塔的階梯裡面的一個次要的系統位置分配給它們。柏拉圖主義的這個傳統也確定奧古斯丁的眾相學說的解釋；奧古斯丁不從柏拉圖的對話裡得出這個解釋。他以不成問題的方式採用了眾相的概念（idea, forma, species, ratio），並不想要去解決它的疑難（Aporien）。

　　像中期的柏拉圖主義與新柏拉圖主義那樣，奧古斯丁採取一種不變的相的形上學的因果功能。依此，感覺的對象由於分享它的相而存在；相是為每個對象或屬性（Eigenschaften）的自然的類（natürliche Klasse）而存在（《論八十三個不同的問題》第46章，第2節；《論眾相》[diu. qu. 46, 2; De ideis]）。兩種相的階級被區分：當表詞相（der Ausdruck idea）意含「第一階的形式」（"erstrangige Formen"：形式的原則，principales formae）時，從屬的形式（untergeordnete Formen）產生偶然的屬性（akzidentelle Eigenschaften）。實質的因果關係（substantielle Verursachung）在奧古斯丁那裡

被視爲一種形式的賦予（das Gewähren einer Form）；因爲，本質上存在於一個對象的東西是它的相。奧古斯丁透過成形（Formung）把實體的因果關係更精確地定義爲「內在的」成形（"innere" Formung），它可以追溯到上帝，並與透過工匠或藝術家與「外在的」成形（"äußeren" Formung）形成對比（《論上帝之國》第12卷，第26章[ciu. XII 26]）。相反地，他用斯多噶的「胚種的原因」（"keimhaften Ursachen"）的學說，即logoi spermatikoi，來指更深奧的形式（tieferstehende Formen）。在普羅丁那裡，已經出現以斯多噶（Stoa）爲工具對相的學說的再詮釋與差異化。在奧古斯丁那裡，斯多噶的理性的胚種（rationes seminales）獲得一種完全字面上可理解的意義，理性的胚種操控著生命有機體的生長過程（《論八十三個不同的問題》第46章，第2節[diu. qu. 46, 2]；《論眞正的宗教》第40章，第79節[uera rel. 40, 79]）。

對奧古斯丁的柏拉圖主義而言，傳統的意義顯示了相的理論的兩個基本問題。一個是，眾相應該眞正存在哪裡的問題，另一個是，它們與理智存在何種關係的問題，奧古斯丁實際上正在思考（denkt）這些問題。這兩個問題藉助於把眾相的學說當作爲「上帝的思想」（'Gedanken Gottes'）來回答傳統。根據中期的柏拉圖主義者阿爾基努斯（Alkinoos，大約西元150年），「第一位天主年」擁有永恆與不變的思想（unwandelbare Gedanken；= 眾相），它們構成了可見世界的範型（Paradigma）。可是這個理論根本上較舊的；它的根源，一方面指可理解的「生命的本質」（zōon, "Lebewesen"），以及《蒂邁歐》的「工匠神」（"Demiurgen" des *Timaios*），另一方面指亞里斯多德的思想的思想（noēseōs noēsis）。在普羅丁那裡，它以不同的形式出現，作爲「心智」（"Geist", nous；譯註：作者把普羅丁的'nous'理解爲'Geist'，即靈或精神）的學說，它包括所有「可理解的對象」（noēta）；心智（nous）是世界的創造者，它根據它的摹本（Abbild，譯註：或翻譯爲「圖像」），即「世界魂」（Weltseele），形塑了世界。這個學說有兩個所謂的問題可以給予答覆。第一個問題，傳統給出了這個回答：眾相被包含「在上帝的靈」（"im Geist Gottes"）之中，亦即在某個規模大

小裡（in einer Größe），它們來自至高無上的上帝。在第二個問題裡，問題駁斥眾相是依賴於思考著的人（vom denkenden Menschen）的這樣觀點，相反的，它們是存在於神聖的工匠神的思想（Denken）裡。

眾相被涵蓋在上帝的靈（im Geist Gottes）裡面作為上帝的思想（Gedanken）的這個學說，已經把亞歷山大城的斐羅（Philon von Alexandrien）與《聖經》的思想（Denken）連結起來（《世界的創造》第5章，第20節[De opificio mundi 5, 20]）。早在奧古斯丁之前，這個思想就在基督宗教的教父那裡發現到，例如：歐利根的《約翰福音的註解》（*Johanneskommentar*）。在這一方面，奧古斯丁談到上帝擁有「與祂同在」的眾相，亦即，在祂的理智裡、在祂的智慧裡，或者在祂的道（verbum，譯註：天主教翻譯為「聖言」）裡。這一類型的陳述指出對眾相學說的基督學的理解；世界的創造作為一種內在的三位一體的思想過程（ein inner-trinitarischer Denkprozeß）發生。因此，上帝「透過」（'durch'）聖子創造世界的這個陳述（《書信》第14封，第4章[ep. XIV 4]）意謂著：攸關被涵蓋在上帝之中的眾相。奧古斯丁的眾相的理論依賴於普羅丁的這個事實，更確切地顯明「知性的」（"intellectualis"）和「可理解的」（"intelligiblis"）的顯著的相同（《論創世記的忠實於原文的詮釋》第12卷，第10章，第2節[Gn. litt. XII 10, 21]）。奧古斯丁以新柏拉圖主義者轉而反對傳統上把「知性的」（"intellektuell"（noeron））與「可理解的」（"intelligibel"（noēton））區別開來，這種區別無法說明為何工匠神（Demiurg）在對眾相的思想（Denken）裡，只思想（denkt）自己本身（Pépin 1977）。

（三）記憶作為思想、自我意識與作為在先的知識

奧古斯丁藉助記憶概念（memoria-Begriff）發展出的精神（Geist）的哲學，是列為這位教父的最有趣的創新。他確實意識到了（bewußt）在回憶的學說（anamnēsis-Lehre）裡的根源；據說在早期《第七封書信》（Brief VII）裡，柏拉圖因他的著名的發現被不公正地指責，據此我們不能學習到

任何新的事物，除了單純地從事回憶（參考《論三位一體》第12卷，第15章，第24節[vgl. trin. XII 15, 24]）。然而，奧古斯丁的記憶（memoria）與回憶（anamnēsis）的區別在於記憶不再侷限於在先的知識（auf apriorisches Wissen），而是展現了全部的理論基礎。奧古斯丁意識到創新本身，這點表明他要以普羅丁的記憶理論（mnēmē-Theorie）的形式明確地糾正柏拉圖的學說。他陳述說，他早先像普羅丁一樣，把思想（Gedächtnis）視爲是一種單純的財產（peculium）：一筆錢，如同一個「奴隸」擁有它那樣——意思是指較低的魂部分——可是「有智慧的人」——亦即較高魂的部分——不再需要擁有它（《論秩序》第2卷，第2章，第5節以下各處[ord. II 2, 5ff]）。在這個早期的界限的劃分之後，奧古斯丁逐漸發展出一種獨特的且全面的意識理論（Bewußtseinstheorie; Winkler，西元1954）。於此，記憶（memoria）——作爲一種「直觀的能力」（"Vermögen der Anschauung"）——非常接近康德的「感性」（"Sinnlichkeit"）；相較於康德的知性與感性的區別，奧古斯丁把精神／心智（Geist）分成思想（cogitatio）與記憶（memoria：《約翰福音書的講座》第23章，第11節[Io. eu. tr. 23,11]）。他把三種功能歸屬於思想（Gedächtnis）：感性經驗的構成或再生、感性經驗的改造與感性經驗的自由的創造（《論創世記的忠實於原文的詮釋》第22卷，第12章，第25節[Gn. litt. XII 12,25]）。在晚期的作品裡，他甚至完全放棄所著迷的柏拉圖的記憶—概念（memoria-Konzeption）的部分，即在先的知識（das apriorische Wissen）；而改光照學說（Illuminationslehre；第貳章，第二節（四）[Kap. II.2.d]）。

希波主教雖然保留普羅丁的這個思想（Gedanke Plotins）：思想（Gedächtnis）是精神上升到神明的工具，然而，他把一個明顯較大的內在價值（Eigenwert）歸給思想。首先，這點反映在對記憶的範圍與理解力（Fassungsvermögen der memoria）的強調上：記憶可能構成了某種「擴展的、無限的內在空間」（ausgedehnten, unendlichen Innenraum：《懺悔錄》第10卷，第8章，第15節[conf. X 8, 15]），這空間可能涵蓋一個「廣闊的、無限的豐盛」（《懺悔錄》第10卷，第17章，第26節[conf. X 17, 26]）。奧

古斯丁談到「數不盡的田野、洞穴與巢穴」，這些都是回憶的要素（Erin-nerungselemente）根據「類來區分」（"nach Gattungen differenziert"），而且根據其來源情況被儲存起來。因此，首先他在那些擁有圖像的形式（die Form von Bildern）的記憶的諸多內容（Inhalten der memoria）之間做出區別，其次，他把記憶內容稱爲「事物自身」（res ipsae），最後他稱它們爲「概念」（notiones oder notationes）。「圖像」（"Bilder"）回到外在世界的物理對象（körperliche Gegenstände）：它們由於先前的知覺儲存在思想（Gedächtnis，譯註：即儲存在記憶裡）裡。「事物自身」（"die Dinge selbst"）的用語是指意識內容（Bewußtseinsinhalte），基於在先知識的直接的出現（per praesentiam），魂支配著意識內容；意思是指獨立於經驗的洞察（Einsichten），尤其是數學知識。最後要考慮這樣的方式：在情感運動中（affectiones）「概念」（"Begriffen"）被保存在思想（Gedächtnis）裡。這裡，奧古斯丁特別考慮了斯多噶主義的四個擾動情感，即欲望、喜悅、恐懼與悲傷。

至目前爲止，奧古斯丁的記憶（Augustins memoria）還未超出思想（Gedächtnis）的基本功能，即印象的儲存（das Aufspeichern von Eindrück-en），因爲他也把在先的事物本身（die apriorischen res ipsae）詮釋爲回憶的內容（Erinnerungsinhalte）。人們直到在他晚期的作品裡，才發現到他的許多文本最起碼暗含著對「回憶」（'Erinnerung'）的字面理解。直至大約在西元415年，教父把兩個核心點描述爲「思想性能」（'Gedächtnisleis-tungen'）：爲什麼我們完全能夠追求幸福的原因，因爲在我們的記憶裡（in unserer memoria），我們擁有幸福的概念（notitia）；而且僅透過內在於在我們思想（Gedächtnis）裡的上帝的概念，我們能夠認識到上帝。但是，在研究中存在著爭議是，是否奧古斯丁曾實際上擁護先存學說（Präexisten-zlehre）——出現在這裡的這個措辭（O' Daly，西元1974；Teske，西元1984）。有時候，當爲了能說明在先知識（apriorisches Wissen），他認爲先存學說是必要的；另一方面，對他而言，先存學說沒有充分的《聖經》基礎。

從一種思想理論到一種一般的意識理論（von einer Gedächtnis-zu einer allgemeinen Bewußtseinstheorie）的過渡，這在《懺悔錄》第十卷那裡是明確的，奧古斯丁在那裡把他進一步的觀察與他的思想內容（Gedächtnisinhalte）的架構連繫在一起。首先，他確定的是，回憶（Erinnerungen）是「被分開」（"getrennt"）保存的，因此，它們也可以個別地被復原；所以人們能夠回憶起孤立的顏色與聲音，而無須參雜其他的內容。這就是為什麼，有可能以「寂靜的舌頭及無聲的喉嚨」來唱歌的原因（《懺悔錄》第10卷，第8章，第13節[conf. X 8, 13]）。在一個較早期的文本裡，奧古斯丁已經描繪出米蘭主教安波羅修（Ambrosius）的「內心」（"Innerlichkeit"），這表明，在當時「沉浸在無聲的閱讀中」很顯然是極為不尋常的（《懺悔錄》第6卷，第3章，第3節[conf. VI 3, 3]）。帶有物質對象的經驗不僅在意識中（Bewußtsein）被隔離，而且奇特地被轉變：在回憶中（Erinnerung）百合和紫羅蘭的芬芳是可區別的，而思想（Gedächtnis）不必再產生實際的芬芳知覺；人們對光滑的味覺感知（Tastwahrnehmungen）優於粗糙的味覺感知，這同樣指出基於過去味道經驗（Tasterlebinsse）的概念轉變。記憶（die memoria）包含了諸多情感（Affektionen），前者不同於後者顯現在它們原始的體驗裡；人們可能在沒有現在的喜悅中想起過去的喜悅，或者甚至帶著現在的喜悅想起過去的痛苦：情感轉變成觀念（affectiones werden zu notiones），這些觀念就能夠與其他的情感連結被再體驗（《懺悔錄》第10卷，第14章，第22節[conf. X 14,22]）。

因此，思想（Gedächtnis）比官能（Fähigkeit）更能再生回憶（Erinnerung）：它是確保在心智上支配整個感性的、情緒的以及精神的世界（sinnlichen, emotionalen und geistigen Welt）的權威。這個權威重塑過去的經驗，以便這些經驗可以進行某種判斷與評價。因為，例如：為了能夠評判一首歌曲的質，我必須能夠回憶起這首歌曲的開頭與結尾；而且我還必須能夠將它與其他著名的歌曲做比較。因為所有感性的現象（alle sinnlichen Phänomene）是以時間的開展（zeitlicher Ausdehnung）為基礎，記憶（die memoria）被證明為每個對象經驗（Gegenstandserfahrung）的關鍵前提。

例如：為了能夠從不同的側面考察一個感性對象，我必須「回憶」（'erin-nern'）起剛過去的觀點（vergangene Perspektive）已經指向這個感性的對象上。沒有思想的統合效能（Integrationsleistung des Gedächtnisses）是不可能理解不同的觀點在看待同一件事情上（《論音樂》第6卷，第8章，第21節[mus. VI 8, 21]；《論三位一體》第11卷，第8章，第15節[trin. XI 8, 15]）。

除了為了評價與對象的建構的官能（Fähigkeit）之外，記憶（die memoria）擁有一種直接的自我理解（Selbsterfassung）的力量：「思想透過其自身呈現自己」（per se ipsam sibi praesto est ipsa memoria：《懺悔錄》第10卷，第16章，第24節[conf. X 16, 24]）。希波的主教說，在這種情況裡，記憶（memoria）可以有意義地被應用到當前的事物上（etwas Gegenwärtiges），他為尋常的思想概念（Gedächtnisbegriff）架起了一座橋。有三個特徵被提出來，這三個特徵把自我理解與思想的其餘知識形式（den übrigen Wissensformen des Gedächtnisses）區別開來：1.這種知識（Wissen）不來自別處，而是屬於記憶本身（memoria selbst）；2.它不從某個時間點開始，而是已經一直存在；3.它沒有經歷過理解、保存與復原這三個步驟的序列（《論三位一體》第14卷，第10章，第13節以下[trin. XIV 10, 13f]）。奧古斯丁設想（postuliert）自我意識的一種知識的特殊狀態（epistemischen Sonderstatus des Selbstbewußtseins）：這個自我意識是呈現一種直接的知識（ein unmittelbares Wissen）：「在我的記憶裡（in meiner memoria），沒有什麼比記憶本身更重要」（《論三位一體》第10卷，第11章，第18節[trin. X 11, 18]）。另一方面，他完全地認識到他所規避的問題。因為，雖然「我自己就是這位回憶者，我自己就是精神本身」（ego sum qui memini, ego animus；《懺悔錄》第10卷，第16章，第25節[conf. X 16, 25]）。可是，意識（Bewußtsein）不認識所有它的內容，反而存在著相當多被規避的知識；我絕不完全地支配我自己（《懺悔錄》第10卷，第8章，第15節[conf. X 8, 15]）。在晚期的作品裡，奧古斯丁提出這個問題：當思考的我（das denkende Ich）明顯地與被思考的我（das gedachte Ich）差異時，人們如何可以談論自我意識。魂「作為整體」（"als ganze"；主體，Subjekt）的魂知

道，可是從自己卻不知道「所有的事物」（"alles"；客體，Objekt；《論三位一體》第10卷，第4章，第6節[trin. X 4, 6]）；奧古斯丁對這個問題的解決歸屬於他的三位一體神學的架構（比較第貳章，第六節（一）[vgl. Kap. II.6.a]）。在《懺悔錄》裡他已經指出回憶（Erinnerung）與遺忘（Vergessen）的卓越的辯證法。我確實可以回憶起我的遺忘。記憶（die memoria）還包括已喪失的知識（das entzogene Wissen）：首先，我回憶起遺忘的事實（die Tatsache des Vergessens）。可是唯有在成功的在先的認識裡（bei gelingender apriorischer Erkenntnis），我才能回憶起已遺忘的內容。在先的知識僅僅部分的和短暫的可以獲得。

這是如何可設想的，兩個不同的人「一位東方人以及另位西方人」擁有相同的正義概念（Gerechtigkeitsbegriff）呢（《約翰福音書的講座》第35章，第4節[Io. eu. tr. 35, 4]）？為什麼存在有被所有人都分享的洞察（Einsichten）？雖然它們只能藉由每個個人的理性（Vernunft）被理解（《論自由抉擇》第2卷，第8章，第20節[lib.arb. II 8, 20]）。理性──不同於感官──不純粹是主觀的能力（subjektives Vermögen），這是如何發生的？嚴格來說，在這些問題上奧古斯丁把在先主義的三種不同的觀點（drei verschiedene Aspekte des Apriorismus）混合起來：互為主體性的問題、起源的問題以及有效性的問題。引導著奧古斯丁的是起源的問題：獨立於經驗的在先知識（apriorisches Wissen）從何而來？晚期的主教反對柏拉圖式的解決方案，提出以下反對意見：只有在先前存在時已經是一位幾何學家的前提下，一個人能夠從一位沒有受過教育的奴隸裡誘導出幾何學的洞察（geometrische Einsichten），這是荒謬的（《論三位一體》第12卷，第15章，第24節[trin. XII 15, 24]）。事實上，這個反對意見並沒有符合柏拉圖，因為，這個反對意見並不是在先前的肉身化（in frühere Inkarnationen）中，轉移知識獲取的立場，而是採取一種對相的誕生前的觀看（eine vorgeburtliche Schau der Ideen）（Phaidros 249e）。儘管如此，奧古斯丁於此強調一個重點：回憶的學說（die Anamnesislehre）並沒有要求先存的觀念（Präexistenzvorstellung）；反而，對這個學說，必不可少的是，理性總是擁有進入一般真理的

途徑。在先（das Apriori）不要求時間的先前存在，而是要求一個超越的先前存在（ein transzendentales Frühersein）。

（四）光照的理論

在奧古斯丁那裡，記憶（memoria）與光照（illuminatio）的概念長期以來一併出現作為對在先知識的詮釋（Interpretationen des apriorischen Wissens）；最後，希波主教在他的晚期的作品裡（自《論三位一體》第12卷，[seit De trinitate XII]）放棄記憶理論（die memoria-Theorie）而支持光照學說（Illuminationslehre）。在《修訂》（*Retractationes*）裡他承認，有關他的思想（Gedächtnis）的談論引起了誤會（第1卷，第8章，第2節[I 8, 2]），在另一個地方裡，他解釋他放棄記憶學說（die Gedächtnislehre）的理由如下：

> 無知的人，只要他們正確地被追問有關於科學的對象的話，他們會給出正確的答案，這是更合理的。因為 —— 就他們所能掌握到的而言 —— 永恆真理之光在他們裡面，他們在永恆真理的光中看到不變的真理，那是因為 —— 如同柏拉圖以及其他哲學家那樣 —— 他們曾知道這點，接著卻把它給遺忘了（《修訂》第 1 卷，第 4 章，第 4 節 [retr. I 4,4]）。

對那些只必須被正確地提問的無知的人的提示（比較《美諾》82a以下各處[vgl. Menon 82a ff.]），證明了：光照學說應處理與記憶理論（die memoria-Theorie）相同的問題領域，而且僅由於它的適用性比較好而更為可取。理由首先在於奧古斯丁可以與光照學說取得更多的教條信任（Dogmentreue）。這個轉變不是一個反柏拉圖的轉向，這點證明：在光照理論上，奧古斯丁明確地引用柏拉圖與普羅丁，而且只確認他們的光照理論是與《約翰福音的序言》（*Johannesprolog*）相符合（《論上帝之國》第10卷，

第2章[ciu. X 2]）。此外，對於這樣的一個轉變是否有一個實質的理由嗎？知識是「啓明」（"Erleuchtung"），這意思是說什麼呢？

這個理論要澄清這樣的問題，即人如何能夠分享一個不變的、永恆的知識（ewigem Wissen）。回答是：首先，只有永恆理性之光的臨在，才能使我們把握不變的眞理（《修訂》第1卷，第4章，第4節[retr. I 4, 4]）。其次，光照學說還擴展到經驗知識（empirisches Wissen）：「啓明」也是感性經驗知識（sinnliches Erfahrungswissen）的前提，亦即如果它涉及某種隱含在內的在先的判斷基礎（eine implizite apriorische Urteilsgrundlage）。不過，奧古斯丁同樣也談論經驗知識（Erfahrungswissen），他把它歸諸人作爲一個他自己的本有的被創造的光（ein eigenes, geschaffenes Licht：《駁斥浮士德》第20卷，第7章，第7節[Contra Faustum XX 7, 7]，譯註：浮士德（Faustus）是一位非洲人，是西元四世紀時的一位摩尼教的主教。奧古斯丁在他29歲遇見他，並在他的《懺悔錄》裡有提到他。他是一位極聰明又靈敏的人。在奧古斯丁皈依爲基督徒之後，他寫了這部著作反駁浮士德的摩尼教的思想）。因此，在狹義上啓明的知識（Erleuchtetes Wissen）僅僅是有規則、形式或數字的學識（Kenntnis）。明確地，倫理的或審美的判斷準則（Ethische oder ästhetische Urteilskriterien）也歸屬於它（同上；比較《論創世記忠實於原文的詮釋》第12卷，第24章，第50節[ebd.; vgl. Gn. litt. XII 24, 50]）。光的臨在如何產生在人的靈（im menschlichen Geist）裡呢？從該理論的解釋史來看，提供有三種解釋：一、存有論的解釋假定認爲在認識的瞬間（im Augenblick des Erkennens），神的理性的以太（aeternae）對人的靈（den menschlichen Geist）有一個直接性的、選擇性的影響；二、根據一種協和論的解釋（nach einer konkordistischen Deutung），上帝只部分地以及間接地參與人的認識（an der menschlichen Erkenntnis），即透過主動的理智（intellectus agens）；三、根據一種形式主義的理解，認識官能（Erkenntnisfähigkeit）完全是人類的東西，而且「內在的光」在一個明確性的感覺（Gewißheitsempfinden）上只擴大確定的認識（bestimmte Erkenntnisse）。所有這三種解釋都找到了傑出的捍衛者，並且至今仍有代表。

1. 存有論的理解的最著名的代表是馬勒伯郎士（Malebranche，西元1638-1715）。馬勒伯郎士以一個偶然論（Okkasionalismus）的形式代表存有論（Ontologismus）——例如：在《關於形上學與宗教的訪談》（*Entretiens sur la métaphysique et sur la réligion*，西元1688）裡。他教導，唯有上帝確保人類的認識（die menschliche Erkenntins），而外在的情境只是形塑這種認識的偶然因素（Gelegenheit, occasio）。「存有論」（'Ontologismus'）的這個詞彙源自於「心理主義」（'Psychologismus'）的詮釋上的對照（Antithesis）：認識（Erkenntnis）不是一種心理現象，而是通過上帝對認識主體（das erkennende Subjekt）的選擇性的、客觀性的影響而產生的。

2. 協和論的詮釋（die konkordistische Interpretation）可以參考多瑪斯·阿奎納（Thomas von Aquin）：多瑪斯想要將奧古斯丁的認識論（Erkenntnis-theorie）理解為使用了主動理智的概念（intellectus agens-Begriff）。然後，認識又總是回到了以感性經驗為開始的抽象過程（Abstraktionsprozeß）；反之，這位教父則認為，甚至對感性物的評判是以相的知識（Ideenwissen）為基礎。多瑪斯的解讀片面地強調，在人的認識的活動（Erkenntnisakt）裡，上帝只是「效力因」（effective），不是「客觀的」在場（'obiective' präsent）。對奧古斯丁而言，上帝不僅單單是媒介（das Mittel, medium quo），而且也是這些活動的場所（medium in quo）。基於歷史的理由，多瑪斯的註解幾乎不在考慮之內：奧古斯丁對亞里斯多德的心智—創造—的概念（nous-poiêtikos-Konzeption）完全不理解。因此，多瑪斯主義的詮釋者有時候撤回這個主張：奧古斯丁的學說需要根據事實的方式詮釋（Augustinus eget Thomas interprete）。

3. 形式主義的解讀（die formalistische Deutung）是由博納文圖拉（Bonaventura）創立的；其現代的主要捍衛者是吉爾宋（E. Gilson）。類似於多瑪斯主義的詮釋，它是奠基在強調人類認識的相對獨立性（eine relative Selbständigkeit der menschlichen Erkenntnis）的立場上。因此，這只是反映光照學說的一個側面，如何達成提出具有相的知識的內容（zu inhaltlichem Ideenwissen），這仍然不清楚。對奧古斯丁而言，神的作用不僅是形式的

方式上（formaler），而且也在具有內容的方式上（inhaltlicher Art）：首要的是指在先的知識（apriorisches Wissen），而不是每一門特別明確的認識（gewisse Erkenntnis）。

當人們把光照學說理解爲柏拉圖的太陽的比喻的解釋（Interpretament）時，它的意義就變得清楚了。他的說法完全與柏拉圖相類似，奧古斯丁把認識（Erkenntnis）歸因於不可見的光的作用，以可比較的方式，不可見的光使得理智的對象（die intelligiblen Gegenstände）變得可以認識（erkennbar），如同太陽使得感性的物體能夠成爲可見的那樣（參考《論三位一體》第12卷，第15章，第24節[vgl. trin. XII 15, 24]；《書信》第120封，第2章，第10節[ep. CXX 2, 10]）。早先的地方已經精確地達成了這個比較：（1）對靈（Geist）而言，上帝是清楚可見的，如同對眼睛而言，太陽是清晰可見那樣；（2）靈（Geist）彷彿擁有感官；（3）「最確實的確定性的科學」（die "sichersten Gewißheiten der Wissenschaften"）符合感性對象；（4）上帝本身扮演著理智的光的源頭的角色。在另一地方也說，沒有神的發光（Einstrahlung），靈——「魂的眼睛」——既不能獲得智慧，也不能獲得眞誠（Aufrichtigkeit；《約翰福音書的講座》第35章，第3節[Io. eu.tr. 35, 3]）。因此，爲了要獲得認識（Erkenntnis），需要神的參與，內在的光應該是上帝臨在人的思想（im menschlichen Denken）裡（《獨語錄》第1卷，第8章，第15節[sol. I 8, 15]）。

正如上述所表明的那樣，唯有光照的形式主義的解釋不在考慮之內：奧古斯丁正是透過上帝在人的思想裡（im menschlichen Denken）臨在，強調具有內容的教導（die inhaltliche Belehrung）。另一方面，存有論的解釋也證實是可疑的。因爲當這位希波的主教談論自我認識（Selbsterkenntnis）時，這個認識只有回到上帝的光，他絕不是意含，他自己的無知（Unkenntnis）是基於缺乏這道光。相反地，他把蒙昧無知（Unwissenheit）歸於「自己的黑暗」（"eigene Dunkelheit"；《懺悔錄》第10卷，第5章，第7節[conf. X 5,7]）。因此，光照意指上帝沒有偶爾的干預（keine gelegentliche Intervention Gottes）。人的靈（der menschliche Geist）不只是短暫地，而是

持續地被真理所「光照」（"erleuchtet"）；人只是偶爾使用這個洞察的根源（diese Einsichtsquelle）。明確指出，「光照在每個視覺的官能上（Sehvermögen），既照在看得見的人上，也照在看不見的人上，但是盲人卻看不到。」（《約翰福音書的講座》第35章，第4節[Io. eu. tr. 35, 4]）甚至罪人也擁有「內在的光」（"innere Licht"：《論三位一體》第14卷，第15章，第21節[trin. XIV 15, 21]）：它「向所有人說話」，可是不是所有人都聽到它（《懺悔錄》第10卷，第6章，第10節[conf. X 6, 10]）。神的光照（die göttliche Illumination）固然是靈的眼光（geistigen Sehen）必要的條件，但是卻不是它的充分條件。因此，奧古斯丁不是一位存有論主義（Ontologismus）的代表，他單純擁護太陽譬喻（Sonnengleichniss）的字面上的解釋。

有人主張奧古斯丁的知識論（Epistemologie）把認識的活動（Erkenntnisakt）歸於神，這主張或許是錯誤的，因為在恩典神學（譯註：或者翻譯為「恩賜神學」）上，他使得人失去了能力。更應考慮的是，這位教父給予所有洞察能力的存有者（allen einsichtsfähigen Wesen）神的光（das göttliche Licht）。然而，他認為只有少數的人確實地理解這點。此外，甚至在先的洞察本身（selbst apriorische Einsicht）也不意味著能掌握神的光（Erfassung des göttlichen Lichts）。在理智的對象與天父之間作區別，官能絕對不是很明顯的：這種官能需要較長時間的練習（《獨語錄》第1卷，第8章，第15節[sol. I 8, 15]）。有些文本（例如：《論創世記的忠實於原文的詮釋》第12卷，第31章，第59節[z. B. Gn. litt. XII 31, 59]）強調靈的「軟弱」以及因他的對上帝的認識的「顫慄」（'Zittern'）。所以，儘管對於每個認識的行為（Erkenntnisakt）具有建設性的，在思想中（im Denken），上帝的臨在只是幾乎不曾且是十分困難掌握的。在他的早期，奧古斯丁把在太陽譬喻裡的圖像範圍（Bildbereich des Sonnengleichnisses）區別為三個層級：「擁有雙眼」（'Augen haben'）、「注視」（'anblicken'）與「觀看」（'sehen'），而且把它們與逐級的淨化（Reinigung）與教育（Schulung）的觀念結合（《獨語錄》第1卷，第6章，第12節[sol. I 6, 12]）；唯有一顆「純淨的心」（'reines Herz'）才有能力達到最高的洞察（höchsten Einsicht）。儘管

晚期的奧古斯丁縮小了人的自己成就部分以有利於上帝的恩典（göttlichen Gnade），甘願對光照（Illumination）與恩典（Gnade）自我封閉，對人依然是可能的。

一方面，存有論的解釋失敗了，因為上帝不僅偶爾而且總是照亮人的洞察（Einsicht）——儘管這只是偶爾產生人的洞察，另一方面，因為上帝與人在認識的活動上（Erkenntnisakt）必須攜手合作，由人為他自己打開認識，最後，因為在認識的活動上（Erkenntnisakt），上帝只是間接地臨在，而且幾乎完全隱藏著。上帝不是認識的對象（Erkenntnisgegenstand），而是構成隱藏的認識條件（eine verborgene Erkenntnisbedingung）。

（五）奧古斯丁的我思作為「內在世界」的發現

在馬丁・瓦爾澤（Martin Walsers）的小說《獨角獸》（西元1966）裡，主角安瑟姆・克里斯汀（Anselm Kristlein）出人意料地面臨《懺悔錄》第十卷的回憶理論（Gedächtnistheorie）。克里斯汀（Kristlein）在理論上有一個缺陷：這個理論忽視回憶圖像的體驗距離（die Erlebnisferne von Erinnerungsbildern）。瓦爾澤的小說人物將回憶圖像（Erinnerungsbildern）的褪色的感性與奧古斯丁式的說法「我是我的回憶」（"Ich bin mein Erinnern"）或「記憶類似魂的胃」（"Das Gedächtnis ist gleichsam der Magen der Seele"）進行了對比：這些僅僅是「大腦中的幽魂」（'zerebraler Spuk'），因為在回憶中（Erinnerung）人與一個「遺失了投擲器的影子」相似；「取代某些的東西，保留文字」（比較Mayer，西元1983）。然而，克里斯汀（Kristlein）對奧古斯丁的詮釋是基於某種誤解。

如同克里斯汀所相信那樣，這位教父絕不去爭論存在於享受蜂蜜與對享受蜂蜜的回憶（Erinnerung）之間質的差異。相反地，記憶（memoria）作為魂的胃的談論正好是指，記憶（Gedächtnis）不能再感受經驗內容，就像胃不能第二次品嚐食物那樣。記憶分析（die memoria-Analyse）有另一個任務：它用作為區別「外在」與「內在」（foris – intus）之間的指引。「回憶

的圖像」（"Gedächtnisbilder"）的意義不是基於所謂的它們對外在現實的忠
實再現，而是基於它們的直接的可用性。因此，在先的「事物本身」（die
apriorischen "Dinge selbst", res ipsae）甚至比它們更重要。因爲這些完全屬
於我們的內在世界，內在世界不受外在世界特有的變化而改變。特別是心智
實體（die mentalen Eintitäten）被證明爲直接的與恆久的實體；內在性（das
Innere）被證實爲「更好的」（melius quod interius）。奧古斯丁外在—內
在的區別是爲洞察（Einsicht）作預備，即我們外面的人（unsere äußere Per-
son）是以隱藏的內在同一性（verdeckten inneren Identität）爲基礎。記憶學
說（Gedächtnislehren）的目標在於人的自我認識（Selbsterkenntnis），後者
又應成爲對神的認識（Gotteserkenntnis）的前提；而兩次的綱領性的我知
（cognoscam：《懺悔錄》第10卷，第1章，第1節[conf. X 1,1]）關聯到對神
的本質（das Wesen Gottes）的最終所盼望的洞察。

　　笛卡兒（Descartes），一位近代哲學的奠基者，他要把認識的確定性
（Erkenntnissicherung）建立在「不可動搖的」基礎上，這基礎構成思想
主體的直接的自明性（die unmittelbare Selbstgewißheit des denkenden Sub-
jekts）。類似於笛卡兒的計畫，例如：布藍奇（Blanchet，西元1920）與
吉爾宋（Gilson;[3] 西元1967）談論到奧古斯丁的「我思」（'Cogito'）。早
在西元十七世紀，在這點上人們就已指出這位教父與笛卡兒之間的緊密的
親近性（比較第參章，第二節[vgl. Kap.III.2]）。的確，奧古斯丁早期的
作品《論幸福的生活》第二章，第七節（De beata vita 2.7）與《獨語錄》
第二卷，第一章，第一節（Soliloquia II 1, 1）已經突顯了這些論點，這些
論點以一個明顯地回憶起笛卡兒的方式，強調思想的我的直接自我給予
（die unmittelbare Selbstgegebenheit des denkenden Ich）。在早期的著作
裡，這樣的證據的主張在《論眞正的宗教》第三十九章，第七十三節（De
vera religione 39, 73）裡最清楚地表達：任何人留意到懷疑的活動（Akt des
Zweifelns），在那裡就可以發現在懷疑中的確定性（Gewißheit）：任何人
懷疑眞理的存在，就可以在他的懷疑中發現無可置疑的眞的事物（unbez-
weifelbar Wahres）。吉爾宋（Gilson）引述另三個這樣的我思立場（Cogito-

Stellen）：這些立場證明，希波主教他的晚期作品裡也堅持這個思想（Ge-danken：《論上帝之國》第11卷，第26章[ciu. XI 26]；《論三位一體》第10卷，第10章，第14節與第15卷，第12章，第21節[trin. X 10, 14 und XV 12, 21]）。這些論證是與針對學院派的對話的反懷疑論的質疑（anti-skeptischen Einwänden）密切相關；像這些質疑一樣，這些論證應保證一個終極的與無與倫比的認識（Erkenntnis）。在《論自由抉擇》（De libero arbitrio）裡，這種確定性甚至構成後來導致上帝證明（Gottesbeweis）的起點。

可是，在奧古斯丁那裡所談論的我思（Cogito），是否真的合法嗎？阿伯克龍比（Abercrombie;[2] 西元1972）提出了一個相反論點，根據這個相反論點，這個對照只是表面的。讓我們考察這個出現在其中顯現出論證的最重要的文本：《論上帝之國》第十一卷，第二十六章（De civitate dei XI 26）。奧古斯丁抗拒懷疑主義的異議，甚至將一種直接的自我確定性（un-mittelbaren Selbstgewißheit）的主張可能建立在欺騙的基礎上：

> 因為如果我欺騙自己，我存在。亦即，人不存在，他就不能欺騙自己；因此，當我欺騙自己時，我恰恰存在。倘若我欺騙自己時，那麼我就存在；當我欺騙自己時，當我的存在是確定時，我如何會在我的存在中欺騙自己呢？因為，如果我被欺騙的話，被欺騙的將是我，如果我欺騙過自己，——毫無疑問地——我欺騙自己不是因為我知道我存在。因此，我欺騙自己也不是因為我知道我知道這點。同樣地，像我知道我存在那樣，我也知道這件事：我知道這點。因為我喜愛這兩者，我作為較不受重視的第三要素也把愛與兩個的確定性連繫起來。也就是，如果我能因所愛之物而不欺騙自己，我欺騙自己也不是因為我愛。因為即使我愛上某個虛假的東西，我愛上那個虛假的東西，這點仍然是真的。如果愛上它是錯的話，出於什麼理由我於理應受到譴責，而且應阻止我愛上虛假的東西，如果我愛的那個東西是虛假的呢？然而，因為那個東西是真實的與確定的，一旦那些東西被愛上時，誰想要懷疑對這些東西的愛本身，是真實的與確定的呢？

文本的證明目的是要指出三個面向的直接的確定性：屬於我的（des Sein des Ich[=靈的（des Geistes）]）存有、屬於關於我的本質（des Wessens um das Ich）以及屬於對我的愛（der Liebe zum Ich）。這三格組合論（Trias）提供類比論證（Analogieargument）以支持基督教的三位一體學說：人的靈是與神的三位一體相似（參考第貳章，第六節（一）[vgl. Kap. II.6.a]）。因此，與笛卡兒的「我思」（'Cogito'）所持的差異可以說，除了我的存在之外，反思中的自我理解（知識，Wissen），以及自我肯定的環節（愛）可以視為直接確定的。第二個要素著手反思的知識的傳統（die Tradition des reflexiven Wissens），尤其亞里斯多德的思想的思想（*noêseôs noêsis*；《形上學》第12卷，1074b 34以下[*Metaphysik* XII 1074b 34f]）。第三要素選取——同樣地是由亞里斯多德所發展出來的——幸福的基本洞察（Grundeinsicht des Eudämonismus），即追求幸福是作為所有人類行為的基礎。

可是實際的證明是什麼呢？有兩種解釋的可能：或者涉及到執行性的論證，或者關涉到邏輯性的論證。如果句子內容的真實性是出自言語行為（Sprechhandlung），也就是作為這類的言語行動（Sprechakt）的後果，那麼執行性的論證可能就出現。辛蒂卡（J. Hintikka；西元1962）為笛卡兒的我思提出這樣的一種解釋。根據這個解釋，這些句子，例如：「我在這裡」，描述一種直接的確定性，這些句子隨時被某個人實際思考著與談論著；這類句子與「我是希波的主教」這個句子不同，唯有當人們認為他是希波的主教時，它才是真實的。現在問題與執行性的解釋結合，人們如何可以用這樣的一個論證——除了目前的自我確認（die momentane Selbstvergewisserung）之外——一個跨時間的同一性（eine zeitübergreifende Identität）可以被證明：這正是奧古斯丁以及笛卡兒所努力追求的目標。一個執行性的重構必須把這個證明企圖（Beweisabsicht）——這企圖對這兩個作者是根本重要的——視為失敗的，且因此認為這論證是錯誤的。

是否邏輯的詮釋能提供文本更多的意義呢？如果在當前情況下，從句子到句子的結論——不包括語言的行為特質（Handlungscharakters der

Sparche）——被注意到的話，那麼我們將不得不處理一個邏輯上的論點。根據辛蒂卡（Hintikka），這正是應用到奧古斯丁的論證；這個論證簡單地基於推論出一個我們行動描述的預設：隱性的我（das implizite Ich）。辛蒂卡為奧古斯丁用這樣的評述反駁執行性的解釋，「如果我犯錯，則我存在」（"si fallor, sum"）這個結論不超過「我走路，所以我存在」（"ambulo, ergo sum"）的結論，或者「我看到，所以我存在」（"video, ergo sum"）的結論（西元1962, 23）。在論證中被展開的——僅是我（das Ich），這個我在語言上（sprachlich），而不是在實質上（sachlich），被包含在前提「我犯錯」（fallor）裡。奧古斯丁的論證在這種詮釋裡只存在於推論出那個主詞，我們語言的使用總是已經包含了主詞。因此很明顯地，這並不會提供一個實質的反懷疑論的論證。

　　人們是否因此正確地理解奧古斯丁的論證呢？簡直沒有；至少辛蒂卡的重構似乎需要某種程度上的修改。這位教父的論證過程確實很清楚只針對學院派者（Akademiker）對某個知識的確定性的懷疑，沒有針對每個歸因於第一人稱的行為。這點與笛卡兒的「方法論的懷疑」（"methodischen Zwe-ifel"）相似。因此，馬修斯（Matthews；西元1972與1992）在文獻學上更精確在三步驟上重構這個論證：（1）或者我在主張「我是」欺騙自己，或者我在這主張上沒有欺騙自己。（2）即使我在這主張上欺騙自己，我存在。（3）因此，在這個主張裡我沒有欺騙自己。可是馬修斯完全採用辛蒂卡的解釋，並說明句子（2）合乎邏輯的推論。結果，奧古斯丁的論證也失去了尊嚴：它不僅在一種虛假—實體（Schein-Substanz）上呈現結論，即在我們語言使用的「我」（das Ich）上，而且它也對這點做出錯誤判斷：沒有進一步的洞察（Einsicht）隱藏在其中，就像在「我走路，所以我存在」的例子一樣。

　　馬修斯（Matthews）的三層的重構是如此的正確，因此把（2）的觀點作為一個邏輯上的結論是錯誤的。如果意思是指這樣的話，那麼作為三段論的句子（2）必須被返回指涉到第三人稱：（i）總是可能遭受到欺騙的任何人，他存在；（ii）奧古斯丁可能遭受欺騙；（iii）因此，奧古斯丁存

在。可是絕不是那個所指的論證。奧古斯丁不想要證明有一位名叫著「奧古斯丁」的希波的主教的存在。而是說，沒有人可以否認他「自己」（eigene）的存在。對於自我意識所指之物而言，說奧古斯丁知道「奧古斯丁」所有的傳記的細節，這是不充分的。這位教父的論證瞄準去發現從「從外往內」的轉向，即轉向自己的可能性，以便那裡得到無可置疑的確定性。「內在世界」的發現的意思是指自我意識的發現（die Entdeckung des Selbstbewußtseins）。因此，奧古斯丁既沒有力求只是實際的自我確定（Selbstvergewisserung），他也沒有證明同樣在第三人中每個欺騙者的存在。更正確地說，根據他的論證，「內在世界」構成外在世界可能性的恆常的與不變的條件。所以，是欺騙之可能性的超越的條件（eine transzendentale Bedingung der Täuschungsmöglichkeit），而不是實在條件，表明了自身知道的「精神」（sich selbst wissenden "Geist"）。在這一點上奧古斯丁與笛卡兒之間有真正的密切的關係。知道我存在，可能是欺騙自己，這不意味著一個可以欺騙自己的本質（Wesen）必然地必須存在。知識（Wissen）的邏輯的詮釋基於這種知識的混淆：奧古斯丁擁有有關「奧古斯丁」的知識，以及他擁有他自己本身的知識。

　　然而，自我認識（Selbsterkenntnis）的母題絕不是奧古斯丁的發現。這已經達到在希臘哲學裡德爾菲神廟的「認識你自己」（'Erkenne dich selbst', gnôthi seauton）的形式的目的。「認識你自己」可以追溯到七賢（die Sieben Weisen）。首先，「認識你自己」提醒我們人的有死與有限。這句格言為蘇格拉底的無知的概念（die sokratische Konzeption des Nichtwissens）構成了核心的動力。柏拉圖擴大這個思想（Gedanke），藉此他在《卡爾米德茲》164e（Charmides 164e）裡把自我認識與「審慎」（'Besonnenheit'）等同。在偽柏拉圖的著作《大阿西比亞德斯》（Großen Alkibiades）裡，尤其所謂的眼睛的比喻（Augengleichnis），自我認識的母題顯示為「自我關懷」（'Selbstfürsorge'）的主題與人的靈／精神本性的理解（Erfassung der menschlichen Geistnatur）的連繫：自我認識在這裡被理解為魂的神格化的起點（Ausgangspunkt der Vergöttlichung der Seele）。後柏拉圖式學院

（die nachplatonische Akademie）爲這個對話提供了引論書寫的功能；它對新柏拉圖主義（Neuplatonismus）的影響是持續的。對奧古斯丁而言，新柏拉圖主義在自我認識與「從陌生回歸」（"Rückkehr aus der Fremde"）的連結，甚至比它可以與《聖經》裡的浪子回頭的比喻（Gleichnis）連繫更重要（《路加福音》第15章，第11節以下各處[Lk 15, 11ff]）。在柏拉圖那裡出自於「裡面的人」的圖像（das Bild vom "inneren Menschen", ho entos anthrôpos；《理想國》第9卷，589a-b, [Politeia IX, 589a-b]）也已經被使用在有關自我認識（Selbsterkenntnis）與自我關懷（Selbstfürsorge）的概念上；之後一個多頭的本質（ein vielköpfiges Wesen）隱藏在「外面的人」（"äußeren Menschen"）的外表之後；關鍵的是去加強裡面的人，而不是去加強「裡面的獸性」（"inneren Tieres"）。普羅丁在引述柏拉圖時也談論「裡面的人」（ho eisô anthrôpos；《九章集》第5卷，第1章，第10節[Enn. V 1[10]10）。此外，在奧古斯丁那裡，還有一段保羅重要的經文（Paulusstelle），其中說：「這就是爲什麼我們不疲倦；即使外面的人被磨擦，裡面的人每一天也都是新的」（ho exô anthrôpos-ho esô；《哥林多後書》第4章，第16節[2 Kor 4, 16]，譯註：此段經文的翻譯出自於天主教的《聖經》，因爲其翻譯比新教的和合本更接近本文的意思。比較和合本的翻譯「我們不喪膽。外體雖然毀壞，內心卻一天新似一天」）。可是，類似性更接近於波菲利；這點視自我認識的母題爲魂與靈的自我理解（Selbsterfassung von Seele und Geist）。跟奧古斯丁一樣，波菲利直接地把裡面的人與外面的人的對比（die Antithese von entos und ektos anthrôpos）結合起來：

> 自我認識必然包括魂與靈朝向理解的上升，因爲我們本質上是在這個上升之中。完滿的自我認識顯然地包含我們自己，我們的所有物（unser Eigenes）就正如那個我們所屬的東西那樣。柏拉圖的精確性就是那種，他竭力在每個側面上去認識自己（selbst zu erkennen），藉此，裡面的、不朽的人被理解，而且外面的、表現的人（der äußere, abbildhafte Mensch）不會不被認識……（《殘篇》275，22-32[Frg. 275,

22-32] Smith）。

　　查理・泰勒（Charles Taylor）有關奧古斯丁在現代的同一性出現的
角色的論點（西元1994）已經被提及（參考第壹章，第一節（一）[Kap.
I.1]）。由於他的無世界的內在性的概念（durch seine Konzeption weltloser
Innerlichkeit），奧古斯丁在「現代的厄運」（"Verhängnis der Neuzeit"）方
面應該有根本上的分量。首先，該見解以歷史上不被允許的方式孤立了希波
主教。但是，即使這種孤立（Isolation）由於歷史的影響而似乎是合理的，
泰勒（Taylor）也沒有充分注意這樣一個事實，即內省（Introspektion）的
標的不是獨立的我（das selbständige Ich），而是這個我與上帝的關係。根
據奧古斯丁，上帝「在更大的程度上，比我最裡面的更裡面，也比我最高處
更高」（interior intimo meo et superior summo meo；《懺悔錄》第3卷，第
6章，第11節[conf. III 6, 11]）。將人的我（das menschliche Ich）設定爲絕
對的規模（absolute Größe），顯示奧古斯丁將之完全作爲他所關切的事情
（vollständige Verkehrung seines Anliegens）。

三、「裡面的教師」的語言理論

　　字詞（Wörter）能被理解爲記號（Zeichen），正如有時候所宣稱的，
不是奧古斯丁的直接的發現（Markus，西元1957）。亞里斯多德已經把字
詞（Wörter）詮釋爲記號（Zeichen, symbola, sêmeia），即詮釋爲魂的表徵
（seelische Vorstellungen，譯註：也有人把它翻譯爲「心靈的表徵」。德文
形容詞seelische是指我們魂的部分，不是靈的部分），而這些魂的表徵本
身代表描述事物（《論詮釋學》第1章以下各處[Peri hermêneias 1ff]）。然
而，語言哲學才被奧古斯丁在更大的程度上構想出來，這種語言哲學藉由記
號理論（Zeichentheorie）作爲媒介來解釋字詞的標記功能（Bezeichnungs-
funktion von Wörtern）。雖然亞里斯多德、斯多噶主義、塞克斯圖斯・恩
丕里柯（Sextus Empiricus）以及普羅丁已爲這個觀點（Sichtweise）做了預

備，然而，奧古斯丁比傳統更緊密把標記的問題（das Problem des Bezeich-
nenss）與對記號的指示特徵（Hinweischarakter von Zeichen）的追問結合
在一起。在奧古斯丁那裡，語義學（Semantik）和符號學（Semiotik）構成
了一個主題單元。字詞作爲記號（Wörtern als Zeichen）的定義已經出現在
奧古斯丁遺留早期的殘篇作品《論辯證法》（De dialectica）裡：「字詞是
某類事物的記號」（verbum est unuscuiusque rei signum；《論辯證法》第5
章，第7節[dial. 5,7]），今天，辯證法殘篇的眞實性已毋庸置疑。在它被撰
寫完之後沒幾年，在出自於西元389年的《論教師》（De magistro）這部作
品裡，奧古斯丁很自然地使用這個定義。

　　在奧古斯丁之前的記號理論討論中，斯多噶主義代表了記號概念的
邏輯解釋，這一點也可以追溯到亞里斯多德；在那之後，記號就是某個可
以推論出結論的事物。另一方面，伊比鳩魯主義者（die Epikureer）將記
號理解爲通常跟隨在另一事件之後的事件，因此除了邏輯推斷之外，還包
括經驗因果關係。邁向奧古斯丁對記號的詮釋的一個關鍵性的步驟，在
於普羅丁的「軌跡」（"Spur", ichnos）這個詞彙：普羅丁的意思是指每個
存有者（jedes Seiende）返回到那個它所從來的更高的實體裡（diejenige
höhere Entität）。更重要的是，教父歐利根（Origenes）把《聖經》裡所記
載的神蹟（die Wunder）詮釋爲「記號」（"Zeichen"）與「指示」（"Hin-
weise"）神的眞實性（die göttliche Realität）；在這裡，還扮演一個角色，
就是，《約翰福音》（Johannesevangelium）已經稱耶穌的神蹟爲「記號」
（'Zeichen', sêmeia）。如將顯示的那樣，奧古斯丁的語言理論的創新特質
產生於它的「裡面的教師」（"inneren Lehrers"）與「裡面的話語」（"in-
neren Wortes"，譯註："Wort"在這裡指的是「道」或「聖言」，其複數是
"Worte"；在這本書裡視脈絡也把它翻譯爲「語句」、「話語」與「道」。
它和「語詞」["Wort"]不一樣，它的複數是"Wörter"。兩者皆爲中性名詞）
的母題的連結，且更甚者，產生對經文的理解（Schriftverständnis）與聖禮
的學說（Sakramentenlehre）的問題。

　　斯多噶主義者的語言理論固然沒有把字詞與對象的關係詮釋爲一種記號

的關係（Zeichenrelation），而是在「可被述說的東西」的理論（die Theorie des 'lekton'）中趨近這個觀點（譯註：在斯多噶主義的語言哲學裡，希臘詞‘lekton’到底是指一個三段論邏輯上句子的「意義」[meaning]，還是指「被述說的東西」[that what is said]，還是「可被述說的東西」[that which can be said]呢？這個討論目前還是開放的。這裡把它翻譯為「可被述說的東西」）。這個理論在二位數的關係（die zweistellige Relation）上用「可被述說的東西」導入第三個量（eine dritte Größe）。一個物理的聲音不直接地指向某個被標記的對象（einen bezeichneten Gegenstand），而是首先指向某個非物質性的東西，某個概念上被標記的東西（ein begrifflich Bezeichnetes, sêmainomenon）。正如亞里斯多德的符號的情況（im Fall des aristotelischen symbolon）那樣，在斯多噶主義者那裡，一個語詞的對象指涉（der Gegenstandsbezug eines Wortes）奠基在一個建立在產生這種關係的概念上的中間構件（konzeptionellen Zwischenglied）。例如：當我們談論一棵樹時，首先，我們是用「樹」這個語詞（Wort）來指樹的概念，其次，我們才是指在世界裡的一個對象。奧古斯丁用他的詞項「可表達的」（Terminus 'dicibile'）來處理這個「可被述說的東西」（lekton），也許他是使用瓦羅的辯證的文字（Dialektikschrift Varros）。甚至塞克斯圖斯・恩丕里柯（Sextus Empiricus）與普羅丁也可能影響了奧古斯丁的這個理論。塞克斯圖斯批評斯多噶主義時，他處理所謂的「回憶記號」（"Erinnerungszeichen"）；在那裡他還順便談論把語詞（Wörter）作爲記號來理解的可能性（《駁語法學家》第2卷，第279章[Adversus mathematicos II 279]）。同樣地，普羅丁順便提到語言的標記的功能（die Bezeichnungsfunktion），並且把這點與其物理的維度（ihre physische Dimension）清楚地區隔開來（第6卷，第1章[42]第5節，第3章[VI 1[42]5,3]）。

　　不僅這位教父的語意學的理論（die semantische Theorie），他的符號學（Semiotik）也超出他們的模式（Vorlagen）。我們起先考慮在奧古斯丁那裡，記號（Zeichen）不是無條件地對記號的功能產生影響，而是始終與某位確定的觀察者相關。爲某個事物指涉另一事物的主體（das Subjekt）

它是在標記關係（Bezeichnungsrelation）之內的絕對必要的部分（Teil-größe）。因此，在奧古斯丁中，有我們「符號學的三角的發現」（"Entdeckung des semiologischen Dreiecks"; R. Simone，西元1972），這是由記號（Zeichen），被標記物（Bezeichnetem）的和理解記號的觀察者產生的。然而，要補充的是，亞里斯多德已經認識到談話者、傾聽者與對象之間溝通理論的區別（《修辭學》第1卷，第3章[Rhetorik I 3]）。

在早期的作品《論辯證法》（De dialectica，譯註：或翻譯為《論對話術》）裡，這更多地是涉及到草稿或草圖，而不是詳盡的研究。這部作品屬於學科之書（disciplinarum libri，譯註：或譯為「指南書」）的計畫，就在他皈依之後，奧古斯丁想要藉著這些書創作一部新柏拉圖主義式的百科全書（eine neuplatonische Enzyklopädie；第貳章，第一節（五）[Kap. II.1.e]）。這部作品的主題，即辯證法，最初被定義為善於論辯的科學（Wissenschaft kunstgerechter Erörterung, bene disputandi scientia；《論辯證法》第1章，第5節[De dialectica 1, 5]）。可是，為了奠定哲學式的辯論的技藝（Diskursttechnik）的基礎，每一個討論的根柢，即語言（der Sprache），需要根本的澄清（der Klärung der Basis）。因此，第一章探討了語詞的屬性（die Eigenschaften von Wörter），而第二章則對句子類型（Satzarte）進行了分類。接著，在第三章中，除了簡單的陳述句（einfachen Aussagesätzen）外，還討論了它們的連繫。我們只擁有第四章的一小部分而已；唯有第五章是與我們的意義理論相關聯。在那裡，之前引述對一個字詞的定義（Definition des Wortes）顯示為記號（Zeichen）；談話者（Sprecher）與傾聽者（Hörer）──傳送者與接受者──清楚地被包含在這個定義裡。

談話者藉助語言的記號（mittels eines sprachlichen Zeichens）向傾聽者的靈（Geist des Hörers）指出某個事項。因此，記號是某個可感知的對象，它超越自己本身指向其他事物。為了達成理解，不僅談話者而且傾聽者也都必須理解一個語詞的記號特徵（Zeichen-charakter des Wortes）。所說的不只是質料性的事物，而且所有言談的可思想的對象，完全帶有已被標記的「事項」（'Sache'）。更精確說，奧古斯丁把直接的、口頭的語言與間

接的，書寫的語言區別開來。他把後者確定爲是前者的記號系統，即記號的記號（Zeichen für Zeichen）。口頭語言（die gesprochene Sprache）基於音素的單元（Lauteinheiten, sonus），對於在這個物理音素意義上理解的語詞（Wort），他使用話語（verbum）表述。如同已經被提到的那樣，可以言說的語詞（das dicibile）在音素的構造的概念的內容的意義上從這點裡被區別出來。如果你結合這兩個側面，一個語詞（das Wort）的音素值（Lautwert）與意義，那麼你就能得出「表述」（'dictio'）。因此，語詞的意思是指其音素與其意義關聯的方面的統一性上的這個表述。其意義被理解爲對某個事項或者內容（Inhalt, res）的指示（Hinweisen）。

在該殘篇的最後的第七至十章中，奧古斯丁討論了「話語的力量」（"Kraft des Wortes", vis verbi），包括其可能存在的暗晦（obscuritas）和歧義（ambiguitas）的問題。這裡特別令人感興趣的是在第七章裡所提到的對傾聽者影響的類型。藉著他的四重的區分，奧古斯丁把以下的三種作用方式區別出來：一方面，一個語詞（Wort）可以具有話語（verbum）含義；它僅憑音素值（Lautwertes）就可能引起憤怒或撫慰。其次，僅一個語詞（Wort）的意義，即可言說的語詞（das dicibile），就可以產生效果。如果傾聽者完全專注於被標記的事項（die bezeichnete Sache），而不是標記的語詞（das bezeichnende Wort），就會出現這種情況。第三，傾聽者的注意力可能同時專注於音素形態（Lautgestalt）與意義：那麼該語詞在表述的意義上（im Sinn der dictio）起了作用。

在《論辯證法》（De dialectica）中，非系統性整合的觀察之後，就是《論教師》（De magistro）這個密集的對話，它試圖給予奧古斯丁語言理論一個連貫的形式。這部對話錄僅時隔兩年遵循對話術的寫作（Dialektikschrift），而且仍然十分接近它的用意。它的最初的問題是：我們在說話（Sprechen）時想要起什麼樣的作用？根據這篇對話錄的第一個題旨，每個說話都在追求「傳達知識」這個意圖，或者「提醒」（'erinnern'）其他人和演講者本人某件事情（《論教師》第1章，第1節[mag.1,1]）。後者的一個例子是向上帝的禱告，這個禱告不應被理解爲給上帝的知識傳達，而

是應被理解爲祈禱者的思想上的自我回憶（gedankliche Selbsterinnerung des Betenden）。在這個意義上，思想（Denken）被理解爲一種內在的對話；思想（Denken）作爲「魂與自己本身的對話」（"Gesprächs der Seele mit sich selbst", Theaitetos 189e）的觀念已經在柏拉圖那裡發現到。「回憶」（'Erinnerung'）這個關鍵詞標誌著，奧古斯丁將他的語言理論視爲認識理論（Erkenntnistheorie）的一部分。正如陳述的含義，祈禱者（der Betende）使用語詞（Wörter）來發現他的記憶的效能（Leistung seiner memoria）；逐漸地使他能達成在他的思想（Denken）中掌握上帝的同在。因此，語詞的單純記號的或者指示的特徵（Zeichen-oder Hinweischarakter der Wörter）具有類比的功能（anagogische Funktion）。

儘管這篇對話錄的向上攀升的基本意圖早期就已經很顯然的，但是注意力最早轉向這個議題：所有的語詞（Wörter）可以被理解爲記號（Zeichen：《論教師》第2章，第3節[mag. 2, 3]）。奧古斯丁向對話者阿德歐達督思（Adeodatus）提問，爲何依附詞（虛詞）的表達（synkategorematische Ausdrücke），例如：「如果」（'falls'）、「無」（'nichts'）或者「出於」（'aus'），可以是記號（Zeichen）。答案只是有缺陷的；儘管正確的東西似乎切中「如果」（'falls'）的解釋作爲對精神的懷疑的表達（eines Ausdrucks für geistigen Zweifel），但是在「無」（'nichts'）與「出於」（'aus'）的情況裡，沒有出現一個相比之下令人滿意的解決。這已經表明，奧古斯丁不會想要說，語詞可能是事物的名稱，因此一般而言，按照名詞（譯者：即實詞）「桌子」、「椅子」和「麵包」的模式來理解，如維根斯坦（Wittgenstein）所採取的著名批評（《哲學的研究》§1ff.[Philosophische Untersuchungen §1ff.]；《棕皮書》，頁117[Braunes Buch, S.117]）那樣。顯然地，奧古斯丁這裡對每個語詞（jedes Wort）都擁有一個對象的意義（eine gegenständliche Bedeutung）的這個觀點直接提出疑義。然而，如果他把孤立的語詞（isolierte Wörter），不只是把句子（Sätze），理解爲承載著意義的單元（bedeutungtragende Einheiten），那麼他的意思是，每一個語詞（jedes Wort）都占有一個非對象的表述（eine ungegenständliche dictio; Burnyeat，西元1987）。因此，在《論教師》（De magistro）裡，要求阿德歐達督思（Adeodatus）應揭示被標記的事項本身（die bezeichnete Sache selbst），而不是指出'ex'只是'de'的同義詞而已。從這點裡產生了這樣的一個問題，是否已被標記的事項可以全然沒有記號（Zeichen）而被引述。首先，要提到的是，記號概念（Zeichenbegriff）也必須包括姿勢以及整體的身體的語言。那麼，沒有記號的表明（Zeigen）是不可能的，這是很清楚的（《論教師》第3章，第6節[mag. 3, 6]）。走、吃、喝等等的例子從中也是沒有構成準確無誤的例外。因為，有人問「走」（'ambulare'）是指什麼意思，接著被問的人（der Gefragte）就走來走去，提問者（der Fragende）幾乎不會把這樣動作理解為所要求的信息（die erbetene Auskunft）。

　　透過動作對動詞的說明問題，隨後為奧古斯丁所延緩。這項研究現在指向這個事實，即記號（Zeichen）不總是指涉（beziehen）對象，而是有時指涉（beziehen）另一個記號。換言之，記號本身（Zeichen selbst），也屬於可標記的事物（significabilia, Bezeichenbaren）。實質上，在奧古斯丁那裡已經存在著對象語言（Objektsprache）與後設語言（Metasprache）的區別。所以書寫記號（Schriftzeichen）應代表口說語詞（gesprochene Wörter），口說語詞這邊也算是記號（Zeichen）。還有，例如：名詞這個語詞可以用動詞語詞來標記（bezeichnen），把flumen（譯註：拉丁詞'flumen'是指「河流」）這個語詞標記為名詞，即一條河流，它才是我可以看見的某個事物。有些的記號（Zeichen），例如：「信號」（'signum'）、「動詞」（'verbum'）或者「名詞」（'nomen'），在它們的標記（Bezeichnung）的範圍內，甚至也包括自己本身。另一些概念應彼此相互指謂（wechselseitig aufeinander referieren），在此，一個概念意指較廣的意義，另一概念擁有較狹的意義。在動詞（verbum，字詞[Wort]）和名詞（nomen，實詞[Substantiv]）的語詞（Wörter）之間的關係中，存在著一個相互標記（wechselseitiger Bezeichnung）的有趣情況：一方面，每個實詞是一個字詞（Wort），可是，另一方面，每個字詞也是一個實詞（Substantiv）。奧古斯丁闡釋這個主張，令人難以置信有效果的第二部分，以便每個字

詞可以被名詞化（substantivieren lasse），例如：在這個語句「『如果』（'Wenn'）在這個段落比『因爲』（'weil'）更合適」（《論教師》第5章，第16節[mag. 5, 16]）。因爲沒有拉丁文篇章提供給這位教父，他只是棘手地完成可名詞化的導出（die Ableitung der Substantivierbarkeit）。然而，這個導出帶來一個值得注意的觀察：動詞與名詞的語詞（Wörter）固然伸展到（erstrecken sich zwar auf）對象的相同範圍，即伸展到所有的語詞；但是它們以不同的方式標記（bezeichnen）這個相同的集合。這裡奧古斯丁遭遇到字詞意義（Wortbedeutungen）的外延（Extension）與內涵（Intension）之間的區別。他引證拉丁文字詞名詞（das lateinische Wort nomen）與希臘文名詞（das griechische onoma）作爲外延與內涵的等值的例子（《論教師》第6章，第18節[mag. 6, 18]）。

　　奧古斯丁的後設語言與對象語言之間的區別，以這個句子爲例：「請告訴我，是否（一個）人是一個人」，就變得清楚可理解了，（《論教師》第8章，第24節[mag. 8, 24]）。也就是說，如果人們把在句子的第一個位置裡的「人」理解爲「人」這個字詞的話，那麼回答必定是否定的，因爲一個字詞當然不等於人。然而人們將其理解爲一個生物，一個肯定的回答就對了。在這裡採取這個區別是要求這個目標，強調：在開始，第一個後設語言的理解離我們很遙遠。語言的主要的焦點是它的對象指涉（Objektbezug）。奧古斯丁把語言的這種特性標記爲表達的規則（die regula loquendi，《論教師》第8章，第24節[mag. 8, 24]），標記爲言說的基本規則（Grundregel des Sprechens）。它是透過理性的法則（lex rationis；同上）提供給靈（Geist）。當說話者與傾聽者之間獲得相互理解，這只是因爲雙方彼此——並沒有對此作特別思考——遵循規則，透過語詞（Wörter）連繫到內容上。換句話說，被標記的事物（die bezeichneten Dinge）以及它們的認識（Erkenntnis），相對於作爲對它們是單純的記號的語詞占有一個優先地位。語詞（Wörter）只是用來服務透過它們被標記的內容（bezeichneten Inhalt）。

　　對話主題由此就從記號（Zeichen）回轉到被標記物（das Bezeich-nete）。是否有些沒有記號（Zeichen）的對象（Gegenstand）能採用呢？行走（ambulare）的例子──人們認為可能透過四處走動（Umhergehen）而被採用──是完全無效的。然而，表達的規則（die regula loquendi）構成一個正確的例子。因為，在我說話時，我不僅必須增加了我喜歡標記某物（etwas bezeichnen）。就這個論證的這一點而言，奧古斯丁所進行的主題轉變了：之前的主張，唯有記號允許指向被標記物（Hinweis auf Bezeichne-tes），現在主題變成，不是記號（Zeichen），而是被標記物（das Bezeich-nete），首先要被理解（《論教師》第10章，第32節[mag. 10, 32]）。根據這個令人驚訝的轉變，語詞（Wörter）甚至不作為展現內容的工具；它們根本不適合有從被標記物裡（von Bezeichnetem）產生認識（Erkenntnis）。從《論教師》裡現在開展出來的主要題旨來看，所有的學識（alles Lernen）與每種的認識無需語詞而發生。恰恰相反，因為對象指示語詞（Wörter）。假設我不認識有人在說話時使用到我的「頭」這個字詞（Wort）；然後，我透過我所了解的那個字詞所標記（bezeichnet）為我所知的對象學習到那個字詞。如果那個所意指的身體部分是我知道的話，「頭」這個字詞只可以當作標記（Bezeichnung）被採用：如同字詞不能夠向我展示它們的標記功能（Bezeichnungsfunktion）的事實那樣，我也不能透過那個字詞掌握那個所意指的對象（den gemeinten Gegenstand）。

　　為了要理解語言記號的內容，因此，我對這些內容的認識必須是先於對記號的認識。像奧古斯丁那樣，在某些情況下的一個聽者甚至不能辨識外語的語詞（Wörter）是帶有意義的記號（bedeutungtragende Zeichen）。語詞本身除了聲響之外，就不再提供其他的東西了。即使聽者知道他在不認識的發聲中是與語詞有關，聽者不能從一個指示（Hinweis），例如：從一個暗示，無歧義地產生一個字詞（Wort）所關聯的東西。換句話說，既不是語言記號（Sprachzeichen），也不是姿勢能夠說明為何聽者能理解一個被標記的對象（einen bezeichneten Gegenstand），尤其是語詞也可以是多義的。相反地，被標記的事項（die bezeichnete Sache）實際上必須已經被認識

的，如果這個可能性應當維持用某個記號表現這個事項的話。奧古斯丁確
實承認存在有人們只能透過記號（Zeichen）獲得的知識：例如：我們只能
透過除了在聖經的《但以理書》裡的故事知道關於火爐中少年人的事件。
然而，對語言記號的每個理解的條件是，讀者事先已經知道什麼是「少年
人」（'Jünglinge'）或者「火爐」（'Feueröfen'；《論教師》第11章，第37
節[mag. 11, 37]）。

　　因此，語詞（Wörter）的功能僅僅在於「回憶」（"erinnern"）或者
「提醒」（"mahnen", admonere）；外部的事物（Äußerliches）只提醒我
們，然而眞理在內部教導我們（foris admonet, intus docet；《論自由抉擇》
第2卷，第14章，第38節[lib.arb. II 14, 38]）。對奧古斯丁而言，這不會改
變語詞擁有意義的使用：這個使用可以在字詞（Wort）與事項（Sache）之
間的區別上顯示出來，但這使用不在於認識基礎（Erkenntnisstiftung）。因
爲，說話者可以在四種方式裡因他的語句（mit seinen Worten）缺乏事實性
（Realität）：1. 在說謊的情況，2. 在錯誤的情況，3. 在對內容無理解的解
讀的情況，以及4. 在字詞混淆的情況。如果我們依賴語詞（Wörter），而不
是依賴於我們對事態（Sachverhalte）本身的認識，那麼我們可能一點也不
會留意到語詞的事項的欠缺（Sachverfehlung；《論教師》第14章，第46節
[mag. 14, 46]）。意圖就是藉這個理論可以被呈現的證據：我們透過我們的
經驗或者透過人類的教師（menschliche Lehrer）沒有學習到任何東西，而
是唯有透過基督作爲「裡面的教師」或者那道「裡面的光」（《論教師》
第11章，第38節[mag. 11, 38]）。唯有裡面的教師提供感性的與靈性的內容
（die sinnlichen und die geistigen Inhalte），而人類的教師藉助於記號的使用
（Zeichengebrauch）才能吸引人們對感性的與靈性的內容的注意。

　　多瑪斯・阿奎納（Thomas von Aquin）試圖削弱這位教父的觀點（《有
關眞理的爭論問題》第11卷，第1章到第8章[Quaestiones disputatae de veri-
tate XI 1, ad 8]）：「我們必須說，奧古斯丁在《論教師》裡想要證明唯有
上帝能教導我們，他沒有要排除一個人也能在外部教導我們，而是（只是要
表示）唯有上帝本身在裡面教導我們。」但是多瑪斯是不正確的；根據這

位教父的看法，除了在一個比喻的意義上（in einem übertragenen Sinn），我們不能透過外面的事物（durch Äußeres）學習到任何東西。艾克哈特教師（Meister Eckhart）的判斷是更確切的：「奧古斯丁用柏拉圖的話來說：魂擁有在其自身內所有的知識（alles Wissen），而我們從外面能展現出的一切都只是對知識的喚醒（Erwekken des Wissens）」（《德文著作》第2卷，第192節以下[Deutsche Werke II, 192f]）。奧古斯丁的裡面的教師理論與記憶學說和光照學說（die memoria – und die Illuminationslehre）密切相關。例如：在《懺悔錄》第十一卷裡，這個理論很清楚是建立在一個沒有經驗知識的概念（den Begriff eines erfahrungsfreien Wissens）上；在那裡，這個理論被採用是藉助於約翰的「道成肉身」（"Wort, das Fleisch geworden ist"，譯註：天主教《聖經》翻譯為「聖言成了血肉」）的談話，以及藉助於馬太（譯註：天主教《聖經》翻譯為瑪竇）的經文「只有一位是老師」（第11卷，第8章，第10節[XI 8, 10]）。還有，在《論上帝之國》（*De civitate dei*）裡，裡面的老師的概念奠基在記憶的概念上（die memoria-Konzeption）；因為這個概念包括回憶（Erinnerung）與遺忘（Vergessen）。然而，一個記憶有時本身包含有已遺忘的東西（das Vergessene）是如何可能的呢？奧古斯丁說，需要對已遺忘的事物的回憶，就是需要一個裡面的教導（einer inneren Belehrung；《論上帝之國》第11卷，第25章[ciu. XI 25]）。意識的自我擁有（der Selbstbesitz des Bewußtseins）似乎也是如此的直接：透過這位裡面的教師，即基督（Christus），這個擁有實際上是根基於對它的知識的實現（Aktualisierung seines Wissens）。在三位一體的脈絡上，這個理論得到了其最精確的形塑（Ausformulierung）。在《論三位一體》第十卷與第十五卷裡，這個學說——根據這個學說，我們只透過一個裡面的教師擁有的話語的意義（Wortbedeutungen，譯註："Wort"指的是「道」或「聖言」，其複數是"Worte"。它與「語詞」["Wort"]不一樣，它的複數是"Wörter"。兩者皆為中性名詞）——也顯現為某種「裡面的話語（聖言）」的理論（die Theorie eines "inneren Wortes"）。這種裡面的話語（verbum interius）表現了第三的以及最高的話語（聖言）的形式（Wortform），然

而，裡面所呈現的話語，特別是外面說出來的話語／聖言（das innerlich vorgestellte und erst recht das äußerlich ausgesprochene Wort）應都是源自於祂（第15卷，第11章，第20節；第15章，第25節[XV 11, 20; 15, 25]）。

在《論教師》之後，標記理論的問題（Probleme der Bezeichnungstheorie）再次可以在《論基督教的教義》（De doctrina christiana，大約在西元396年寫成，第4卷，大約在426這地方）裡發現到。在其中，奧古斯丁再次著手研究語詞（Wörter）的不足之思想，尤其在神的不可言說的學說上。整體而言，他評價語言記號的使用（den Nutzen sprachlicher Zeichen）比在《論教師》裡更有利。這種改變的傾向可以透過這個事實說明：現在《聖經》的啓示的價值應該被強調。奧古斯丁清楚強調在學習中語詞的相對價值（den relativen Wert von Wörtern）。他還把尙未擁有標記功能的對象（Gegenständen, res）與可以被對象展現出的標記功能（Bezeichnungsfunktion）區別開來。奧古斯丁對這兩種記號做出區別：一種是我們根據慣常的、自然的（natürliche）關聯所理解的記號，例如：當我們從煙推論出火或者從足跡推論出某種特定的動物。另一種是人們有意識所選擇的記號。他把前者稱爲「自然的」（"natürliche"）記號，後者爲「給予的」（"gegebene"）記號（signa naturalia[自然的記號]– signa data[給予的記號]：《論基督教的教義》第2卷，第1章，第2節[doctr. Chr. II 1, 2]）。在對象被有意識地使用作爲記號中，口說語詞（gesprochene Wörter）占有一個特殊的位置。它們比視覺記號（optischen Zeichen）擁有一個優先地位，這些可能是屬於模仿的、姿勢的、書寫的或者實物的類型（Art）。語詞（Wörter）的確有其特殊性，它們無非是可以用作標記（Bezeichnen）。給予的記號（signa data）中的語詞的記號理論的優先證明了這點：透過語詞（Wörter）的所有其他的記號——而不是透過其他的記號形式（Zeichenformen）的所有語詞——是可以替換的（《論基督教的教義》第2卷，第3章，第4節[doctr. chr. II 3, 4]）。

人們有意識所使用的給予的記號（signa data）占有一個純粹約定俗成的特性（Charakter）；從語言的優先來看，可以得出這點：語言（die Sprache）是以達成人的共識爲基礎。人類語言的多樣性可以追溯到習俗慣

例的多樣性（人類制度[instituta hominum]：《論基督教的教義》第2卷，第25章，第38節[doctr. chr. II 25, 38]）。儘管奧古斯丁確信，聖經的啓示（die biblische Offenbarung）是奠基在一種非約定俗成的原始語言上，可是他認爲這種奠基在「巴別塔」（'Turmbau zu Babel'）的故事的基礎上的原始的語言無可挽回地失去了；原始語言的這種損失是罪人墮落的結果。因此，啓示必須在不同的語言裡傳達給不同的民族。經文詮釋（Schriftinterpretation）的問題提供未知的記號（signa ignota）與歧異的記號（signa ambigua）的指示（Hinweis），以及固有的記號與翻譯的記號之間的區別。「未知的」（"Unbekannte"）或「歧異的」（"ambige"）記號指示：上帝要求《聖經》詮釋者（Bibelinterpreten）要做出努力：把「固有的」（"eigentlichen"）與「非固有的」（"uneigentlichen"）區別開來，即圖像的記號（bildhaften Zeichen）還表明釋經者（Exeget）必須獲得語言的與自然的學識（Sprach-und Naturkenntnisse）。其中再包含有奧古斯丁的原始的教育理念（Bildungsidee），至少是主要部分：經文的解說（Schriftauslegung）需要努力與教育。可知（第貳章，第一節（五）[Kap. II.1.e]），主張早期的教育理念被完全地拋棄是不正確的：經文本身（die Schrift selbst）對其詮釋者的世俗教育提出很高的要求。還有，在釋經學（Exegese）上，清楚承認哲學的辯證法的角色（《論基督教的教義》第2卷，第31章，第48節以下[doctr. chr. II 31, 48f]）。另一方面，唯有基督（Christus）應作爲裡面的話語／聖言（das innere Wort），祂帶領人從記號的「綑綁」（von der "Knechtschaft"）朝向眞理本身。

奧古斯丁關於語言記號（sprachlicher Zeichen）的指涉特性的理論——這理論最終指向上帝的實在（die göttliche Realität）——包含有在「軌跡」（"Spuren"）與「記號」（"Zeichen"; vestigia, signa）的學說裡的普遍化的形式，這位教父整體把它們連結到感性的世界裡。根據這個新柏拉圖主義的學說，「消失的事物」（das "Vergängliche"）——以歌德的話（in den Worten Goethes）——「僅是一種比喻」（"nur ein Gleichnis"）；可見的世界是一個摹本（Abbild），這個摹本回到那更高的世界，並最終再回到

上帝裡。整體外面的世界（die gesamte äußere Welt）可以變成爲屬神的記號（Zeichen des Göttlichen），藉著警示（admonere）朝裡面以及朝上面轉變。在《懺悔錄》裡，奧古斯丁以一種令人印象深刻的人學（Prosopographie）的形式展現這個思想（Gedanke）；如果一個人要在物質的事物上決定上帝的問題，那麼他們會答覆說：「我們不是你的上帝」以及「是祂創造了我們」（《懺悔錄》第10卷，第6章，第9節[conf. X 6, 9]）。奧古斯丁的聖禮神學（Augustins Sakramententheologie）也源自於這種記號理解。自此之後，教會的聖禮（die kirchlichen Sakramente）就成爲最優秀的記號（signa），因爲它們作爲「可見的語詞」（"sichtbare Wörter", verba visibilia）導向較高的實在（zur höheren Realität；《駁斥浮士德》第19卷，第16章[Contra Faustum XIX 16]；《約翰福音書的講座》第80章，第3節[Io. eu. tr. 80, 3]）。

四、時間的「主體性」與「客體性」

在哲學史的文本裡，很少有像《懺悔錄》第十一卷裡那樣，給人留下這樣的印象：人們在閱讀時成爲時代變遷的一個直接的見證者。好像在古代思想（Denken）的結束時，這裡似乎首次對在客體的與主體的時間之間做出區別。從現代哲學，例如：透過伯格森（Bergson）或者邁塔格（McTaggart）的哲學，我們熟悉於把物理的精確的時間從心理體驗相關的時間區別開來。當奧古斯丁說：「在祢裡面，我的靈，我測量時間」（《懺悔錄》第11卷，第27章，第36節[conf. XI 27, 36]）。還有，他顯然尋求把外面的時間（die Außenzeit）回溯到主體性（die Subjektivität）這個意圖。因爲，把時間詮釋爲「魂的伸展」（"Erstreckung der Seele", distentio animi）看起來完全像作爲主觀的直觀形式之康德式的時間的詮釋。這兩個觀點都導致我們輕易地把《懺悔錄》第十一卷評價爲一個傑出的現代文本。此外，時間的論文完全相應地發揮作用，而且以現象爲導向。因爲，一個值得注意的問題描述先行於魂的伸展理論（der distentio animi-Theorie），所謂的時間悖論：時

間向我們同時展現一個已知與未知的量（Größe）：它固然可以被測量，但是嚴格來說它並不存在；時間應以神祕難解的方式迴避到我們的思維的掌控。

　　爲令人印象深刻的分析所激發，以及單單從對這個文本的觀點，許多對這位教父的全集不夠熟悉的現代的詮釋者，在關於時間分析方面，他們決定把奧古斯丁視爲他們的「對話夥伴」。在這種情況，一個現代的觀點以「實質的說明」（"sachlicher Klärung"）簡單地施加給他。我們將看到，如果我們適當的考慮到他的歷史的條件，文本將以完全不同的面貌呈現出來。文本表明絕不如它所顯現那樣是無條件的。胡塞爾（Husserl）與海德格（Heidegger）以及羅素（Russell）與維根斯坦（Wittgenstein）也都爲這樣一個可實現的做法提供了一個最顯著的例子。除了這些現代化之外，另一個詮釋學派還強調奧古斯丁的時間分析的特殊地位：尤其神學作家喜歡強調《懺悔錄》第十一卷的眞正的基督教的特徵，而且把它與基督教前的時間理論的內容區別開來。事實上，這樣就是正確的：時間論文在文本脈絡中屬於《創世記》釋經學（Genesis-Exegese）。神的創造行動的一個解讀（Eine Deutung des göttlichen Schöpfungsakts）構成時間問題的處理的外在的動力（den äußeren Anstoß）；奧古斯丁在文本的前三分之一（直到《懺悔錄》第11卷，第13章，第16節[bis conf. XI 13, 16]）的母題是去捍衛創造理論反對「永恆回歸」（'Ewigen Wiederkehr'）的宇宙論（Kosmologie）。但是這並不表示他的時間理論展現了一個由基督宗教所形塑的創新。

　　起初希波的主教尋求去答覆在《創世記》的詮釋裡的三個提問：「上帝創造了天與地」？祂透過「說話」（'Sprechen'）創造了它們有何意義？在上帝決定要創造這個世界之前祂做了什麼？第三個提問導致時間問題，因爲奧古斯丁指出：這個問題錯誤地把時間概念應用到上帝的永恆性上（die Ewigkeit Gottes）。在對照時間與永恆時，他借鑑了柏拉圖的永恆（aiōn）與時間（chronos）的一對概念，穿著《詩篇》外衣的引文：上帝面向「固定的」永恆（die "stehende" Ewigkeit, stans aeternitas），可是絕不是那個「永不固定的」的時間（die "niemals stehende" Zeit, tempora numquam stantes：《懺悔錄》第11卷，第11章，第13節[conf. XI 11, 13]），因此，那個被提出來的問題被證明是荒謬的：對上帝而言，並不存在時間點的連續。

柏拉圖的《蒂邁歐》（*Timaios*, 37c-39d）決定了世界起源主題與時間的當前的連結。柏拉圖提出永恆的概念（dem Begriff aiōn），這概念在前哲學時期如同「青春期」（"Jugendalter"）那般，它首先意指一個無時間的永恆性（einer zeitfreien Ewigkeit）的意義──不是一個無止盡的持續（einer unendlichen Dauer）的意義；柏拉圖把時間理解為「永恆性的運動的摹本」（"bewegliches Abbild der Ewigkeit"）；這個摹本（譯註：也可翻譯為「圖像」，在這裡翻譯為摹本以便以另一個詞Bild[圖像]區隔開來）同時是與天體的創造（Erschaffung der Himmelskörper）一起產生。除了柏拉圖的時間理論之外，亞里斯多德的觀點對古代晚期也具有決定性的影響。在《物理學》第四卷裡，亞里斯多德把時間理解為「依據較早與較晚」（"gemäß dem Früher und Später", 219b1f.）的運動的「數」（"Zahl"）或者「度」（"Maß"）；因此，時間不是直接的運動（意思是指星體的運動），而是其測量的範圍（Meßgröße）。斯多噶主義使用「伸展」（"Erstreckung", diastēma）的定義改變亞里斯多德對時間的定義：芝諾（Zenon）與波塞多尼斯（Poseidonios）把時間定義為「運動的伸展」（"Erstreckung der Bewegung"）；阿波羅多奴斯（Apollodoros）與克里斯匹（Chrysipp）更特別地談論「宇宙運動的伸展」（"Erstreckung der Bewegung des Kosmos"）。

對奧古斯丁而言，普羅丁的作品第三卷第七[45]章（Plotins Schrift III 7[45]）的決定性意義可以從許多並行的措辭被展開（參考Grandgeorge，西元1969）。普羅丁提供上述觀點的一個綜合：時間只是一個「長存的」永恆性（"bleibenben" Ewigkeit）的「運動的摹本」（"bewegtes Abbild"），這就是為什麼時間也許只能從永恆的瞬間來掌握。普羅丁把「作為靈的生命」（"Leben des Geistes"）的永恆與作為「魂的生命」（"Leben der Seele"）的時間作對照。「生命」在這裡意思就是自我掌握（Selbserfassung）：為了掌握自己本身，魂必須──不同於靈──克服距離，從它產生時間。因此，對普羅丁而言，時間是「生命的開展」（"Ausdehnung des Lebens", diastasis zôes）。換另一種說法，魂在它的自我尋求中建構了未來。以這種方式，永恆與時間的對照被分配到兩個存有論的層面：靈，即理智的世界，以及魂，也就是世界魂，所有生命本質的個別魂（die Einzelseelen）都分有這個世界魂。《蒂邁歐》（*Timaios*）已經把時間理論與世界魂的理論連繫起來（36e以下）。畢竟，普羅丁不是在隨後測量的度（im Sinn eines nachträglich messenden Maßes）的意義上來指亞里斯多德的「運動的度」的公式（die aristotelische Formel "Maß der Bewegung"）。

儘管奧古斯丁明顯的依賴普羅丁，有一些側面影響是可能的：論證的疑難的特質使我們想起塞克斯圖斯‧恩丕里柯（Sextus Empiricus）與塞內卡（Seneca），而伸展這個概念（der Begriff distentio）使人回憶起（erinnert）新約文本《腓力比書》第三章，第十二至十四節（*Philipper* 3, 12-14），以及教父尼撒的貴格利（Gregor von Nyssa; O' Daly，西元1977）。與其說奧古斯丁的時間理論引用普羅丁遇到困境的文本，不如說他是引用波菲利的著作，這樣的一個假設是不可否認的。然而，時間模型（Zeitmodell）在他的根本上的特徵上卻是普羅丁的時間模型，這點仍然是正確的。

奧古斯丁關於時間的神祕特徵之傑出的談論也應該回溯到普羅丁。奧古斯丁說，時間是一種眾所周知的日常現象（Alltagsphänomen），每當「我要向提問者說明這個現象」時，時間總是溜走。固然這是很清楚的：永恆意指著安息（Ruhe）與靜止（Stillstand），反之，時間是一個不安息的過程（ein ruheloser Prozeß）。可是，有一個困難是，隨著時間的流逝，未來的事物就切換成為過去。時間的這個進程特徵把奧古斯丁引導到兩個遇到困境的歸結：1.現在（die Gegenwart）存在著的某個東西（etwas Existierendes）如何可以來自於某個不存在的東西（etwas Nichtexistierendes），並且過渡到某個不存在著的東西，即從過去（die Vergangenheit）進入到未來（die Zukunft）呢？2.當現在不存在長存的事物（nichts Bleibendes）時，我們如何完全可以主張它的存在呢？因為這三個時間階段（Zeitstufen），過去和將來都不存在；現在同樣也是純粹暫時的，絕不是持久的。這位教父從我們對時間的談論裡產生進一步的困境（Aporien）。我們如何可以稱時間為

「長的」或者「短的」呢？什麼東西證實了一個「長久倒退的」時間或者一個「遠的」或「近的」未來的談論呢？在這些陳述（Aussagen）裡，非存在的事物（etwas Nichtexistentes），如過去與未來，被視如現存的東西（etwas Vorhandenes）。然而，這些陳述是有道理的。因此，必須有某個東西可以感知當前持續的時間（das gegenwärtige Dauer），並可以測量它的開展（Ausdehnung）：奧古斯丁在這裡已經確定這是魂（Seele；《懺悔錄》第11卷，第15章，第19節[conf. XI 15, 19]。但是一開始時他只是說，魂掌握當前時段的長度（die Länge eines gegenwärtigen Zeitraumes）。

從這點產生了一個新的困境（Aporie）：到底什麼是一個「當前的」時段（ein 'gegenwärtiger' Zeitraum）？文本在教學上深刻地顯示了這一困難。讓我們把一百年視爲當前的（gegenwärtig）：對我們而言，實際上，它不是就只存在（präsent）一年嗎？那我們又如何支配（verfügen）其他的九十九年呢？還是我們實際上只存在（präsent）有一年，或者難道不就是一個月呢？奧古斯丁繼續表示，我們甚至不能夠主張準確無誤地支配（das sichere Verfügen）一個月、一天或者一個小時的延續時間（Dauer）。對實際上存在（präsent）魂中之物的探索，就在這句陳述中結束：這些是最微小的瞬間（minutissimae partes, winzigste Augenblicke；《懺悔錄》第11卷，第15章，第20節[conf. XI 15, 20]）。必須說，它們不再是可分割的（teilbar），因爲只要一個時段（Zeitraum）是可分割的（teilbar）話，我們就不能使它完全存在（präsent）。瞬間的不可分割性屬於古典的古代時間理論的基本信念。如果我們沒有假設這樣的時間原子（Zeitatome），即無開展的時間基本粒子（ausdehnungslose Bausteine der Zeit），那麼埃利亞的芝諾（Eleat Zenon）的悖論就是正確的，這些悖論從時間的量子（Zeitquanten）是無限可切割的（teilbar）這個觀念裡產生。根據柏拉圖與亞里斯多德的觀點，實際上從時間裡存在的東西，只是那個無開展的瞬間（der ausdehnungslose Augenblick, exaiphnēs 或者nyn），而其無窮的可切割性的相（die Idee ihrer endlosen Teilbarkeit）呈現單純的思想構造（Gedankenkonstrukt）。奧古斯丁分享這個信念，並且說：「現在沒有任何開展」（"Die Gegenwart hat keinerlei Ausdehnung" [praesens autem nullum habet spatium]，譯註：在這裡開展即空間：《懺悔錄》第11卷，第15章，第20節[conf. XI 15, 20]）。

當適時存在的事物被加以了解，瞬間（Augenblick）是非擴展的（unausgedehnt），我們如何能夠確實談論「較長的」或者「較短的」的時間呢？此外，根據奧古斯丁，時間的測量以起點及終點為前提；一個時段必須──它應是可測量的──在總體上被完成，因此，這個時段必須是不存在的（nichtexistent：《懺悔錄》第11卷，第26章，第33節[conf. XI 26, 33]）。首先，在《懺悔錄》第十一卷的論證中，完全的困境點（der Punkt der vollständigen Aporie）早已到達。一方面，因為所確定的，我們能測量的時段（Zeiträume），並能比較它們相互間的開展（Ausdehnung）。另一方面，許多的考慮顯示，時間既不是不存在的（nichtexistent），也不是非擴展的（unausgedehnt）：過去（Vergangenheit）與未來（Zukunft）不存在，而無開展的點（der ausdehnungslose Punkt）只能被理解為現在（Gegenwart）。可是我們如何能測量不存在者（Nichtseiendes）呢？以及我們如何能測量非擴展者（Unausgedehntes）呢（《懺悔錄》第11卷，第16章，第21節[conf. XI 16, 21]）？然而，假設這點應被排除的話，那麼或許敘述的可能性（die Möglichkeit des Erzählens）會被撤銷。究竟是什麼允許我們去談論有關不存在的時間（nicht-präsente Zeiten），彷彿在談話的瞬間它們存在那樣呢？奧古斯丁利用記憶─理論（die memoria-Theorie）：如果事實是只有現在的事情（Gegenwärtiges）存在，以及人們還是可以談論有關過去的事情（Vergangenes）與未來的事情（Künftiges）的話，那麼這必須要提供一個這些事情存在的地點。這個地點是在那裡呢（volo scire ubi sint：《懺悔錄》第11卷，第18章，第23節[conf. XI 18, 23]）？顯然，這個問題是，只憑藉著記憶（memoria），我們的時間經驗（Zeiterfahrung）是可說明的這個觀點，它應該做好預備的。

在過去事件的情況裡，事態是簡單的：事態的可敘述性（Erzählbarkeit）是根據過去事件的許多「圖像」（"Bilder"）從記憶（Gedächtnis）裡提取出來的。圖像作為「軌跡」（"Spuren"）存在於記憶裡，這些軌跡

隨著事件的流逝被感官接受，並被固定在那裡。它們被轉換成許多的話語
（zu Worten）；奧古斯丁把這種過渡描述爲話語的「接收」（"Empfangen"
der Worte）。從語言理論來看，對接收（concipere）的談論與談論的軌跡特
徵（vestigium-Characker）對我們來說是相當熟悉的，就像來自感知理論的
事物本身（res ipsae）—感官（sensus）—想像（imagines）—記憶（memo-
ria）—從記憶中提取（ex memoria proferre）一樣（第貳章，第三節；第貳
章，第二節（一）[Kap. II. 3; Kap. II. 2.a]）。

　　對於未來陳述的情況，奧古斯丁很明顯是保留的。他確實提到了預期的
思考或表象（das antizipierende Überlegen oder Vorstellen），並舉日出作爲
例子說明，人們已經可以在黎明的曙光中預見到日出。但是，他承認，就像
預言和占卜現象一樣，他不能說明它（《懺悔錄》第11卷，第19章，第25節
[conf. XI 19, 25]）。這位教父當前解決過去與未來這些不存在的時間模式的
問題（das Problem der nichtexistenten Zeitmodi）如下：實際上存在的東西就
只有現在，即過去的現在、現在的現在以及未來的現在（praesens de praet-
eritis, praesens de praesentibus, praesens de futuris）。說有過去，現在和未來
這樣是不精確的，但是，這是日常語言可容忍的不精確性。實際上，所有
這三個時間都是現在的樣式。奧古斯丁得出結論：時間除了存在於魂（an-
ima，譯註：在奧古斯丁的思想裡，他有時常把‘anima’（生命的氣息[breath
of life]與魂[soul]）與‘animus’（生命的理性原理[spiritual or rational principle
of life]與靈[spirit]）交互使用）中之外，不存在於任何地方，亦即存在於記
憶（Erinnerung, memoria）的形式中，當前的知覺（aktueller Wahrnehmung,
contuitus）的形式中，和期待（Antizipation, expectatio）的形式（Form）中
（《懺悔錄》第11卷，第20章，第26節[conf. XI 20, 26]）。

　　因此，奧古斯丁取得了第一個結果。不存在的時間（Nichtexistente
Zeit）之所以可以被認爲是準存在的（quasi-existent），因爲我們能夠在心
靈上（geistig）使它們當前化（vergegenwärtigen）。此外，時間開展（Zeit-
ausdehnung）的問題仍然未被解決，現在把這個論證轉向到時間開展（Zeit-
ausdehnung）上（《懺悔錄》第11卷，第21章，第27節[conf. XI 21, 27]）。

時間到底有什麼樣的開展（Ausdehnung）呢？它是否是擴展的（ausge-dehnt），因為它與運動同一，而運動是擴展的（ausgedehnt）呢？首先：時間是星體的運動這個觀點是不正確的；因為時間並非僅限於是與某個特定的運動連結，而且也與每個運動連結。但是時間全然就是運動嗎？這個問題應該根據一天的長度意指什麼這個提問來澄清。我們理解的「一天」是指一個完整的太陽運轉（Sonnenumlauf），或者是指這種運轉在其中所完成的時段（Zeitraum）嗎？換言之，時間間隔（Zeitspanne）可被理解為運動，或者它必須被詮釋為獨立於運動的、客觀的時段（Zeitraum, mora）——「或者兩者都是」呢？在第一種情況下，一「日」總是太陽運轉的持續時間，無論這個運轉發生的速度多快。在第二種情況下，一「日」（假設太陽在未來只在一個小時裡完成其運轉）只透過這樣一個二十四小時的運轉來完成。如果這兩者同時應該有效的話，會有這種不清楚的情況發生：太陽運轉只在運轉實際上所在的時間長度完成的是可思想的（denkbar）——這肯定是錯誤的。奧古斯丁認為第二個解決方式才是正確的：運動唯有在時間中是可思想的，而時間不總是與運動連繫在一起。相反地，每個運動都以它發生的時間為前提。

因此，毫無問題地，時間基本上只發生在物體的運動的範圍上，可是時間是物體的運動存在著爭議。奧古斯丁給出兩個反對運動與時間是等同的指標（Indizien）：一、我們有時透過將一個運動與另一個運動進行比較來確定運動的持續時間；二、我們能測量運動的持續時間，包括靜止的時間（Ruhezeiten）。因此，這些異議是依據這個事實：如果運動走的是連續的、有規律的而且是不停的（如果情況並非如此），運動才被視為時間的組成部分。奧古斯丁這樣陳述：物體運動不是我們用來測量時間的東西；反之，時間測量運動。因此，時間的可測量性確保了所探求的量（die Größe）的持續維持。

除了時間的準確性（Punktualität der Zeit）之外，另一個對時間客觀的可測量性（objektive Meßbarkeit）的異議似乎是可能的。在空間測量的情況裡，我們可以藉助於可靠的範型（Paradigmen），例如：測量桿；與此相

反，時間的測量值（Meßgrößen）卻受限於主觀的任意性（Beliebigkeit）。因為那個時間量（Zeitquantum, spatium）作為測量基礎（Meßgrundlage），奧古斯丁似乎是隨意的。那個論證是不正確的；時間量可以客觀地被採用——例如：透過水或沙漏，因為它們在奧古斯丁的生活世界裡是很常見。然而，測量的意圖仍然是有趣的：奧古斯丁認為，儘管缺乏客觀的可採用（Einführbarkeit），據奧古斯丁說，時間的測量（zeitliche Messungen）仍是可能的。但是，我們要如何確定，我們透過什麼東西測量時間呢？對他而言，這似乎不可能的：我們必須總是擁有許多已被測量的時段（gemessene Zeiträume）。奧古斯丁對這個問題的描述接近與維根斯坦在《哲學的研究》§50（§50 der *Philosophischen Untersuchungen*）的簡要評論中所描繪的：根據維根斯坦的說法，有關「一米」的長度，人們既不能同意也不能否認巴黎最初保存的標準米（Urmeter）。因為它的長度確實對應於人們在其他對象中標記為「一米」的長度：因為標準米才採用了該長度，所以這些長度還不能被應用於標準米自身。

我們可以測量時間的這個事實，表明「在我們的靈裡」（"in unserem Geist"）有一個現存的時間尺度（Zeitmaßstab）。首先，奧古斯丁的意思沒超出維根斯坦的意思：人們必須依據一個確定的經驗量（Erfahrungsgröße）；我們透過與那些來自於我們記憶的時段的比較來測量時段（Zeiträume；《懺悔錄》第11卷，第27章，第36節[conf. XI 27, 36]）。在這個論證的背景之下，當然出現一個先天的測量值（apriorischen Meßgröße）的相（die Idee）：與在倫理學和數學的判斷基礎的情況相似，時間度量（Zeitmessung）也表明我們擁有獨立於經驗的判斷能力。對此，奧古斯丁基於如同在普羅丁的時間模型（Zeitmodell）中出現的尺度觀念（Maßgedanken）。我們擁有時間做為一個始終被測量的尺度（gemessenes Maß）。時間是符合在先的被測量性（apriorischen Gemessenheit），時間如同著名的格言所說的那樣，就是「靈的伸展」（'Erstreckung des Geistes', distentio animi，譯註：奧古斯丁沒有嚴格把拉丁文的'anima'[它的所有格單數是'animae'，意思是「氣息」，「魂」]與'animus'[它的所有格單數是'animi'，意

思是「生命的理性原理」，「靈」]區分開來，他有時把它們相互使用。：
《懺悔錄》第11卷，第26章，第33節[conf. XI 26, 33]）。尺度觀念的隱含
的存在（das implizite Vorhandensein des Maßgedanken）不久之後從世界魂
的學說的文本裡產生。但是，目前我們已經達成了對時段的開展（die Aus-
dehnung von Zeiträumen）的一個說明：此後，一個「長久的」未來或者過
去的時段（'langer' künftiger oder vergangener Zeitraum）應被理解爲「未來
的長久的期待」（longa expectatio futuri）或理解爲「過去的長久的記憶」
（longa memoria praeteriti：《懺悔錄》第11卷，第28章，第37節[conf. XI
28, 37]）。

在這點上，爲何我們不能說這位教父代表時間理論的主觀主義（zeit-
theoretischen Subjektivismus），這就很清楚了。因爲對於主觀主義，奧古
斯丁的答覆可能是荒謬的：爲什麼一個與五年時段（einen Zeitraum von fünf
Jahren）有關的回憶（Erinnerung）是比對一個兩年的回憶較長呢？奧古斯
丁不是特別意指主觀的時間感知的現象（das Phänomen der subjektiven Zeit-
auffassung），正如現代所處理的那樣——特別是在普魯斯特（Proust）的
《追憶似水年華》（A la recherche du temps perdu）中。在卡夫卡（Kafka）
的小說《下一個村莊》（Das nächste Dorf）中那位祖父說：「生命短得令
人驚訝。」現在，在回憶中如此催迫著我，以至於我，例如：幾乎不理解一
個年輕人如何能決定騎馬到下一個農村去。另一方面，奧古斯丁並不涉及
到時間收縮（Zeitschrumpfung）或者時間展開（Zeitdehnung）的經驗；現
代的時間哲學不能訴諸於他。相反地，他的心智的開展（mentaler Ausdeh-
nung）的觀點是以他的認識理論（Erkenntnistheorie）爲基礎。外在時間的
轉瞬即逝在感覺器官上相繼地留下了印象（sukzessiv Eindrücke）。可是，
時間的延續（Dauer）只能通過這樣來把握：精神／靈（Geist）透過這些
印象（Eindrücke）被啓動，產生出現的數與記錄的數（zur Hervorbringung
von numeri occursores und recordabiles），產生「觀點的統一性」（"Auffas-
sungseinheiten"：比較第貳章，第二節（一）[Kap. II.2.a]）。時間延續的經
歷（das Erlebnis zeitlicher Dauer）是這樣的一個過程：這個過程沒有靈的參

與（ohne die Mitwirkung des animus）仍然無法理解。這點絕沒有意味著這位教父認為時間的現象（Zeitphänomen）是主觀的；相反地，他的理論的重點正是他證明一個單純的物理學的理論（eine bloß physikalische Theorie）是不充分的。然而，他預設這個理論有限的有效性這點上恰恰是無問題的。

在歌曲的例子中（canticum），奧古斯丁對時間的解釋變得特別清晰，這首歌曲應可以整個被傳播到人類生活，乃至整個人類歷史上；這首歌的隱喻（Metapher）已經作為秩序概念（Ordnungskonzeption）的中心（第貳章，第一節（二）[Kap. II.1.b]）。我複製一首這樣著名的歌曲，使我的記憶（Gedächtnis）藉相關被儲存的資料取出片段，然後一步一步地複製它。這裡，記憶（die memoria）始終呈現已被複製的東西（das bereits Wiedergegebene）和尚待被複製的東西（das noch Wiederzugebende）；胡塞爾的「前展」（"Protention"）與「後展」（"Retention"）的時間理論在這裡最可能被預期（antizipiert），這兩者在每個意識活動中應扮演角色（《懺悔錄》第11卷，第28章，第38節[conf. XI 28, 38]）。物理的時間原子（Zeitatome）作為時間延續（Zeitdauer）的觀點這樣就發生了，正如該例子為回憶（Erinnerung）所描述的那樣：根據一種內在的進程形式（inneren Verlaufsform）。

此外，這種內在的開展（Ausdehnung，伸展[distentio]）具有深刻的倫理的意義：它與一個統一的生活方式形成對比（gegenübergestellt，延伸[intentio]）。藉由前綴詞「分離」（dis-）與「持續」（in-）進行對比顯示伸展（distentio）並沒有完全涵蓋一個中性的翻譯，像「伸展」（"Erstreckung"）；該概念包含「伸長」（"Zerdehnung"）、「分散」（"Zerstreuung"）、「分解」（"Auflösung"）的意涵。與完滿統一的上帝（zum vollkommen einheitlichen Gott）相反，在時間（時代）中我是離散的（ego in tempora dissilui：《懺悔錄》第11卷，第29章，第39節[conf. XI 29, 39]）。在《懺悔錄》裡，可以發現「從分散到眾多」（"Zerstreuung ins Viele"）的隱喻（Metapher），反覆作為與上帝距離的表達，以及「收集」（"Sammlung"），「整合」（"Bündelung"），「集中」（"Konzentration"）的相反的談論。就像外部和內部的區別一樣，這些隱喻屬於柏拉圖主義的基本結構。文本包含「延展」（"extentus"）的表達，作爲一個第三的、類似被構成的概念；這個表達標記著靈的投向（die Hinwendung des Geistes）到以存有論方式存在它「之前」（"vor", ante）的事物（《懺悔錄》第11卷，第30章，第40節[conf. XI 30, 40]）。三格組合（Tria）的「延伸」（intentio）—「伸展」（distentio）—「延展」（extentio）是涉及到「停留」（'Verharren'）、「出走」（'Ausgang'）、「回歸」（'Rück-kehr'）的新柏拉圖主義式的架構，這點特別在早期作品的三格組合中（in den Triaden）被呈現出來（第貳章，第六節（一）[Kap. II.6.a]）。

令人驚訝，文本中發現另一個新柏拉圖主義的哲學：世界魂的學說（Weltseelenlehre）。人類的時間性與神聖的永恆之間的對比，包括一個著名的陳述：存在一種受造物，他是在時間之上的（supra tempora）。說明是這樣的：有一個「無比崇敬和令人恐懼的靈（Geist）」（《懺悔錄》第11卷，第31章，第41節[conf. XI 31, 41]）。這個靈應預先知道所有時間上的事件。這可以是指沒有任何一個神聖的人可以與祂（一位受造物）相比。此外，在唱歌曲時，祂的知識的形式（Wissensform）應與人的知識的形式相對應，然而上帝可稱爲他以一個「遠爲奇妙和奧祕的方式」擁有整全的知識（das gesamte Wissen）。

在奧古斯丁那裡，關於世界魂學說並不罕見。這學說例如在《論音樂》第六卷（De musica VI）中清晰可見。在那裡，根據數概念發展出一個四階段的層級（vierstufige Hierarchie）：空間的數、時間的數、生命運動以及理智的數（intelligible Zahlen；第6卷，第17章，第58節[VI 17, 58]）。據說第三個階段，就是生命的運動（vitalis motus），生命的運動先於時間，而且劃分時間的間隔（Intervalle）。從我們的文本來看，這確實是魂的奇蹟（mirabilis animus，譯註：奧古斯丁有時把'anima'[魂]與'animus'[靈]交互使用）的功能。在《懺悔錄》第十一卷裡，把生命的運動與上帝區別開來的東西，情況是：儘管這個運動本身會隨著時間而持續存在，它也——如同一首歌曲的吟誦者那樣——「被伸展出來」（distenditur；《懺悔錄》第

11卷，第31章，第41節[conf. XI 31, 41]）。因此，生命的運動與魂的奇蹟這兩者標記著時間透過知識的分裂（Aufspaltung des Wissens）所使用的位置。現在，從奧古斯丁對《論音樂》第六卷（De musica VI）裡的自我批評，我們知道世界魂意指生命的運動（《修訂》第1卷，第11章，第4節[retr. I 11,4]）。因為在新柏拉圖主義中，世界魂擁有雙重功能，以便建立所有個別魂的整一性（die Einheit aller Einzelseelen），並說明世界運動，現在很清楚了，這就是為什麼在奧古斯丁那裡，物體運動學說和「主體的」意識概念（'subjektiver' Bewußtseinskonzeption）之間沒有產生對立。世界魂構成了外在時間（die Außenzeit）；另一方面，內在時間（die Innenzeit）奠基於個體魂（Einzelseele）與世界魂的直接連結。

因此，這把我們帶到關鍵性的解釋步驟。奧古斯丁在《懺悔錄》第十一卷裡——且實質上只在這裡——把時間追溯到魂（Seele）裡，然而他早期與晚期都是在教導時間的物理的運動理論，這點我們如何解釋呢（例如：《駁摩尼教的創世記》第1卷，第2章，第4節[z.B. Gn. adu. Man. I 2,4]）？回答就在《懺悔錄》第十一卷裡的世界魂的理論。這個回答解釋了兩種模組的整一性（Einheit beider Modelle）。時間的一個「內在的開展」（'inneren Ausdehnung'）的理論描述個別魂（Einzelseele）如何擁有前往時間現象的通道（Zugang zum Zeitphänomen）：在這樣一種方式裡，外在時間無法提供給這種理論充分的解釋。時間經驗關係到魂的更高境界（die Höherrangigkeit des Seelischen）。

如果人們面對出自於第十卷書裡的記憶概念（memoria-Konzeption）的倫理學的背景的話，這變得很清楚的，時間的論述提供一種「魂的教育學」（'Pädagogik der Seele'）；時間理論是哲學的魂教育的古典希臘文化傳統。這位教父在這裡教導的與尋常沒有不同，而是以另一個意圖傳授。對此，有兩個指標：奧古斯丁反覆地直接轉向在時間理解中能掌握其角色的聖靈（Geist）；聖靈警告他，對伸展解決的理解（Erfassung der distentio-Lösung）不要被苦難（Leidenschafte）所困惑（《懺悔錄》第11卷，第27章，第36節[conf. XI 27, 36]）。此外，他使用懷疑式的困境（die skeptischen

Aporien）遠超過其論證的價值；奧古斯丁顯然打算使用它們去動搖日常的時間意識，從而準備在這方式裡對它們有一種更深入的理解。因此，《懺悔錄》第十一卷不是技術性的論證的文本（technisch-argumentativer Text），而是一種勸誡式的心理學的文本（protreptisch-psychologischer Text），一種魂的操練（eine exercitatio animi，譯註：這裡'animi'是'animus'的單數所有格，因此這裡'animus'可能是指「魂」，而不是指「靈」）。「事情取向」（'Sachorientierung'）與「無預設性」（'Veraussetzungslosigkeit'）的印象激發了一種最大可能的說服力應在有影響的魂（Seele）上被完成。在這裡，密切關聯概念是時代錯置（Anachronismus）；相反，該論述在文學上得到了高度的建構。奧古斯丁的強有力的說法是：「我們本身就是時間：我們如何存在，這些時間也都如何存在（nos sumus tempora; quales sumus, talia sunt tempora：《講道集》第80卷，第8章[serm.LXXX 8]）」擁有一種倫理治療的特性（ethisch-therapeutischen Charakter）。它與一種主體的時間概念無關。

五、國家概念與歷史哲學

奧古斯丁屬於政治哲學的古典理論家嗎？因為我們有一部名為《論上帝之國》的詳盡著作，因此，就簡單地肯定這個提問，這是輕率的。在翻譯這個標題，就是「上帝之國」（'Staat Gottes'）時，常常誤解就混了進去。因為「國」（civitas）這個語詞在這裡絕對不是標記著一種城邦形式的結構（staatsförmiges Gebilde）。奧古斯丁並沒有要求建立一種神權政體（Theokratie），如同喀爾文（Calvin）在日內瓦所要求的那樣。他也不認為，基督教末世論（Eschatologie）的神帝國，即《約翰啟示錄》（*Johannesapokalypse*）的「天上的耶路撒冷」，將涉及一個依據憲政的有組織化的國家；所以奧古斯丁並沒有發展一個彼岸的理想國家的理念。還有，他對古代政治哲學特有的憲政討論幾乎不感興趣，這種討論對古代的政治哲學是具特色的。與希羅多德（Herodot）、柏拉圖、亞里斯多德、波利比斯（Polybios）和西塞羅（Cicero）不同，這位教父沒有討論君主制，貴族制和民主制的優點和缺點。因此，對於地上的國（irdische Staaten）而言，上帝之國（civitas dei）也是不屬神的理想憲政。

在奧古斯丁的晚期拉丁文裡「國」（civitas）的表達可以有許多意義。它可以（a）被用來指公民的共同體，（b）這個共同體的城市、地方，（c）這個城市的邦國形式（die Staatsförmigkeit），以及（d）個人的公民地位（Bürgerstatus; van Oort 1991）。在奧古斯丁那裡，觀點（a）占主導地位，這是爲何坎藍（Kamlah;[2] 1951）優先選擇「公民身分」（"Bürgerschaft"）的翻譯。爲了強調緊密的凝聚力和一統的方向，杜克羅（Duchrow;[2] 1983）尖銳地談到了「統治連繫」（"Herrschaftsverband"）。范·歐爾特（van Oort）所建議的翻譯爲「城邦」（"Polis"）反而很明顯包含有空間的與政治的要素。「上帝之國」這個概念的原始來源只有在於關於神國的末世的談論時，這才是不利的（參考《論上帝之國》第17卷，第1章[vgl. ciu XVII 1]）。奧古斯丁主要是指聖經的天國（Gottesreich, regnum caelorum），它以基督在世上的顯現開始了《新約》，並且天國將在時間的結束時實現（參考《上帝之國》第20卷，第9章[vgl. ciu. XX 9]）。奧古斯丁自己提到相關的《詩篇》段落作爲他使用「國」（civitas）的概念的來源（《論上帝之國》第11卷，第1章[ciu XI 1]）。

現在是否能從這個神學的格局結論出《論上帝之國》不是屬於一部國家理論的古典作家呢？肯定不能，反而可以指出這樣的歷史事實：中世紀的政治理論不受古代哲學的二手作品相對較強烈的影響；在中世紀，國家哲學教育（Staatsphilosophie）是政治上的奧古斯丁主義（參考第參章，第一節[Kap III 1]）。就影響而言，它基於作品處理了一大堆的國家哲學的問題，例如：作爲國家的構成的正義問題，和平問題，法權基礎以及其中自然法思想（Naturrenchtsgedanken），正義的戰爭的理論，公民的相互關係或模範的統治者與公民的「政治的參與」（'politischen Engagement'）的問題。在另一個領域，奧古斯丁甚至以劃時代的和具開創的方式處理政治現實：他首次發展出一套以直線的和目的論的方式所構思歷史哲學。

奧古斯丁討論政治的議題，當然不是爲了它們自身的緣故；「上帝之國」（civitas dei）的概念不是指政治上的意義。但是，國家哲學的問題產生於與一個「地上之國」（"irdischen Bürgerschaft", civitas terrena）的概念的比較。這種對比（Antithese）在國家哲學的歷史造成顯著的創新：奧古斯丁從末世的理想的共同體的角度審視了他對世俗共同體（die weltliche Gemeinschaft）的看法。從這種觀點來看，甚至在《論上帝之國》的專著之前，他就描繪了上帝的子民的圖象，這個圖像—在邁向永恆的和平的時代的路上—必須與這個世紀的統治者（den Herrschern dieses saeculum）尋求妥協（例如：《論指導初學者信仰》第21章，第37節[cat. rud. 21, 37]）。奧古斯丁的早期觀點確實是爲智慧者的斯多噶主義的理想所決定：智慧者不再是國家的公民，而是世界公民（Kosmopolit）。在政治思想史中，這位教父將智慧者的內在距離提升到第一原則的國家批評。

誠如這位教父自己說的，寫下這部「偉大而艱鉅的作品」的札記，其直接的原因是西哥德人（die Westgoten，西元410）對羅馬的征服和掠奪。這個札記意指著羅馬人的自覺之深沉的屈辱。奧古斯丁論證的目的必定是，拒絕羅馬帝國與基督教直接統一的理念。這通常用以下論點來解釋：奧古斯丁要駁斥異教徒羅馬人的指控，就是：基督教的上帝只給帝國提供了不充足的保護。自共和國時代以來，對有傳統意識的羅馬人，在神的崇拜與國家福利之間存在著密切的連繫；藉由國家所維持的聖職，對宗教的敬虔（pietas）的專心致志顯示了羅馬成功的祕密。奧古斯丁透過使用歷史實例來反駁多神崇拜（Götterkult）與政治的成功之間的關聯，並試圖證明羅馬的宗教在道德上是可疑的，奧古斯丁拒絕了這種羅馬的國家神學（diese römische Staatstheologie：《論上帝之國》第1卷至第5卷[ciu, I-V]），這確實是正確的。但是，西元410年左右的異教徒的宗教不再對基督教意味著嚴重的危險，狄奧多西斯皇帝（Kaiser Theodosius）在西元380年將基督教提升爲國教。奧古斯丁的第二個意圖更爲重要：在征服舊首都的衝擊下，他轉而對抗具羅馬意識形態之基督教的變種（eine christliche Variante der Rom-Ideologie）。這個變種的主要代表希耶洛繆努斯（Hieronymus，譯註：即St. Jerome[耶柔米，

約西元347-419]，他的完整的希臘文名字是Eusebius Hieronymus。他將《聖經》翻譯為拉丁文，稱為《武加大譯本》[the Vulgate]。《武加大譯本》不一樣的地方是，當時《舊約》所有的拉丁文翻譯不是根據希伯來文翻譯的，而是根據希臘文的《七十士譯本》[the Septuagint]翻譯過來的，而耶柔米所翻譯的《聖經·舊約》卻是根據希伯來文翻譯而成）和西班牙的長老奧羅西斯（Orosius）深信羅馬的永恆偉大，並為羅馬的淪陷深感震驚。奧古斯丁已經工作了十四年的作品可以回到有意識的構作，絕不是隨機寫作（Gelegenheitsschrift），這點也是造成第二個問題的決定性因素（參考Guy，西元1961）。基督徒的希望——這是這部作品的主要偏向——絕不能與政治的機構綑綁在一起。玻西底烏斯（Possidius）說，奧古斯丁用普羅丁（Plotin）的話評論了羅馬的征服：「他不是一個重要人物，他認為木頭和石頭傾倒以及凡人會死是重要的事物。」

因此，對於基督教和羅馬之間的根本的關係性質，羅馬的淪陷只為奧古斯丁提供了一個受歡迎的理由。天上的國（civitas caelestis）與地上的國（civitas terrena）這組概念就用於此目的。粗略地說，奧古斯丁他所認為的教會與國家的對比（die Antithese）；但是，他並沒有對羅馬思想家（Rom-Ideologen）提出直接的反對意見。這並不意味著當代教會是一個必須與腐敗的羅馬帝國強烈對立的一個理想共同體（Idealgemeinschaft）。奧古斯丁是更關注兩種根本不同的道德態度之間的對立。這兩種人類的生命取向的形式，可以追溯到一種外部無法辨識的、更深底層的「愛」（amor, dilectio），這是一個隱藏的預選（Vorentscheidung），它決定了一個人的所有個體行為。因此，天上的共同體（die himmlische Gemeinschaft）是藉由上帝的愛所組成的，而地上的共同體（die irdische Gemeinschaft）則是藉由一種被誤解的自我關注（eine mißverstandene Selbstzuwendung）所組成的（amor dei – amor sui；《論上帝之國》第14卷，第28章[ciu XIV 28]；《講道集》第96卷，第2章[serm. XCVI 2]；《論創世記的忠實於原文的詮釋》第11卷，第15章，第20節[Gn. Litt XI 15, 20]）。因此，這個對比也可以使用上帝的國（civitas dei）和魔鬼的國（civitas diaboli）概念來表達；因為魔鬼和墮落

天使的標號就是他們的自愛。每個人只能屬於兩個共同體之一員；當然，被揀選的基督徒（der erwählte Christ）仍然是公民，自私的人（der Selbst-süchtige）可以完全是教會之外的成員。地上的國（der irdische Staat）也實現了某種「有秩序的和諧」（"geordnete Eintracht"），教會同樣也是「被摻雜雜草和荊棘」（參考domini corpus permixtum；《論基督徒的教義》第3卷，第32章，第45節[doctr. chr. III 32, 45]）。因此，需要進行更深層的對照（Antithese）：對比是根據「新的人」或「裡面的人」與「舊的人」或「外面的人」的區別；這顯示了先前兩種類型的人（duo genera；《論眞正的宗教》第27章，第50卷[uera rel. 27, 50]）之間最早的相關的對照。

奧古斯丁看到了這兩個共同體的對比，他把這兩個共同體以隱喻式地（metaphorisch）看成「耶路撒冷」（'Jerusalem'）和「巴比倫」（'Baby-lon'）一樣，他在主的使者的墜落（Abfall）和亞當的犯罪（Sündenfall）裡提出理由，以及已經表現在亞伯（Abel）和該隱（Kain）兄弟的對立（im Gegensatz）上（《論上帝之國》第15卷，第1章以下[ciu. XV 1f.]）。因爲該隱，凶手兄弟，也被認爲是《聖經》中的第一座城市的創建人（《創世記》第4章，第17節[Gen. 4, 17]）。然而亞伯（Abel）一如地上的教會（die irdische Kirche），作爲「朝聖者」（"Pilger", peregrinans）存在，朝著永恆的目標邁進，但該隱（Kain）卻是「這一世紀的公民」（"Bürger dieses saeculum"）。「世紀」（saeculum）的概念代表褻瀆的歷史，這歷史——正如奧古斯丁在一個爲其時代前所未有的實在論中發現那樣——是由政治災難所決定的。國家只能建立在強制的統治的基礎上的事實卻是犯罪的結果（《論上帝之國》第19卷，第14章以下各處[ciu. XIX 14ff]）。因此，在中世紀的聖職（sacerdotium）與君權（imperium）之間的競爭中產生的所有內涵，都必須被奧古斯丁的模式（Augustins Modell）所排斥。這兩個國度的對立並不涉及權力優位（Machtprimat）的問題。這位希波的主教無法想像，國家權力必須由教會合法化，甚至必須由教皇（Papst）授予。甚至關於教會的屬世的能力的想法或君權神授說（Gottesgnadentum）的觀點都沒有在奧古斯丁中得到支持。

　　對於這流行的兩個國度的對立，研究中存在不同的來源假設。一個熱門的假定是將這對概念追溯到多納徒主義者蒂科尼斯（Tyconius）。哈恩（Hahn，西元1900）已經讓我們注意到這個情況，即被奧古斯丁在他的《啓示錄》（Apokalypse）的評論中高度評價的多納徒主義的異議者蒂科尼斯，也並列了這兩個國度；收爾次（Scholz，西元1911）接著首次將他確定爲奧古斯丁的決定性來源。此外，這兩個國度的學說（die-Zwei-Reiche-Lehre）一再被視爲摩尼教派（Manichäismus）的惡劣影響；這位希波主教從未克服過善惡二元論必不可少的特點（irreduziblen Charakter）的觀念。還有其他作者引證了在普羅丁（Plotin）和波菲利（Porphyrios）中相關的陳述，而這些陳述則回到柏拉圖那裡的根源。根據《論上帝之國》第十五卷，第二章（De civitate dei XV 2），人們設想，奧古斯丁教導柏拉圖化的三個等級層次（eine platonisierende dreistufige Hierarchie）：彼岸的神的國，神國此岸的摹本（Abbild），即教會，最後一個神國的次階的摹本，即地上的國（Leisegang，西元1925）。另一方面，只涉及有兩個城（zwei civitates），這是正確的，在這兩個城，在「天上的耶路撒冷」（"himmlischen Jerusalem"）裡的教會得以實現，因此，它的摹本比它地上的初階（seine irdische Vorstufe）展現更少；與此相反，在教會與世俗之國之間不存在原型－摹本－關係（Urbild-Abbild-Verhältnis）。最合理的來源假設在於假定這種對立傳統上是基督教的：自《何而馬的牧者》（Hirt des Hermas，西元2世紀時）這部作品以來，古代教會的啓示式末世論的文獻（die apokalyptisch-eschatologische Literatur）都知道相關的對置（Gegenüberstellungen）。因此，這個模式——即使「兩個城」（'duae civitates'）的措辭在蒂科尼斯（Tyconius）之前沒有被使用過——極可能源自早期基督宗教的末世論的思想。

　　在這個末世論的基礎上，在奧古斯丁那裡產生了一種新的國家哲學與歷史哲學：這位教父相對化了國家的理性的要求與道德的要求，當然沒有完全放棄這個要求。斯騰伯格（D. Sternberger）有點誇張的陳述：「最近對國家的譴責，包括對馬克思（Marx）和列寧（Lenin）的譴責，在強大的粗暴上

圖四 奧古斯丁的《論上帝之國》的木刻作品，巴塞爾（Ba-
　　　sel），西元1489；左邊：義人亞伯與「上帝之國」
　　　（'civitas dei'）；右邊：謀殺犯該隱與「撒旦之國」
　　　（'civitas diaboli'）。

無法與國家等量齊觀」（西元1978）。相對於古代的國家哲學，這些變革實
際上能到達多遠，可以從四個主題中展現出：正義作為國家憲政的功能，理
想統治者的問題，自然法的問題與和平理論的問題。

1. 相對於古典的國家觀念相比，奧古斯丁的決定性創新在於，與柏拉圖、亞里斯多德和西塞羅相反，他反對這樣的觀念：認為國家是在道德上改善它的公民的共同體（Gemeinschaft）。此外，奧古斯丁駁斥公正是國家的一個核心的標誌（Merkmal）這種觀點。在《理想國》（Politeia）裡，柏拉圖正是在一個國家概念的方針上展開他的正義概念；只有理想的國家才能理解正義是個人德性（Tugend）的含義。亞里斯多德也將德性的操練與具體的城邦連繫在一起；他的正義概念確實——如有時候所主張的那樣——不取決於具體情況，而是基於自然法。但是對於亞里斯多德而言，個人的卓越和幸福只能在政治共同體內實現。奧古斯丁直接指出西塞羅把公共的事務（res publica）理解為「人民的事務」（res populi；《論政治共同體》第1卷，第25章，第39節[De re publica I 25, 39]）。然而，這位教父則對西塞羅的國家定義持批判的態度，該定義通過「法律協議」和「共同利益」兩個要素來定義一個民族（《論上帝之國》第2卷，第21章；第19卷，第21章以下各處[ciu. II 21; XIX 21ff]）。根據西塞羅的說法，國家建立在正義和它的公民效益上。如果奧古斯丁同意這種對國家的定義，他將不得不根據他的前提得出結論：公共的事務的稱號（der Titel res publica）僅適用於天上的共同體（die himmlische Gemeinschaft）。為了能夠繼續將地上的公民（die irdische Bürgerschaft）指稱為國家，他刪除了西塞羅對正義的要求。因此，奧古斯丁修改了國家的定義：世俗國家（der weltliche Staat）只擁有一個傳統的基礎，國家是「理性的存有者的連結，這個連結是透過他們所愛的事物的和諧共同體來連結」（《論上帝之國》第19卷，第24章；[ciu. XIX 24]）。然而，一群強盜也擁有這樣的共同的利益（《論上帝之國》第4卷，第4章[civ. IV 4]）：

> 如果王國欠缺正義，那麼他們與大群強盜有什麼差別呢？然而，強盜集團也只不過是小王國而已。因為一群人，他們在領導者的命令下，透過約定聯合成一個共同體，並根據牢固的協議分享戰利品。如果這個墮落的結構由於一群腐敗的人湧入而急速成長，以致城鎮被占領、

場所被建立，城市被占領、人民被征服，那麼就毫無問題採用王國的名字，很顯然地，對王國而言確保名字不是變成更少的貪婪，而是有罪不罰。因此，從前一個被抓到的海盜給亞歷山大大帝（Alexander d. Große）的回答是恰當和真實的。因為當國王問這個人，他所想的是造成大海不安全，他坦然相逆地回應：你所想的，也是你造成大地不安全呢？當然，因為我用一隻小的載具來造成，所以我叫強盜。你是用一支大的軍隊來造成，所以你叫皇帝（根據 W. Thimme 的翻譯）。

海盜論證是具傳統的：西塞羅已經提到它是卡內阿德茲（Karneades）違背正義概念的部分攻擊（《論政治共同體》第3卷，第14節[De re publica III 14]）。然而，就在奧古斯丁那裡，國家的觀念（Staatsidee）在與公正的概念的一種對立中被詳細提供出來。這位教父理解這個條件句「當他們缺乏公正時」不是假設；他的意思是，國家無可避免地缺乏公正。奧古斯丁藉著地上的公共的事務（die irdische res publica）定義為一個由追求共同的利益所組成的共同體（Gemeinschaft），這個利益追求所瞄準的目標不是客觀的效益，而僅僅是主觀的效益，他給出了一個聽起來幾乎是現代的實證主義的國家定義。一種實用的社會契約的觀念（die Idee eines pragmatischen Gesellschaftsvertrags）明確地表達在引述的文本裡，該契約僅針對所控制的戰利品的分配。契約理論雖然已經存在於斯多噶主義者與伊比鳩魯（Epikur）中；但是奧古斯丁增強了這個理論，以致國家僅在犯罪不受懲罰的情況下與強盜集團作出區分。當然，這不是第一個對國家的古代批評；先前智者也攻擊約定俗成的公正基礎。奧古斯丁第一次從根本上批判國家，不只是為了某種改善的緣故，或是為了一個理想的概念的緣故。

從奧古斯丁主張看，國家從來都不是正義的，但這並不接著說，國家完全是非正義的，也不是說，就國家的正義程度沒有存在任何相關的差異性。同樣，對戰爭的合法性也應存在準則：必須有外部侵略，並且一切和平的手段必須被用盡；戰爭只允許為了和平的目的，而不是征服或報復，也不可包括不必要的殘暴（《駁斥浮士德》第22卷，第72至79章[Contra Faustum 22,

73-79]）。奧古斯丁絕不要主張整個政治秩序是腐敗的，第十九卷，第十三章中的「和平表」顯示：那裡國家明確地被包含在被安排的和諧（ordinata concordia）的梯級排列中，這個和諧從身體、魂、人類、家庭的、政治的與天上的共同體引導直至神聖的和平秩序。國家仍然揭示出所有人類的原始的和末世的友愛關係的軌道。國家的組織形式甚至被認為是不可避免的；但是，國家與理想的共同體不是摹本的關係（Abbildrelation）。一個國家的道德素質固然還可以從強盜集團的水平被區分開；但是，它們之間只是一個漸進的，沒有根本的區別。奧古斯丁舉了以下例子作為此岸世界的正義不可避免的衰敗狀態（《論上帝之國》第19卷，第6章[ciu. XIX 6]）：在世俗的條件下，一個公正的法官有時被迫使用酷刑的方法來尋找真相；但是，如果被告是無罪的，那麼儘管法官有其最佳的意圖，他仍會犯下不公正的罪行。如果法官沒有找到真相，而一個無辜的人受到懲罰，這種不公正就會成倍增加。在司法權的層次上，沒有人可以責備法官，但根據奧古斯丁的意見，要獲得幸福，法官只有維持這種可能性：懇求上帝從他的屬世的困境中（aus seiner irdischen Zwangslage）得到救贖。

2. 奧古斯丁知道像斯多噶主義者（die Stoiker）的這樣的一種政治參與的觀念嗎？在這裡有兩個問題須區別出來：是否個人應支持公共生活（Gemeinwesen）呢？一個完善的基督教國家是否能被建立呢？「王公的鏡子」（'Fürstenspiegel'）回答了第一個提問，它描繪了一個基督教的國家領袖的理想圖像（《論上帝之國》第5卷，第24章[ciu. V 24]）。從基督教統治者的角度來看，地上的國（civitas terrena）也應享有最好的德性；基督教的統治者應該行為公正、謙卑、寬容、仁慈和節制。在某種程度上，君士坦丁和狄奧多西斯（Kaiser Konstantin und Theodosius）皇帝就是這種表現的歷史的範例（《論上帝之國》第5卷，第25章以下[ciu. V 25f.]）。儘管我們甚至在優色比烏斯（Eusebius）那裡找到了《詩篇》的詮釋，它在《聖經》的文本中看見了君士坦丁的預言式的提示（einen prophetischen Hinweis），但奧古斯丁卻以清醒的觀點認為，基督徒的統治者永遠無法衡量他的成功；因為即使在最好的情況下，他也只能減緩混亂。他擁有領導國家的能力，因為他──

與非基督徒不同——能理解處理有關神聖的秩序（ordo）。在以懷疑方式所評判的行動範圍之內，基督徒作爲國家的領袖因此可以產生完全祝福；以實用方式所定義的國家目的的品質可能或多或少喪失了。

與家族的長老（pater familias）的理想圖像的比較是富有啓發性的（《論上帝之國》第19卷，第16章[ciu. XIX 16]）：這個長老也應該非常認眞地對待他的管理任務，以致他承擔他的統治的重擔比僕人承擔他的服事的重擔更重。作爲一位公民，在奧古斯丁時期，基督徒被要求政治上的參與，而且這不單單如此，從建議的意義上，他應屈服於國家的要求，人們應該「輕輕地彎曲以便不被折斷」（flectamur facile, ne frangamur；《論指導初學者信仰》第14章，第20節[cat. rud. 14, 20]）。除了這種外部忠誠之外，還有一種態度可以看到上帝在國家中的隱藏作用。相反地，君士坦丁的帝國教會的觀念並沒有在奧古斯丁那裡發現到。這裡，已經回答了第二個問題：地上的國家無論如何都不能造成神聖的世界的政權的摹本。對基督教社會的統治也意味著巴比倫的王權（Regentschaft von Babylon）。這位教父在某一方面要求採取嚴格的步驟：基督教的統治者應該保護「眞正的宗教」，並採取強制措施對付異教徒和異端。但這並不意味著奧古斯丁的地上的國將以宗教的名義會表現獨裁。這些措施旨在保護基督教，而不是迫害其對手。另一方面，將奧古斯丁完全視爲宗教寬容或者甚至政治的自由主義的奠基者肯定是過頭了（überpointiert；參考White，西元1994）。

3. 按照斯多噶學派（Stoa）和西塞羅的精神，在奧古斯丁早期哲學中，國家的積極權利被認爲是永恆的神律的衍生物（《論自由抉擇》第1卷，第6章，第14節以下[lib.arb. I 6, 14f.]；參考Schilling，西元1910）。從自然法的概念的意義上講，法律使邪惡的事物本身受到懲罰——法律絕不只定義惡（第1卷，第3章，第6節[I 3, 6]）。因爲奧古斯丁最初將國家秩序視爲世界秩序的寫照（Abbild），相反地，他可以闡明神聖的世界政權（das göttliche Weltregiment）對劊子手在國家的懲罰的秩序裡所扮演的角色（《論秩序》第2卷，第4章，第12節[ord. II 4, 12]）。因此，一位「良善的與智慧的」統治者詢問永恆的神聖的法律（《論眞正的宗教》第31章，第58

節[uera rel. 31, 58]）。奧古斯丁早期把法權意識（Rechtsempfinden）視爲上帝直接臨在的地方。除了個人的道德的見解之外，國家的立法還基於「銘刻在人心的法律」（"in das menschliche Herz eingeschriebenen Gesetz"；《羅馬書》第2章，第15節[Röm 2, 15]）；《論山上寶訓》第2卷，第9章，第32節[De sermone domini in monte II 9, 32]）。與此相反，《懺悔錄》已經指出這種情況：上帝可以命令相矛盾的事物成爲通常的秩序（第3卷，第8章，第15節[III 8, 15]）。在隨後的幾年中，希波的主教越來越強調這種神的意志（Gottes Wille）的難以親近和隱蔽性。既然上帝的意志只有恩典可以親近，意志就透過國家的立法自己規避服侍工作。

然而，這位教父在《論上帝之國》裡絕不轉到對神的誡律是一種意志的專斷的立場上（zur Position einer voluntaristischen Beliebigkeit göttlicher Gebote）。相反，他清楚地說，神的意志是「明智的且不變的法律」（《論上帝之國》第10卷，第7章[ciu. X 7]）。但是，大多數人不認識這些法律；因此，國家秩序不再有自然法的基礎。例如：在《論上帝之國》第十九卷，第十五章（De civitate XIX, 15）中，這一點就變得很清楚：人類統治人類的這個事實與原始的、神的創造秩序背道而馳，這個創造秩序僅提供了人類對動物的統治權（《創世記》第1章，第28節[Gen 1, 28]）。奧古斯丁指出，《聖經》將公正的亞伯顯示爲牧羊人，即作爲動物的主人，而農民該隱（Kain）被表現爲同時是凶手和國家的創始人，即被呈現爲人類的第一位統治者。因此，政治的統治不是自然秩序的延續，但從墮落之後，在懲罰秩序的意義上，它確實與上帝的意圖相符合。奧古斯丁還以同樣的方式對待奴隸制問題。他反對亞里斯多德，而以斯多噶主義者教導說，沒有人被上帝創造爲奴隸；但是他認爲僕人應自願地服侍他們的主人，因爲他們的處境是回到上帝的懲罰目的（Klein，西元1988）。

4. 在第十九卷裡，和平概念對於奧古斯丁的倫理學具有系統性的意義；在多大程度上這個概念取決於瓦羅（Varro）已遺失的《論哲學》（De philosophia）這部作品，仍是未確定的。肯定的，這個作品可以回到斯多噶學派的智者的理想，然而，這一理想在這作品中被明顯轉變了。在西元393

年的關於山上聖訓的評論（Bergpredigtkommentar）中，在他的初次闡明和平主題時，奧古斯丁仍然充分呈現了這一理想。在經文「使人和睦的人有福了」（《馬太福音》第5章，第9節[Mt 5, 9]）中他把和平理解爲透過人可以達到的魂（Seele）的完美，在這種完美中理智（Verstand）與意志會彼此進入一種和諧的關係中（《論山上寶訓》第1卷，第2章，第9節[De sermone domini in monte I 2, 9]）。在《修訂》中（*Retractationes*）清楚地批評了這段文本：「在塵世的生命中」（"im irdischen Leben"）和平的達成被棄絕；包括使徒在內的任何人都沒有擺脫肉體對靈（Geist）的反抗（《修訂》第1卷，第19章，第1節以下[retr. I 19, 1f.]）。《論上帝之國》的和平的概念也應在這後期的批判的意義上被理解。永久和平在那裡已經是至善（das summum bonum），但是與康德不同，它不是「最高的政治的善」（"höchste politische Gut", Akad. Ausg. VI 355）。奧古斯丁固然一度在精簡的形式中概述了一個國家共同體的願景，在這個國家共同體中，各王國應該存在於一個可相比較的「近鄰的和諧」（"nachbarlichen Eintracht"）中，就像一個城市的房屋一樣（《論上帝之國》第4卷，第15章[ciu IV 15]）。但是，在歷史的盡頭，在永恆的上帝國度之前（vor dem ewigen Gottesreich），無法實現這樣的和平。

因此，這位教父把斯多噶學派的理想做了雙層的轉變。第一層，和平是人類無法實現的主導母題（Leitmotiv）：因爲，弔詭的是，和平是無法觸及的，然而它與目標一樣不可否定的。第二層，這種努力不僅適用於人類，而且適用於整個宇宙：所有存在的事物都被定錨在一種原始的平靜中，而且恢復到這種初始狀態和存在狀態（《論上帝之國》第19卷，第12至14章[ciu XIX 12-14]）。對一個不容否認的幸福追求的早期概念，涉及了一個永久無法完成的努力的觀念（Idee；參考第貳章，第一節（二）[vgl. Kap. II. 1.b]）。和平永遠不會完全喪失，因爲它構成了每個事物的基本的存在基礎。因此，戰爭總是部分可能的：作爲部分廢除和平；固然沒有戰爭就可以提供完全的和平，但是沒有分享和平就不能提供戰爭（《論上帝之國》第19卷，第13章[ciu. XIX 13]）。在關係到人類方面，從這裡產

生奧古斯丁的生命一政治一學說（zōon-politikon-Lehre）的觀點：人類本質上是共同體的存有者，因爲人類天生就有與所有人和平相處的傾向。對夥伴關係（societas）與和睦（concordia）的追求與對和平的渴望是相同的（pacem habere velle：《論上帝之國》第19卷，第12章[ciu. XIX 12]）。由於人背離了上帝，現在對和平的追求被誤用在那些未曾被揀選的人身上。對和平的追求（Friedenssuche）不再由上帝的愛來引導，而是由統治的欲望（Herrschsucht, libido dominandi）引導。奧古斯丁對作爲世界共同體的結構的（Konstituens der weltlichen Gemeinschaft）力量和利益的追求進行了敏銳的分析。甚至在這種追求中，尤其在掠奪中或在進行戰爭中，也表現出對和平與共同體的追求，但從現在起，在自愛的根本扭曲的前提下：每次戰爭都是爲了未來的和平的緣故而發生的；反之，沒有人爲將來的戰爭的緣故尋求和平。因此，希波的主教堅持他早期的秩序與缺乏的概念（ordo-und privatio-Konzeption）：沒有任何東西會如此腐敗，以至於它仍然不維持良好總體秩序的成分（《論上帝之國》第19卷，第13章[ciu. XIX 13]）。

　　從所提到的四個理論要素中可以清楚地看出，對於現代的政治理論，奧古斯丁不僅在許多的個別問題上（Einzelfragen）具有開創性，而且在其基本構架方面也是如此。首先，他對國家哲學的人類學的出發點的評價，比霍布斯（Hobbes）的評價國家不那麼現實的一悲觀的（realistisch-pessimistisch）；完全正義既不能成爲國家的基礎，也不能成爲國家的目標。其次，由此他得出了一個清醒的結論，理想的統治者應爭取在塵世的條件下可能達到的正義尺度，因此將現有的弊病減少到最低限度。第三，奧古斯丁在自然秩序和社會秩序之間做出了鮮明的分隔，並呼籲基督教公民達到忠誠的一個務實一間接的形式（pragmatisch-indirekten Form）。忠誠並不適用於國家本身，而是適用於上帝的「隱密的道路」（Gottes "verborgenen Wegen"），這些道路也可以在國家中找到，並且得到無條件的關注。第四，他認爲人對幸福的追求同樣是無法揚棄的，一如在政治上是無法實現的：在此，他預備了現代的思想，即國家和教會必須被分離，它們的職權範圍要分開。

　　奧古斯丁最重要的創新也許是他對歷史的構想。他拒絕了西塞羅的觀

點，即如果一個國家只是公正的話，它可以無限制地繼續下去；相反地，不可避免地缺乏公正將導致所有的國家是不穩定的，而且相互取代。奧古斯丁將拒絕時間的循環的觀點結合了國家的一個必要的結果的概念，以有利於一個線性的歷史進程。他反對柏拉圖式的一種「永恆回歸」（"Ewigen Wiederkehr"）的時間模式，並教導說，在世界創造與世界結束之間的時期（Zeitspanne）是獨一無二的（《論上帝之國》第12卷[ciu. XII]）。對此，他絕不單單在信仰上（fideistisch）爭論：線性並不是主要基於基督的生與死的一次性（參考semel Christus mortuus est；《論上帝之國》第12卷，第14章[ciu XII 14]），而是基於人類對幸福的追求只能通過明確的目標，是可實現的這一事實。因此，這位希波主教違背意願成爲一位令人矚目的進步觀念的先驅。因爲奧古斯丁的思想（der augustinische Gedanke）——歷史的進程或許是一次性的，並且可能形成一個封閉的，有意義的整體——可以很容易地被轉變，以使得人們期望從未來期待某種質的收益（einen qualitativen Zugewinn）。無疑地，奧古斯丁將世界歷史理解爲救贖史（Heilsgeschichte）：它的完成（Vollendung）在於最後揚棄時間；在奧古斯丁那裡反而不談論一種內在歷史的進步（von einem innergeschichtlichen Fortschritt）。勒維特（K. Löwith）代表明顯的論點，然而這位教父對「進步的災難」（"Verhängnis des Fortschritts"）負有責任。現代的歷史哲學，特別是黑格爾和馬克思的歷史哲學，呈現奧古斯丁的救贖史的一種世俗化（ein Säkularisat der augustinischen Heilsgeschichte）：

> 在黑格爾能夠從事冒險把信仰的雙眼改造成理性的雙眼，並把由奧古斯丁所創立的歷史神學改造成既不神聖也不褻瀆的歷史哲學之前，需要 1500 年的西方思想。這種歷史哲學是一個怪異的混合：救贖發生（das Heilsgeschehen）被投射在世界歷史的層面上，而後者被提升到前者的層面上（[8]1990, 61）。

固然「歷史」，尤其「歷史神學」對這位教父不是輕易可以採納的

現代的概念（neuzeitliche Begriffe）。但是，一個與普遍史（Universalge-schichte）相同的概念存在於一世代的概念裡，以及在一個「時間的秩序」（'Ordnung der Zeiten', ordo temporum）的談話裡（《論上帝之國》第4卷，第33章[ciu IV 33]）。奧古斯丁在教導這一秩序的統一性和意義方面，他代表著一種歷史哲學。根據他的觀點，世界有六個時代的時間序列（ar-ticuli temporis），它們分別對應於創造的六天（sechs Schöpfungstagen：《創世記》第1章）和六個生命時代（sechs Lebensaltern）：嬰兒期（infan-tia），童年（pueritia），青春期（adulescentia），青年（iuventus），成熟（gravitas）和老年（senectus：《論眞正的宗教》第26章，第48節以下[uera. rel. 26, 48ff.]；參考《論八十三個不同的問題》第58章，第2節[vgl. diu. qu. 58. 2]）。依據《馬太福音》（Matthäusevangelium），他區分了以下時期：1.從亞當（Adam）到諾厄（Noah，譯者：新教稱為諾亞），2.從諾厄到亞伯拉罕，3.從亞伯拉罕到達味（David，譯者：新教稱為大衛），4.從達味到巴比倫的被囚禁，5.從被囚禁到基督的誕生和 6.從基督到世界的末了（《論上帝之國》第16卷，第24章：第43章：第22卷，第30章[civ. XVI 24; 43; XXII 30]）。世界歷史的動力來自於兩個帝國之間的衝突：因此，在《論上帝之國》中，世界歷史「第七天」，即安息日的那一天（dem Tag der Sab-batruhe），對它們的構成（exortus）、它們不斷的衝突（procursus）以及時間的結束（debili fines）的描述占據了很大的空間。

六、哲學的神學

　　奧古斯丁的神學與敵視理性的信仰主義（vernunftfeindlichen Fideis-mus）沒有共同之處。這位教父既沒有教導關於信仰的至高的眞理相關性，也沒有教導虔誠實踐的優先性。在核心的非教條的神學（Theologumena，譯註：這個詞的意思是指對神的談論，這種談論是出自於一種個人觀點，而非權威學說領域的神學陳述或概念）、三位一體（Trinität）、基督學（Christologie）、創世論（Schöpfungslehre）、救贖論（Soteriologie）以及

教會學（Ekklesiologie）中，他根據權利要求代表哲學的觀點，儘管他意識到聖經的資料根源。當我們澄清了奧古斯丁對權柄的理性主義的理解時，表面上的衝突就解決了（參考第壹章，第二節（一）[vgl. Kap. I. 2.a]）。因此，信仰的與基督的權柄沒有教導甚至哲學家也不知道的事情（《論相信之效益》第14章，第32節[util. cred. 14, 32]）。信仰只是爲哲學提供──儘管是必不可少的──啓發式的基礎（die heuristische Grundlage）。像莫妮卡這類沒有受過教育的人，他們的「靈被指向上帝」（"Geist auf Gott ausgerichtet ist"），他們在卡撒西亞坤（Cassiciacum）已經被視爲神的「先知」（"Orakel"；《論幸福的生活》第4章，第31節[beata u. 4, 31]）。信仰見證（Glaubenaussagen）爲理性提供指引，理性在指引中必須尋找問題的解決：啓示（die Offenbarung）有助於理性的弱點（der Schwäche der Vernunft；《懺悔錄》第6卷，第5章，第8節[conf. VI 5, 8]；《講道集》第43卷，第7章，第9節[serm. XLIII 7, 9]）。坎特伯里的安瑟莫（Anselm von Canterbury）使用奧古斯丁的措辭「信仰尋求理智」（"fides quaerens intellectum"）以及「信是爲了理解」（"credo ut intelligam"）描述了這樣一種尋求理解的信仰的模式：信仰（der Glaube）引領理性，所以它實際上是對理性的服務。奧古斯丁與安瑟莫的觀點奠基在這段經文上「如果你們不相信，你們將不會理解」（'nisi credideritis, non intelligetis'；《依撒意亞》第7章，第9節[Jes. 7，9]；參考《論自由的抉擇》第2卷，第2章，第6節[lib.arb. II 2, 6]；《論教師》第11章，第37節[mag. 11, 37]）。當哲學和神學被整合在一起時，那麼它們就達到了完整的形式：「眞正的哲學家是愛上帝的人」（verus philosophus est amator dei；《論上帝之國》第8卷，第1章[ciu. VIII 1]）。因爲根據《約翰福音》（*Johannesevangeliums*）的序言，這位教父將基督理解爲「智慧」（'Weisheit'），因此他可以得出這樣的結論：哲學（對智慧的愛，amor sapientiae）只不過是指對基督的愛。此外，在追求洞察（Einsicht）方面，信仰也具有在道德上預備的功能；信仰賦予每個「純潔的心」（jenes 'reine Herz'；《馬太福音》第5章，第8節[Mt. 5, 8]），使得「看見上帝」（"Gott zu schauen"）成爲可能（參考《書信》第120封，第1章，第3節

[vgl. ep. CXX 1, 3]；《獨語錄》第1卷，第6章，第12節以下[sol. I 6, 12f.]）。

（一）三位一體

此後，在人文主義和宗教改革中，就被引導到對三位一體學說（Trin-itätslehre）的起源的討論，將批評上帝的三位一體（einer göttlichen Drei-einigkeit）的觀念在基督教中不是視爲不合聖經的，就是視爲非理性的成分的這種聲音並沒有停止過。另一方面，奧古斯丁絕不認爲三位一體的學說是一個任意從聖經中衍生的母題或哲學上成問題的母題。相反地，對他而言，這個學說屬於他早期的洞察（Einsichten）與持續的主題；三位一體的學說甚至構成一個他的原始皈依的動機。這個主題的重要性體現在從他早期的作品中類似三位一體的三格組合（von trinitätsanalogen Triaden），例如：「一（unum）、種（species）、善（bonitas）」或者「度量（mensura）、數目（numerus）、重量（pondus）」的廣泛的使用。如果將它們像目錄一樣放在一起，則會得出數十個這樣的三元（Ternare；參考du Roy 1966）。「父」（‘Vater’）、「父般的理智」（‘väterlichem Intellekt’）與「中保」（‘Mittleren’）的三位（Dreiheit）被證明是一個重要的起源，波菲利根據《迦勒底神論》（*Chaldäischen Orakel*）——古代後期流行的神智學作品（theosophischer Schriften）——教導這些。因此，奧古斯丁對思辨性的三元（spekulativer Ternare）的使用以及他的三位一體的神學（Trinitätstheolo-gie）可追溯到新柏拉圖主義（Neuplatonismus）。位格的三位（Die Dreiheit der Personen）在奧古斯丁那裡常常顯現爲「恆久」（‘Verharren’）、「出現」（‘Hervorgang’）和「回歸」（‘Rückkehr’）的新柏拉圖的圖式的解釋。

因此，奧古斯丁把神的三位一體視爲一種哲學觀點。實際上，我們在普羅丁那裡可以發現到三種有關「自然」（physeis）的學說（die Lehre von drei ‘Naturen’），據說這些自然構成上層的世界（die obere Welt）：一（das Eine）、理智（der Intellekt）與魂（die Seele）；然而，這些在普羅丁那裡構成了一個階層體系（Hierarchie）。另一方面，奧古斯丁要面對的

任務是，與尼西亞會議（西元325年，Konzil von Nizäa）相符合，將子視爲與父具有同質性（wesensgleich；共同實體[consubstantialis]），並根據君士坦丁堡會議（西元381年，Konzil von Konstantinopel）將聖靈納入同等地位（gleichrangig）。甚至在這個看似全然神學的問題中，奧古斯丁根據波菲利；他已經認識到在「上帝，這位父」（'Gott, dem Vater'）與「天父的理智」（'väterlichen Intellekt'）之間有一個「中保」（'Mittleres'：《論上帝之國》第10卷，第23章[ciu. X 23]）。

對於奧古斯丁而言，三位一體概念要解決的兩難是，或者，我們可以因天父、子和靈相對獨立，可以將他們稱爲三個實體。然後接著是上帝的整一性（die Einheit Gottes）被消除以有利於三神論（Tritheismus，譯註：又稱爲「三位三體說」，此理論否定三位一體，在基督宗教裡被視爲異端）。或者，我們維持上帝的整一性（die göttliche Einheit），並稱諸位格（die Personen）爲單一實體的偶性（Akzidentien einer einzigen Substanz）。然後，人們與上帝在本質上（wesentlich）與不改變地（unveränderlich）存在著的主張發生衝突。因爲偶性只能在非本質上（unwesentlich）屬於某個實體；關於上帝，不許存在任何的外在事物（Äußerliches）或任意事物（Beliebiges）。因此在《論三位一體》的寫作裡，奧古斯丁的解決是要規避亞里斯多德的《範疇》（*Kategorien*）裡的實體—偶性的區別（die Substanz-Akzidens-Unterscheidung）。波菲利已經在他的靈的理論（Geist-theorie）的背景裡談論不同要素之「無混合的合一」（"unvermischten Vereinigung", asynchytos henôsis）。遵循這個理論的範例，這位教父對概念的蘊含關係（Implikationsverhältnisse）很感興趣。例如：兩個朋友之間的關係從根本上不同於顏色（偶性）和帶有顏色的對象（實體）之間的關係。友誼是獨立個體的關係；內在於這種關係中，沒有一個個體是偶性。這表明：存在著實體的關係（substantielle Relationen）；把這應用到它們，關係項的實體特徵保持不變。奧古斯丁繼續尋找這樣的例子；必然的相互依賴在這些例子中——是與友誼的情況不同——可以被顯示給這些關係項。因爲保羅（Paul，譯註：天主教翻譯爲保祿）與馬可（Markus，譯註：天主教翻譯

為馬爾谷）是朋友，這是一個偶然的事實；成為馬可的朋友不是保羅的本質。另一方面，一旦談到愛（Liebe），在愛者與被愛者的概念上的相互關係（Wechselverhältnis）是必要的。因此，愛者、被愛者以及他們的連結環節，即愛的三位（Dreiheit）在《論三位一體》中，構成一個核心的類似三位一體的例子（ein zentrales trinitätsanaloges Beispiel：第8卷，第10章，第14節[VIII 10, 14]）。在另一種脈絡上，奧古斯丁引用了哲學的三部分，即物理學（Physik）、邏輯學（Logik）與倫理學（Ethik）本質上的共同歸屬（Zusammengehörigkeit）加以闡述（《論上帝之國》第11卷，第25章[ciu. XI 25）。

　　然而，《論三位一體》的第一卷至第四卷檢視並整理了在《聖經》裡的相關陳述，第五卷至第七卷提出一個三位一體（Dreieinigkeit）的哲學概念。這裡奧古斯丁首先探求所謂的非偶性的關係（den genannten nichtakzidentellen Relationen）。這項探求涉及包括複雜的考慮，即當人們反對亞里斯多德時，可以把關係本身從偶性的狀態（Status eines Akzidens）中取出來。誠如前面愛的例子，作為在愛─被愛─關係（amans-amatus-Relation）裡的第三個成員所顯示的，奧古斯丁的論證的一個重要論證在於這種關係本身能被理解為第三個關係項（drittes Relat）。最後，特別令人感到有趣的是類比（Analogien），藉由類比他在第八卷至第十五卷裡要展示三位一體的「摹本」（"Abbilder"）與「軌跡」（"Spuren"：參考三位一體的圖像[imago trinitatis]：第9卷，第12章，第18節[IX 12, 18]；三位一體的軌跡[vestigium trinitatis]：第11卷，第1章，第1節[XI 1, 1]）。因為受造的實在性（die geschaffene Wirklichkeit）是上帝的圖像（ein Bild Gottes），因此，它必須包含使人的思想（das menschliche Denken）注意到上帝的三位一體的標誌。對此，愛的三個環節的例子尚不充分；奧古斯丁反對在屬靈上的自愛的情況下，愛者和被愛者是同一的，而一體性（Einheit）僅由兩個成員組成。他把進一步對摹本（Abbildern）的探求限縮在人的靈（den menschlichen Geist）上：諸如自我意識（Selbstbewußtsein）、知覺或者回憶（Gedächtnis）的現象現在已被考慮到。

在此，靈的自我關係（das Selbstverhältnis des Geistes）成為受喜愛三位一體的類比。在第九卷裡，奧古斯丁把心智對自身的愛（die Liebe der mens zu sich selbst）理解為其自我意識的條件；因此自我意識（notitia）就從靈（Geist）與它的自愛裡產生出來。心智、愛與自我意識的三位（die Dreiheit von mens, amor und notitia）組成了一個獨立的規模（Größen），然而，這些規模直接地且必然地歸屬在一起。奧古斯丁較早前已經指出，存有（Sein, esse）、知識（Wissen, nosse）與意志（Wollen, velle）的一體性（Einheit；《懺悔錄》第13卷，第11章，第12節[conf. XIII 11, 12]）。因為在自愛的行為中，靈與自身相關聯，靈獲得對其自身的了解（Kenntnis）；這種了解接著就構成對愛的前提（die Voraussetzung für die Liebe）。現在，奧古斯丁尋求證明這三個環節中的每一個都是互相包含的，作為條件以及作為結果；與三位一體的教條（Trinitätsdogma）相一致，心智（die mens；即父神，譯註：在這裡'mens'被詮釋為「父神」。參考在《論自由抉擇》第1卷，第7章裡，奧古斯丁認為知識的生命是一種更高、更真實的生命，只有透過洞察才能認識生命。而洞察的意思是指以靈的光[das Licht des Geistes, lux mentis）過著更被啟明與完美的生命。而知識是透過理性與洞察獲得的，不是透過經驗]當然是比其他兩個因素呈現更為根本的先決條件。此外，在第九卷裡自我意識（notitia）應該與上帝的聖言（verbum，譯註：新教把'verbum'翻譯為「道」）的學說結合起來。從這點產生出第十卷裡各式各樣的概念上的三格組合（die variierte begriffliche Trias），其要素是回憶、洞察（譯註：理智）與意志（Gedächtnis, Einsicht und Wille, memoria, intelligentia, voluntas）。自我理解（Selbsterfassung）的行為在此被概念化為：我必須（至少是不適當地）已經認識自己，以便能夠實際上理解自己，儘管多數情況下還不夠。現實上理解之前是以尚未被實現的知識作為條件。這些隱藏的前知識（Vorwissen）就是回憶（參考第貳章，第二節（三）[Kap.II.2.c]）。自我意識（Selbstbewußtsein），即理智（intelligentia，譯註：即洞察），是一種隱含的知識的實現化（die Aktualisierung eines impliziten Wissens）。為了把洞察（譯註：理智）與前知識（Vorwissen）現實上結合起來，這需要意志作

爲取得一致的尺度（einigender Größe）。當我們說明奧古斯丁如何把意志（die voluntas）理解爲愛時，這就變得可理解的。

（二）意志作爲愛

正確地說，奧古斯丁是現代意志概念的創始者（Arendt，西元1979；Dihle，西元1985）。在大多數情況下，這確實通常意指一個粗略的簡單化，一個單一的作者或者一個孤立的作品，也就是視之爲一個重要的精神史的發展的起始點。這樣，這裡就可以構成重要的來源和初步階段，尤其是羅馬的法律思想和斯多噶的同意學說（die stoische Zustimmungslehre）。人們還應該注意到，奧古斯丁的意志的概念發生了深刻的轉變。然而，這是這位教父採取決定性的步驟。根據他自己的披露（《懺悔錄》第7卷，第3章，第5節[conf. VII 3, 5]），他固然接受「意志的自由抉擇」（'liberum voluntatis arbitrium'）的學說，但隨後他繼續獨立進行對它的研究。他對它做得如此廣泛，如此多樣，以至於在隨後的幾個世紀中，在這一點上能激發出一個新的概念理解。

奧古斯丁的意志理論的擬稿可以在《論自由抉擇》（西元388-395）裡找到。在這本書裡自由意志（der freie Wille）自發地決定人的行動。自由意志顯現能力（Vermögen），這個能力它在善與惡之間做出選擇時，不依賴外在的或內在的限定因素做出決定；它可以自由地被一個任意的行爲動機所決定。因此，意志是超過爲達成目標的一種追求的能力（Strebungsvermögen），這些目標由於意志的非理性的意向（Disposition）或者意志的理性的洞察（Einsicht）被預先確定。意志允許一種行爲決定，包括贊成或者反對理性的決定。意志可以反對更好的洞察。爲何人可以在道德上做惡而沒有遭受到上帝對該行爲的譴責的問題，在此找到了一個創新的解決。意志的確是來自上帝的善的禮物；但是，這份禮物卻提供給人對它濫用的自由。上帝預知到偶爾會邪惡地使用意志，但祂不想干涉人的自由（die menschliche Freiheit）。但是，上帝怎能容許這種嚴重的濫用，如道德的邪惡（das moralische Böse）呢？答案在於三種善的形式的區別：只有在上帝最好可能的禮物會帶來壞的後果時，上帝才會加以指責。然而，自由意志僅是一種「中間的」善，亦即，它固然不同於「微小的」善，是良善的生活所必要的，但是不同於「高的善」，它不僅對善事物（Gutes）是有用的（《論自由抉擇》第2卷，第19章，第50節以下各處[lib. arb. II 19, 50ff]）。在奧古斯丁那裡，如此一來，邪惡的意志（der böse Wille）就成爲惡事物的起源，而不是像古典時期以缺乏洞察（die fehlende Einsicht，譯註：即缺乏理智）是惡的起源。在道德的惡（Übel）的推導中，新要素在於：只要人們將這個自由意志歸諸沒有決定性的確定原因（keinen determinierende Bestimmungsgrund），人們只能談論一種自由意志（der freie Wille）。當邪惡被歸諸意志時，邪惡最終被說明了；意志的決定的進一步的推導將不嚴肅地對待自由意志的概念（《論自由抉擇》第3卷，第17章，第47節以下各處[lib. arb. III 17, 47ff.]）。

如果要了解在意志概念中所顯示的精神史的這種轉變的原因，首先必須注意哲學的和基督教的神的概念（Gottesbegriff）之間的區別。在奧古斯丁之前，包括亞他那修（Athanasius），葛我略·納齊安（Gregor von Nazianz）與馬里烏斯·維多里努斯（Marius Victorinus）在內的重要的基督教作者已經出於意志，而不是出於理智（Intellekt）來思考他們的神的概念；他們這樣做是針對《聖經》，《聖經》的主要強調根基於上帝的誠命（den Geboten Gottes）。而且根據奧古斯丁，正是經文的誠命特徵證實了它是針對意志。上帝的誠命主要不是依據可見性的標準（Kriterium der Einsehbarkeit），例如：以撒—燔祭（Isaak-Opfer）的例子（《創世記》第22章 [Gen 22]）所指出的，神的誠命甚至可以顯現爲極度非理性的。《新約》的愛的誠命也不是以某種理論的辯護爲依據；在《新約》裡，正確的生活引領通常等同於按照上帝的「意志」行事。已經在早期的文本中，奧古斯丁把創造歸諸上帝的意志，甚且把「與上帝的友愛」與祂的意志的了解（der Kenntnis seines Willens）等量齊觀（《駁摩尼教的創世記》第1卷，第2章，第4節[Gn. adu.Man. I 2, 4]）。固然普羅丁在一個顯著的地方也談到了「太

一的意志」（'Willen des Einen'：《九章集》第6卷，第8章[39][Enneade VI 8[39]]），但是他所指的這點完全不是自願的，此外，他增加了他的著名的、有限制的「似乎」（hoion, 'gleichsam'）一詞。

此外，必須要注意的是，固然意志在希臘的概念世界裡幾乎是不重要的，可是在羅馬的概念世界裡其意義卻已經是十分重要了。波倫茲（M. Pohlenz）有意將其歸因於希臘─羅馬人的心智差異（Mentalitätsunterschied），即歸因於「希臘人總是從一個清晰的洞察出發進入某個目標，這個洞察從自身喚醒欲望，因此它不會把意志連同認識（Erkenntnis）視為獨立的因素，然而，這個意志對羅馬人而言具有決定性的作用」（[4]1970, 274）。實際上，羅馬的法律文件顯示，與希臘法律思想的情況相比，意志要素（Willenelement）在審判上的裁決方面具有更大的重要性。在斯多噶學派中，意志的概念進入羅馬的哲學裡。塞內卡（Seneca）與愛比克泰德（Epiktet）尤其強調，甚至在外部環境不變的情況下，同意仍然取決於人的可適用性；事實上這兩位作者都看到了這樣做的原因：因為意志活動（Willensakt）直接屬於魂。魂的內在性顯現為人類無法撼動的財產。

現在，這個意見在奧古斯丁晚期的意志理論中被質疑，即使它沒有被放棄的。自從發現原罪學說（Erbsündenlehre）以來，所謂「意願與能夠是不相同的」（non hoc erat velle quod posse：《懺悔錄》第8卷，第8章，第20節[conf. VIII 8, 20]：參考《論靈與文字》第31章，第53節[De spiritu et littera 31, 53]）。這位希波主教同意斯多噶學派的觀點在於：一旦被界定了的意志（Wille）就直接表現在一個外在的行為上。只要我們想要（will），我們可以要那個想要的東西（das Gewollte）：「意願（das Wollen，譯註：也可翻譯為「意欲」）本身已經是作為（das Tun）」（ipsum velle iam facere：《懺悔錄》第8卷，第8章，第20節[conf. VIII 8, 20]）。但是，現在他反駁意志規定（Willensbestimmung）僅僅在於自己的便利（in der eigenen Verfügung）。因此，奧古斯丁提到保羅的經文，該經文強調善意志的軟弱無能跟惡意志的軟弱無能的相對比（《羅馬書》第7章，第15至19節[Röm 7, 15-19]）。這位教父賦予《羅馬書》以下的意義。阻止某人行善的東西不

是陌生的力量，而是他自己意志的「束縛」（die 'Fessel' des eigenen Willens）。因爲既然善的意圖與惡的意圖是出於自己的意志，那麼就必須有兩個意志。因此，這位波希的主教在他皈依之前不久將這種情況描述爲意志的兩部分之間的爭戰（《懺悔錄》第8卷，第5章，第10節[conf. VIII 5, 10]）。

根本上，奧古斯丁修訂意志理論是這兩種意志都應該是「我自己」（'meine eigenen'）的意志這個事實。我們同時擁有正面的與負面的意志：它們具有一個必要的相關性。沒有相對抗意志部分的任何一個在最後成功貫徹它們自己，而且變得經常有效。「這種難以理解」（"dieses Unbegreifliche"）源自於何處呢（unde hoc monstrum：《懺悔錄》第8卷，第9章，第21節[conf. VIII 9, 21]）？奧古斯丁用以下的理論（Theorie）來解釋這個現象（Phänomen）。當意志尚未被決定時，我們嘗試去決定我們意志，這才有意義：所以在我們之中必定有一個相反的非意願（ein entgegengesetztes Nichtwollen）賦予每個意願（Wollen）。另一方面，這就是爲什麼我們的限定嘗試也是沒有意義的；因爲兩個部分的意志中的任何一個都不是整體意志（der ganze Wille），所以衝突無法由它們中的任何一個獲得揚棄。由於不可避免的內在撕裂，人遭受「靈的疾病」（"Krankheit des Geistes", aegritudo animi：《懺悔錄》第8卷，第9章，第21節[conf. VIII 9, 21]）。

這種內在的分裂性（Gespaltenheit）在《致死的疾病》（*Krankheit zum Tode*，西元1894）這一部著作的概念中抓住了齊克果（Kierkegaard）。在意志腐敗的觀念中，齊克果看到基督教世界（Christentum）具有與希臘哲學相反的決定性的哲學的進步；像奧古斯丁一樣，他強調在基督教的罪的意識中（im christlichen Sündenbewußtsein）意志概念的起源。對奧古斯丁與齊克果而言，沒有神干預的那個撕裂的靈（der zerrissene Geist）只能爲邪惡的。這需要神的恩典，以便統一人的意志。齊克果正確地質疑蘇格拉底的「沒有人自願地轉向邪惡（Böse）」這句話（而且更經常出現在《普羅達哥拉斯》358c[Protagoras 358c u.ö.]）；因爲，如果沒有人選擇這樣的邪惡，它就不是作爲邪惡可歸因於任何人。柏拉圖的蘇格拉底完全無意地消除了邪惡的概念以及道德善的概念。然而，一個腐敗的意志的模式（Modell eines korrupten

Willens）似乎並沒有解釋道德責任的觀念應如何被保持。奧古斯丁會回答說，一個人固然應對個別的善與壞（Schlecht）負責，但他並不總是能夠行善，也就是構成善的概念（Begriff des Gutseins）。在這方面，對奧古斯丁而言，哲學家的德性就只是「光鮮亮麗的罪惡」（"glänzende Laster", splendida peccata）。對奧古斯丁而言，在純粹的好（reinem Gutsein）與完全的壞（vollkommener Schlechtigkeit）之間沒有中間的狀態。

可是，撕裂的意志的狀況描述不可以被理解為摩尼教派：善的與邪惡的意志並不來自人的兩種神的力量（《懺悔錄》第8卷，第10章，第22節[conf. VIII 10, 22]）。相反，被二分的意志（der zweigeteilte Wille）受限於人的自由：在奧古斯丁的第二種意志理論中，人的意志也是對自我的直接占有（unmittelbarer Besitz des Ich）（《懺悔錄》第7卷，第3章，第5節[conf. VII 3, 5]）。奧古斯丁維持他的早期把意志定義為「魂（Seele）的一種運動，魂不受強迫地對準某個對象，它或者不想要失去這個對象，或者它想要贏取這個對象」（《論兩種魂》第10章，第14節[De duabus animabus 10, 14]）。可是，這種自由只是沒有神的幫助的自由，即行惡（《致辛普里西岸茲》第1卷，第1章，第11節[Simpl. I 1, 11]）。反之，人不會是自由的，除了變成整體的善。唯有上帝的恩典開啟了這種可能性：從他生命的某個確定的時間點開始單單行善。相比之下，奧古斯丁的恩典神學的對手伯拉糾（Pelagius），在與他的第一個立場有明確的涉及下代表這種觀點：意志是一種中立的能力（indifferentes Vermögen）。奧古斯丁反對這樣的看法，面對善與邪惡，沒有任何事物能夠處於中立的情況。在一個邪惡的意志中翻轉一個善的意志是不需要解釋的，或者意志是善的，它源自於上帝，或者意志是邪惡的，它與人的意志有關（《論罪的優點與饒恕》第2卷，第18章，第30節[pecc.mer. II 18, 30]）。

根據奧古斯丁的說法，人的魂的撕裂（die Zerrissenheit der menschlichen Seele）也能以多於兩種意志的出現展現其自身；善意志也不是強制性地必須存在大多數的意志環節之中。同樣地，內在的分裂（die innere Spaltung）在唯有善的抉擇之間的搖擺中表現出來（《懺悔錄》第8卷，第10

章，第24節[conf. VIII 10, 24]）。對奧古斯丁而言，意志的撕裂是原罪的結果，「存在於我們的靈裡」（"auf meinem Geist liegt"）的一種懲罰（《懺悔錄》第8卷，第10章，第22節[conf. VIII 10, 22]）。這裡我們必須留意的是，奧古斯丁甚至在他背負原罪之前也沒有把人的意志（den menschlichen Wille）視為對善的行為（gutes Handeln）的充分理由。在亞當享受那顆蘋果之前的那個情況中，上帝的恩典與還是完整無損的人的意志——作為總是必然的，個別的不充分的因素——必須共同起作用，以便引起善的行為（gutes Handeln；《論斥責與恩典》第10章，第28節以下各處[De correptione et gratia 10, 28ff]）。相反地，在亞當墮落之後，人擁有一個出自於他自己的驅力的無法醫治的、撕裂的意志。

是否奧古斯丁晚期將自己定位為意志論者（Voluntarist），從而定位為中世紀晚期意志理論家鄧斯·司各脫（Duns Scotus）和威廉·馮·奧卡姆（Wilhelm von Ockham）的直接先驅呢？在《懺悔錄》裡也被要求服從上帝的命令，這個命令是反對「習俗與慣例」（"gegen die Sitte und Konvention"；《懺悔錄》第3卷，第8章，第15節[conf. III 8, 15]）。然而，特別是這個命令式「賜給我祢所命令的，而且命令祢想要的」（'da quod iubes et iube quod vis'；《懺悔錄》第10卷，第29章，第40節更常出現[conf. X 29, 40u.ö.]）似乎指出意志論的方向（die voluntaristische Richtung）。這個表述很顯然是指：人不僅把上帝誡命的內容和履行都必須完全留給他的意志。

可是，對於這個指標我們必須把握的是，奧古斯丁總是堅持上帝的律法的合理性。為何唯意志論（Voluntarismus）之所以不存在，是因為奧古斯丁以他所強調的上帝的意志、完全不內在於上帝的理性和任意性（Willkür）的對照（Antithese）來思考。其實，上帝的意志總是同時被證明是合乎理性的。奧古斯丁甚至將這個思想（Gedanke）建立在一個明確的理由上：意志是那個使它合一的那個靈的環節，亦即愛。首先，我們應該記住，人的魂（die menschliche Seele）被它的「引力」（'Schwerkraft'），即愛，吸引往上帝那裡去（參考第貳章，第一節（二）[Kap. II.1.b]）。類似地，三位一體的統一與其摹本（Abbild）的統一、人的靈的統一，是藉由愛被創造出

來。這就是奧古斯丁如何把人的思想行動（Denkakt），即記憶（Gedächt-nis）、內在的直觀與意志的相互作用詮釋爲一種意志的統合成就（als eine Einigungsleistung des Willens, vim copulandi；《論三位一體》第11卷，第2章，第5節[trin. XI 2, 5]）。透過詞源學爲了鞏固他的觀點，這位教父提到：「思想」（'Denken', cogitare, cogitatio）是源自於「統合」（'Zusammen-bringen', cogere；《懺悔錄》第10卷，第11章，第18節[conf. X 11, 18]）。對於把被詮釋爲愛的意志的這種統一的功能，有一些文本可以被引述。所以有時身體的引力與魂的引力出現在一個直接的對照裡：身體的重量，彷彿它的愛，往下傾，魂的重量，對上帝的愛，遵循「向上」（《論上帝之國》第11卷，第28節[ciu. XI 28]）。尤其在晚期的自我意識的理論中，靈的統合（Einigung）與秩序被追溯到的就是意志（《論三位一體》第11卷，第11章，第18節[trin. XI 11, 18]）。

（三）聖經的解釋

如果佛格斯（H.J. Vogels 1930）的資料是眞實的話，那麼奧古斯丁的作品包含13276處的引文出自《舊約》和29540處的引文出自《新約》；奧古斯丁能夠重構整部《聖經》的三分之二。另外，無數的段落顯示出聖經的許多用詞。這位教父的作品根本上受到《聖經》的話語所影響，這並不源自於主觀的喜好或者刻板的文本虔誠。在他的396處教育概念中，他證成了《聖經》知識（Bibelkenntnis）的價值，甚且熟悉性以整體文本的字句來構成核心的理解條件（《論基督教的教義》第2卷，第9章，第14節[doctr. chr. II, 9,14]）。對經文的正確詮釋的關切，產生於話語啓發的學說（Lehre von der Verbalinspiration）：奧古斯丁並不將《聖經》理解爲一種包含在破碎的形式中上帝的啓示的（die göttliche Offenbarung, 譯註：'Offenbarung'亦可翻譯為「默示」）歷史性的文本；與現代的神學不同，《聖經》對於一個「願意傾聽的魂」（"aufnahmebereite Seele"），在其具體的形態中，亦即逐字逐句，構成上帝的默示（die Offenbarung Gottes）。因此，一個具體的釋經

的重要性是因為：在與希耶洛繆努斯（Hieronymus，譯註：即St. Jerome[耶柔米，約西元347-419]，他將《聖經》翻譯為拉丁文，稱為《武加大譯本》[Vulgate]）信件的往來中，奧古斯丁明確拒絕他的這個觀點，即：人們可以在爭論中為了某些明確的詮釋的差異允許每個人的主觀意見（參考《書信》第82封，第2節[vgl.Ep. LXXXII, 2]）。《聖經》是發現真理的決定性權威，不可以隨意地解釋。

為了避免任何隨意的解釋，專業的修辭家奧古斯丁倡導「方法的」（'methodische'），而不是「恩賜的」（'charismatische'）《聖經》詮釋（《論基督教的教義》序言9[doctr. chr., prol. 9]）。因此，他自覺地將自己置於前基督教的文本解釋的傳統中。一般上，這適用於教父學的基督教的釋經，尤其安提阿學派（die antiochenische Schule），它嚴謹地遵循異教的語法課程的四重步驟（Schäublin，西元1992）：一、教師閱讀文本並給出了第一個解釋（Erläuterungen, anagnôstikon），二、他討論文本的異讀（Lesarten）和文本的變體（diorthôtikon），三、他給出關聯到所有知識領域的事實解釋（exêgêtikon），四、他處理並評價文本陳述（kritikon）。對奧古斯丁而言，將客觀的真理（Wahrheit, verum）與《聖經》的經文的作者意圖（Autorenabsicht, sententia）區別開來是特別的重要的（《論相信之效益》第4章，第10節以下各處[util. cred. 4, 10ff]）。即使他後來強調，在《聖經》的情況中，話語（verum，譯註：即客觀的真理）和意見（sententia，譯註：即作者的意圖）從來沒有發生衝突（《論基督教的教義》第1卷，第37章，第41節[doctr. chr. I 37, 41]），但這種區別也承認書面文本（Schrifttexte）也有作者的自己貢獻。他完全知覺到與《聖經》，特別是與《舊約》的歷史距離：就第三步驟的意義上，奧古斯丁建議，我們應該製作一種有關《聖經》知識的手冊（《論基督教的教義》第2卷，第39章，第59節[doctr. chr. II 39, 59]）。

從奧古斯丁的權柄的概念（auctoritas-Begriff）的角度來看，《聖經》的寫作（Schriften）包含理性真理，這些理性的真理應該指導哲學，而這些真理就其而言渴望理性的解釋。基督降卑為人的學說（die Lehre vom Christus humilis）或者透過神的創造的行動產生世界的學說來自《聖經》，而不來自哲學的傳統。對奧古斯丁而言，聖經的啓示正是對理解世界的開始是至關重要的，這顯示在他寫了關於《創世記》的五篇廣泛的解釋上（《駁摩尼教的創世記》[Gn.adu.Man.]，《論創世記的忠實於原文的註釋[未完成之書]》[Gn.litt.inp]，《懺悔錄》第11卷至第13卷[conf. XI-XIII]，《論創世記的忠實於原文的詮釋》以及《論上帝之國》第11卷至第14卷[Gn.litt. und ciu XI-XIV]）。奧古斯丁被迫去捍衛《聖經》的價值，以抵禦大規模的摩尼教的異議，這對他廣泛的經文的詮釋構成了傳記的背景的事實。摩尼教徒把《舊約》視爲一個非道德的世界創造者的見證。還有，他們認爲《新約》的許多的「後使徒時代的」經文（"nachapostolischen" Texte），也就是《四福音書》與《使徒行傳》，在許多地方是僞造的，而且，甚至保羅的書信（die paulinischen Briefe）混雜著晚期的竄改的字句（Interpolationen；參考Tardieu，西元1987）。

　　有人建議將四重書寫意義的歐利根主義的學說（die origenistische Lehre vom vierfachen Schriftsinn），尤其是其第四個，即寓意式的解釋階段（die allegorische Inpterpretationsstufe），作爲對抗摩尼教的文本批評的有效手段（de Lubac，西元1968）。這種方法早在奧古斯丁時代之前就發展成爲一種細緻的釋經的工具。這位教父明確地談論，並捍衛這種釋經形式（《論相信之效益》第3章，第5節以下各處[util.cred.3, 5ff]）。此後，聖經的文本，尤其舊約的文本必須在這四個意義階段加以閱讀：1.在歷史意義階層上，2.在原因學的階層上（aitiologischen Ebene），3.在類比的階層上，4.在寓意的階層上。途徑一（Zugangsweise 1）透過《聖經》提供歷史的訊息來證立：如：《馬太福音》（譯註：即《瑪竇福音》）第十二章，第三節以下（Mt12, 3f）顯示那樣，耶穌自己將《撒母耳（上）》（譯註：即《撒慕爾紀（上）》）第二十一章，第四至七節裡的文本理解爲歷史的記載。方法二（Methode 2）是基於《馬太福音》第十九章，第八節（Mt 19, 8）：耶穌在那裡對令人不快的經文給出了道德心理學的解釋。詮釋階段三（Auslegungsstufe 3）透過《舊約》與《新約》的陳述的類比來顯示《舊約》的

尊嚴。對於這位教父，方法之固有的價值在於工作步驟四（Arbeitsschritt 4）：透過將文本理解爲記號（signum），修辭格（figura）或寓意（allegoria），可以在從難解的經節[奧祕（mysteria）]提取深奧的意義（《論相信之效益》第3章，第8節[util.cred. 3,8]）。

固然奧古斯丁事實上曾經展現了所有四種方法在《聖經》中的單個章節（eine einzige Bibelstelle）中的應用（《論創世記的忠實於原文的詮釋—未完成之書》第2章[Gn.litt.inp. 2]）；然而，在他的詮釋實踐中（Auslegungspraxis），他通常直接面臨哲學上最有趣的方法，即寓意的解釋（die allegorische Interpretation）。例如：他將在迦拿的婚宴（der Hochzeit zu Kana，譯註：加納的婚宴）的六個水壺解釋爲六個世代（《約翰福音書的講座》第8章以下[Io.eu.tr. 8f]），或者，提供奇蹟的五個餅（die fünf Brote des Speisungswunder）解釋爲摩西五書（die fünf Bücher Mose，譯註：即梅瑟五書；《約翰福音書的講座》第24章，第5節[Io.eu.tr.24, 5]）。對現在的讀者來說，這樣的解釋顯得是非歷史的，而且是完全任意性的；對希耶洛繆努斯（Hieronymus）所要求的確定性似乎難以實現。然而，詮釋的任意性的問題是奧古斯丁絕對無法規避的。《懺悔錄》第十二卷，第二十五章，第三十四節以下（conf. XII 25, 34f）可以作爲討論有關正確的經文解釋（Schriftauslegung）的一個指導性的例子；在那裡他提出他的經文解釋，即「天與地」的創造是指「屬於天的天」（caelum caeli）或「無形式的物質」（die materia informis），甚至受到明確質疑。然而，他的解決在這一點是毫無疑問的：他認爲哲學式—寓意的聖經的解釋（die philosophisch-allegorische Schriftauslegung）在客觀上是正確的：所以他說，出自個人的或者主觀的來源的註解（das Interpretament，譯註：'Interpretament'這個詞源自於拉丁文的'interpretamentum'，意思是指「解釋」[Auslegung]、「改寫」[Übersetzung]。它是一種特別使用在神學上的一種解釋的或溝通的手段，藉助圖像可以解釋它不同於現實）是錯誤的，它的互爲主觀性透過「不變的眞理」（"unveränderliche Wahrheit"）所確定的註解卻是正確的。

下列原則是奧古斯丁的釋經學基本款：一、解釋不得來自個人的、排

他性觀點，而必須向理性開放（zugänglich），即它必須是普遍的（allge-mein）；二、它不得與信仰學說相牴觸；三、它必須加深對上帝和鄰居的愛。對於這三個基本原則的連繫，奧古斯丁對釋經學家提出一個值得注意的指導：

> 任何總是在上帝的學說（即《聖經》）裡的東西，在適當的方式裡既不可以被連繫到道德的尊嚴，也不可以被連繫到信仰的真理，你應把它視為是單純比喻的（figurativ）（《論基督教的教義》第3卷，第10章，第14節 [doctr.chr. III 10, 14]）。

在訴諸寓意的解釋之前，應盡可能從字面意義上來考察道德的或者教條的意義（eine moralische oder dogmatische Bedeutung）。因此，只有在另兩種方法被證明不足時，人們才應進行哲學的解釋（philosophischen Ausle-gung）。引述出自在語言理論的背景中的語言理論，這意謂：唯有歧異的與不合適的記號（Zeichen, signa ambigua translata）需要一個哲學的解釋（參考《論基督教的教義》第2卷[doctr.chr. II]）。就這點而言，奧古斯丁的釋經學理論與語言學理論涉及到：文字（Wörter）固然可以標記（bezeichnen）某些東西，但不能教任何東西；文字的這種不足之處（diese Unzulänglich-keit der Wörter）在其歧異的、轉義的使用中變得清晰可見。唯有基督作為「內在的道」（"innere Wort"）才能消除誤解（das Unverständnis）。上帝甚至有意識地利用這種晦澀性（Dunkelheit, obscuritas）作為手段，以便人類在理解《聖經》時挫敗他的驕傲（《論基督教的教義》第2卷，第6章，第7節[doctr.chr.II 6,7]；參考《懺悔錄》第3卷，第5章，第9節[conf. III 5, 9]）。

除了客觀上真實的哲學解釋（Auslegung）這一論點外，奧古斯丁還持這樣的觀點，即存在有虛假的但仍有用的文本解釋（Textdeutungen）。例如：透過他如何有系統地結合，並評價可呈現在文本解釋裡的錯誤類型，可以證明這點（《論相信之效益》第4章，第10節以下[util.cred.4, 10f]）。奧

古斯丁區別出三種可能的錯誤，他從解釋者的角度以及文本的基礎制定這些可能的錯誤。註釋者或者可能會誤解文本的內容，或者他可能能正確地掌握文本，而此時他客觀地接受某些錯誤的東西，或者他可能有效地如此誤解一個有疑問的文本內容，以致結果呈現出正確的見解。從文本的觀點來看，首先，一個寫作可以主張某個事物是正確的，可是仍然被讀者誤解；或者其次，它可以主張被讀者錯誤地接受的某個錯誤的事物；第三，它可能是，文本主張被讀者錯誤地理解為正確的錯誤的事物。奧古斯丁當時只不同意第二種情況的這個事實，證明他藉由某種有效益的準則（Nutzenkriterium）來評價對文本的理解。如同在第一種情況那樣的誤解——讀者逃避文本的真理——是與如同在第三種情況的創造性的誤解一樣不被譴責。因此，對真理的了解不與作者意圖的充分把握連結。尤其是，舊約文本的晦澀（Dunkel-heit）甚至經常使得充分解釋的理想顯得無法實現。

所謂的容貌描繪學的（prosopographische，譯註，這個詞來自於兩個希臘詞，即'prospon'與'graphê'，前者的原始意思是指源自於在劇場裡演員所戴的「面具」['mask']以向觀眾表現出他們的性格與感情的流露。它也指「面孔」['face']，例如：《哥林多後書》第4章，第6節，保羅說：「為使我們以那在基督的面貌上[en prosôpô Xristoû]」。所以這個詞後來在基督教神學上占有舉足輕重的地位，它也被翻譯為「位格」或「人」['person']。後者是指「書寫」）釋經學或者位格釋經學（Personexegese）構成了寓意的詮釋方法的一個重要部分。它已經出現在希臘化時期，透過出現在對荷馬文本（Homer-Text）的評論（Scholien，譯註：'Scholien'源自於希臘文的單數單詞'Scholion'，意思是對古代或者中世紀手稿的一種批判性的或解釋性的「註釋」或「評論」[commentary]。這些評論的出處或者從原著作或者從先前存在的評論裡——這些評論插入在古代作者的手稿的頁邊空白處的註解或者行與行之間——擷取出來。在西元前1世紀時，第一位寫評論的作者被稱為「評論家」[scholiast]，古代的評論家都是匿名的。在這之中，其中最為人所知的是對荷馬的《依利昂紀》[Iliad]的評論。評論家的主要的工作是尤其針對在文本的段落中語法艱難與內容晦澀的地方做註解）：註釋者在邊註

中註明，「在誰的位格中」，句子的主詞特別使用人稱代名詞我（Ich）。所以，註釋者對有關誰是這個文本的說話者（quis dicit?）提出猜測。眾所周知，這種位格的容貌描繪學的使用（diese prosopographische Verwendung von persona）——位格這個概念回歸到「劇場面具」（"Theatermaske"）以及在羅馬的法律語言中確立——構成西方位格的概念（Personbegriff）的起源之一。由於它對希臘化的文獻學（die hellenistische Philologie）的意義，該做法（Verfahren）早在奧古斯丁之前就進入了基督教的聖經註釋（die christliche Schriftauslegung）中。演說家奧古斯丁既在世俗中也在聖經註釋的脈絡裡廣泛地使用這種方法。一個維吉爾—詩節（Vergil-Verses；《選集》第4章，第13節以下[Ekloge 4, 13f]）的解釋可能對基督是有吸引力的（《論上帝之國》第10卷，第27章[ciu. X 27]）。對於《聖經》的這種面貌描繪的釋經（《詩篇說明》第56章，第13節[en. Ps. LVI, 13]），這位教父在一個很美的例子裡說，一個先知在講「從自己的位格」（"aus eigener Person", ex persona sua）時，也是說「從耶和華的位格」（"aus der Person des Herrn", ex persona domini）。這種方法的實質的結果是值得一提的：奧古斯丁或許通過釋經的程序（das exegetische Verfahren）在西元411年時達成了基督學（Christologie）的開創性的一個位格的用語（una persona-Formel）：上帝的與人的「本性」（'Natur'）在基督裡構成了「一個位格」，即它們呈現了一個位格基督（der einen Person Christus）的兩種的談話方式或文本主詞（Drobner，西元1986）。

（四）魂不朽的證明與上帝的證明

這位希波的主教把對不朽論證與上帝論證連繫到「內在世界」的發現。固然笛卡兒（Descartes）在《沉思錄》（*Meditationen*）裡把上帝的兩個證明（Gottesbeweise）與他的我思（Cogito）連結起來；但是不同於笛卡兒也不同於多瑪斯・阿奎納，奧古斯丁的論證沒有嚴謹的形式。黑格爾的格言倒是適用在這個形式上，即上帝的證明是「精神本身（Geistes in sich，譯

註：「精神」['Geist'] 即「靈」，他不同於「魂」['Seele']）過程的描述」
（《百科全書》§50，註腳[Enzyklopädie §50, Anm.]）。因為在奧古斯丁那
裡，哲學意謂著如同向上帝的一個回歸；「向內」（'nach innen'）轉向是
回歸的第一步，然而尚不是回歸的目的。住在裡面的人的真理這個著名的奧
古斯丁式的格言，意思是指在魂的內在世界與上帝的認識（Gotteserkennt-
nis）之間的這種連結（noli foras ire, in teipsum redi; in interiore homine habi-
tat veritas：《論真正的宗教》第39章，第72節[uera rel.39, 72]）。魂和上帝
這兩個主題應該構成一個單一的，而且是唯一有價值的知識對象。在《獨
語錄》（*Soliloquia*）中，「上帝與魂，僅此而已」是值得了解的（deum et
animan scire cupio. Nihilne plus? Nihil omnino：《獨語錄》第1卷 第2章，第
7節[sol.I 2, 7]）。這一種見解只能是分階段執行的。這是奧古斯丁的「柏拉
圖式的皈依」（'platonische Bekehrung'）的特徵，他在《懺悔錄》裡把它描
述為逐步所完成的上升到上帝那裡（Aufstieg zu Gott：第7卷，第17章，第
23節）。它包括以下幾個階段：一、轉離肉體的事物；二、轉向魂及其內在
的力量（interior vis）；三、掌握思想能力（Erfassung des Denkvermögens,
ratiocinans potentia）；四、轉離感性的圖像（phantasmaten）的判斷力；以
及五、轉向照亮判斷力的亮光（lumen，譯註：'lux'[光]與'lumen'[亮光]不
同，即轉向耶穌）。

　　奧古斯丁的「證明」被看作為這種上升的資助；它們沒有論證的自身
價值。所以只有在《論魂不朽》與《獨語錄》第二卷裡，魂的不朽必須被證
明，而且只有在《論真正的宗教》第二十九章，第五十二節以下各處（*De
vera religione* 29, 52ff）以及在《論自由抉擇》的第二卷裡，上帝的證明被
嘗試過，這些都是不令人訝異的。所有這些論證都基於這樣一個事實，即
魂擁有可以通往固定的、不變的真理的途徑，如同它特別顯現在數學的和
邏輯的知識那樣。不朽的論證斷言，魂必須擁有它可以掌握的真理的屬性
（Eigenschaften）。但是，這是一個十足的先決條件，絕不是一個不言而
喻的主張；首先，不清楚為什麼一位擁有知識的人（der Wissende）應與
他的知識的特質（Beschaffenheit seines Wissens）相同。最後但並非最不重

要，可以爭論的是，該論證是基於拉丁詞「理性」（'ratio'，譯註：拉丁文的'ratio'的意思是指「計算」['computation']與「推算」[calculation]。很清楚的，「理性」是與數的概念不可分離的。在耶柔米（Jerome）的《武加大譯本》裡，他在《傳道書》[Ecclesiastes，即《訓道篇》]第7章，第26節裡的翻譯'ut scirem et considerarem, et quaererem sapientiam et *rationem* et ut congnoscerem impietatem stulti et errorem imprudentium'，奧古斯丁在《論自由抉擇》第2卷，第8節裡，把耶柔米的'ratio'翻譯為「數」['numerum']，他說：'ego et cor meum ut scirem et considerarem et quaererem sapientiam et *numerum*'。奧古斯丁把「數」理解為「心智的光」['lux mentis']，數對所有有思想的人是共同的[in common]。它只能被我們的理性或者心智看見，因為他認為對數的本質的理解是智慧的開始）的歧義性，它既指稱理性能力（Vernunftvermögen），又指稱理性內容（Vernunftinhalt）。神的論證在於：魂如何能夠實現不變的知識允許不能獨立於意識的真理的結論。如果有一個比理性更高的東西存在的話，則該論證必須提供上帝存在——不管已發現的更高的存有本身是否已經是上帝（《論自由抉擇》第2卷，第15章，第39節[lib.arb. II 15, 39]）。

根據奧古斯丁的哲學的心理學，魂是不可分割的，非擴展的（unausgedehnt），非物體的（unkörperlich）。它絕不應「像一個海綿中的水一樣」（"wie Wasser in einem Schwamm"，《論創世記的忠實於原文的詮釋》第8卷，第21章，第42節[Gn.litt. VIII 21, 42]）以空間方式存在體內。相反，這位教父採用了普羅丁的類比（Analogie），根據這個類比，體和魂像空氣和光（Licht）一樣彼此展現，而兩者卻沒有混合（《書信》第137封，第3章，第11節[ep. CXXXVII 3, 11]；參考《論創世記的忠實於原文的詮釋》第3卷，第16章，第25節[vgl. Gn.litt. III 16, 25]）。奧古斯丁也分享普羅丁的觀點，認為魂不是身體的形式（die Form des Körpers），而是獨立於身體存在。有關於魂的伸展的物質主義的學說，奧古斯丁致力於更長的論證：漸進的語言習得不能用兒童的身體成長來解釋（《論魂的廣度》第18章，第31節[an.quant. 18, 31]）。然而，奧古斯丁的魂的形成的理論（Theorie der Seelenentstehung）沒有回答關鍵性的問題；唯一肯定的事情是，該理論反對魂是被創造而且不是永恆的摩尼教徒的觀點。之所以出現尚未解決的魂的形成問題是，因為奧古斯丁試圖要同時合理化更多的要求。最重要的是，兩個聖經的陳述應被涵蓋在它們裡面所需的。其中在《創世記》第一章，第二十六節以下說人是根據上帝的摹本（Abbild Gottes）造的，在《創世記》第二章，第七節裡記載「吸入」（'Einhauchen'）生命氣息。根據《聖經》，魂是在吸入的那一刻（Augenblick）才被創造出來的嗎？還是在這種吹氣之前（vor dieser insufflatio）就已經作為上帝的摹本（Abbild Gottes）存在了呢？奧古斯丁明確地考慮第一種理論，「創造論」（'Kreatianismus'；《論自由抉擇》第3卷，第20章，第56節以下各處[lib.arb. III 20, 56ff]），但是，他不選擇這個理論，就像不選擇這個理論的反面一樣。他僅否定魂是一種身體的「氣息」（'Hauch'）的觀點（《論創世記的忠實於原文的詮釋》第7卷，第2章，第3節以下[Gn. litt. VII 2, 3f]）。如果魂先前存在，它是否僅作為一個整體魂或世界魂（Gesamt-oder Weltseele）存在，還是在進入身體之前已經存在個別魂（Individualseelen）？第一個立場——它接受一個集體的魂作為亞當的罪的遺傳基礎——在原罪的學說（Erbsündenlehre）的背景裡被稱為「遺傳論」（'Traduzianismus'，譯註：或為譯「世代主義」。'Traduzianismus'這個詞源自拉丁文的'tradux'，意思是指'transfer'或'transplant'[「轉移」]。在基督宗教學說中，'Traduzianismus'主張除了亞當的魂是上帝創造之外，一個人的魂來自於其父母的魂，主張這個學說的第一位神學家是特圖良[Tertullian]。與這個學說相反的「創造論」，這個學說主張人的魂都是由上帝創造的，持這個學說的神學家有耶柔米，而奧古斯丁卻在這兩個學説中徘徊）。憑藉著這個學說，就沒有個體的罪可被設想了。因此，奧古斯丁還考慮了個人的先前存在的可能性，在此他明確地保留，是否先前存在的魂通過上帝的干預或自願地進入塵世的存在（ins irdische Dasein）。在晚期的作品裡，他明確地摒棄先前存在的模式（Präexistenzmodell）：是否他之前有主張過這點，這是有爭議的。很清楚地，他拒絕懲罰的觀點：魂不是由於墮落而進入肉體裡（inkarniert）——例如：像在歐利根那

裡；而是，亞當是以無罪方式進入世界。

　　關於《論自由抉擇》的上帝證明的間接的形式——上帝的存在可以透過存在有比理性更高的東西的揭露來呈現——可以由這個事實解釋：奧古斯丁只認為真理（Wahrheit, veritas）或智慧（Weisheit, sapientia, intelligentia）是可認識的，而不直接認為原理（Ursprung, principium）是可以認識的。三位一體的父－子－關係被隱藏在這種區別的背後。雖然神子（Gottessohn）對理性應該是可理解的，然而，天父仍然是無法掌握的。基督，上帝的真理或智慧，在一種絕對的確定性的形式裡，祂是理性能認識的；例如：這位教父說：「我寧願懷疑自己還活著，也不願懷疑那個存在於我們在創造過程中在靈裡所掌握的真理。」（《懺悔錄》第7卷，第10章，第16節[conf. VII 10, 16]）。基督是「非物體的光」（"unkörperliche Licht"），通過這道光我們的靈（Geist）以某種方式被照亮，以便我們可以正確地判斷（《論上帝之國》第11卷，第2章[ciu.XI 2]）。基督名稱，真理（veritas）、智慧（sapientia）和亮光（lumen）是奠基在聖經的陳述，特別是《約翰福音》的陳述（johanneischen Aussagen）；從哲學上來看，普羅丁式的精神／屬靈形上學（die plotinische Geistmetaphysik），即心智的學說（die Lehre vom nous），奧古斯丁把它轉變為基督。尤其在無限者的概念（Begriff des Unendlichen）上的差異可以清楚顯現出來。根據奧古斯丁，這兩者的屬神的位格固然都是無限的，但是它們以不同的方式存在。聖子是在量上（quantitativ）無限的，即整體的真理是由單一真理的無限制的量（aus einer unbegrenzten Menge einzelner Wahrheiten）所組成，例如：由一組數所證明（參考第貳章，第二節（二）[vgl. Kap.II.2.b.]）；對於這點，經文「上帝的智慧是不可數的」（"Gottes Weisheit ist unzählbar", sapientiae eius non est numerus；《詩篇》第146章，第5節[Ps. 46, 5]）就是作為聖經的證據。反之，天父是「另一種無限」（"anderswie unendlich", infinitum aliter；《懺悔錄》第7卷，第14章，第20節[conf. VII 14, 20]）；正如奧古斯丁自己所說的那樣，「另類的無限性」（"andersartigen Unendlichkeit"）概念源自柏拉圖主義者的著作（《懺悔錄》第7卷，第20章，第26節[conf. VII 20, 26]）。

無限的兩種形式的差異化回溯到普羅丁；這個概念解決了與質的、「不可測量的」無限者的概念形成強烈對比的量的、不容置疑的無限者的概念（第6卷，第9章[9]，第6節，第10至12節[VI 9[9] 6, 10-12]）。對普羅丁而言，就正如對奧古斯丁而言那樣，第一原理（das erste Prinzip）是無限的，因為它是所有其他事物的尺度（das Maß），而它本身卻是不可測量的。因此，這位希波的主教把否定的神學的傳統單單關係到這位屬神的父（den göttlichen Vater）。

（五）否定的神學與「奧祕」

在《申辯》（Apologia）裡，尼克老·庫薩努斯（Nikolaus Cusanus）解釋他的題為《論有知識的無知》（De docta ignorantia）的起源：它是取自奧古斯丁的書信第一百三十封信（Brief CXXX; 15, 28）。我們知道，庫薩努斯的主要作品是延續跟隨著普羅克洛（Proklos），雅略巴古的偽迪奧尼修斯（Pseudo-Dionysius Areopagita）與艾克哈特教師（Meister Eckhart）之後的一種否定神學的新柏拉圖主義的傳統路線。現在，在奧古斯丁那裡，直接的引文的背景幾乎不允許對有知識的無知（docta ignorantia）在那種無知識（Nichtwissens）的意義上的一種解釋，同時，根據否定神學的理解，無知識是指最高的知識。在奧古斯丁致浦蘿芭的信（Augustins Brief an Proba）中，這是聖靈（Heilige Geist）來幫助「我們的軟弱」（'unserer Schwäche'），並且指教「我們的無知」（'unsere Unwissenheit'）。這是否意味著在奧古斯丁那裡缺少了洞察形式的構思（Konzeption einer Einsichtsform），這個形式超越所有知識，並且只能透過否定所有知識來實現的，還是它只扮演一種配角的角色呢？

這兩者都能被否認：在奧古斯丁那裡，可以發現一種否定的神學（Negative Theologie）的無數證據（Lossky，西元1954）。因此寫給浦蘿芭（Proba）的信中也包含有關如何談論上帝的問題，亦即人們所不知道（quod ignoratur）的對象。在《論秩序》（De ordine）裡，我們遇到一條

完全與庫薩努斯（Cusanus）所指的意思相符合的準則：奧古斯丁在那裡談論「至上的天父，憑藉著無知識我們能夠更認識祂」（"vom höchsten Gott, der besser durch Nichtwissen gewußt wird", de summo illo deo qui scitur melius nesciendo; 第2卷，第16章，第44節[II 16, 44]）。這種無知識只能對那些已經熟悉哲學的基本概念的「受教者」（'docti'）而實現。不久之後，說道「除了魂對祂多麼一無所知外，在魂中沒有有關神的知識」（《論秩序》第2卷，第18章，第47節[ord. II 18, 47]）。除了否定之外，奧古斯丁還使用了悖論（die Paradoxie）：一個受過真正教育的人必須同時知道什麼是「無處存在與無處不存在」（"nirgendwo ist und nirgendwo nicht ist"；《論秩序》第2卷，第16章，第44節[ord. II 16, 44]）。在《獨語錄》（Soliloquia）裡說，即使那些還不認識上帝的人都已經能知道，他不認識任何與祂相似的東西（ihm Ähnliches；《獨語錄》第1卷，第2章，第7節[sol. I 2, 7]）。同樣，在《論三位一體》中，人們懷疑「人的嘴巴」能否說出關於上帝的任何真實的東西（proprie；第5卷，第10章，第11節[V 10,11]）；在你知道上帝可能是什麼之前，你只能知道祂不可能是什麼（第8卷，第2章，第3節[VIII 2, 3]）。在另一個脈絡上，神（das Göttliche）被稱為無法掌握的（incomprehensibile；《論三位一體》第15卷，第2章，第2節[trin. XV 2, 2]）或者不可言說的（ineffabilia summa divina；《駁阿迪曼督茲》第11章[Contra Adimantum11]，譯註：阿迪曼督茲[Adimantus]是一位摩尼教徒的傳教士。他不僅是一位摩尼教的創始者摩尼（Mani）的支持者，而且也是他的十二位學徒之一。他的思想也受到具有濃厚諾斯替主義思想的馬吉安學派[Marcionite，興盛於西元2至7世紀]的影響。年輕時的奧古斯丁受到摩尼教的影響，阿迪曼督茲（Adimantus）是其中一位影響他早期思想極深的人，直到奧古斯丁皈依成為基督徒為止）

　　但是，顯然可以指出，奧古斯丁在新柏拉圖主義的傳統中具有一定的特殊地位。這位非洲的教父較喜愛的上帝的哲學名稱不是「太一」（'Eines'），而是「存有」（'Sein'）。因此，人們也許會設想他幾乎想要拒絕柏拉圖式的善的相即「存有彼岸」（"jenseits des Seins", epekeina tês ousias：《理想國》[*Politeia*] 509b）的目標。因為，正如洛斯基（Lossky）所設想的那樣，否定神學只會根據措辭，而不是根據系統的意義而存在。因此問題是，奧古斯丁是否教導上帝的絕對的超越性（eine absolute Transzendenz Gottes）。對此有一個初步看法：如果認為在奧古斯丁那裡由於「存有」的優先性，「太一」這個神的名稱不扮演任何角色，那就錯了。三位一體的「天父」（der 'Vater'）可以被稱為「首要的一」（'unum principale'，譯註：即「第一原理」；例如：《論真正的宗教》第43章，第81節；第55章，第112節[z.B. uera rel.43, 81; 55, 112]）或者也被稱為太一（unum）與開端（principium），然而，聖子（der Sohn），例如：顯現為「太一以及來自於太一」（'unum et de uno'；《論音樂》第6卷，第17章，第56節更經常[VI 17, 56u.ö]）。因此，如《聖經》裡《申命紀》第六章、第四節（*Deuteronomium* 6, 4）所強調的那樣，與其主張神的單一性（Einzigkeit Gottes），即一神論（Monotheismus），不如主張祂的不可理解性（Unerfaßbarkeit）。

如果更仔細地查看，這位教父的作品展示出所有自柏拉圖以來，否定性（die Negative）對統一理論（Einheitstheorie）起決定性的作用的每個要素。尤其具有四個特徵：1. 絕對的太一是沒有多數性的與不可述說的；2. 它是一個「不可測度的尺度」（'unmeßbares Maß'）；3. 它的超越性（Transzendenz）只可以「在一瞬間」（'in einem Augenblick'）被掌握；4. 這種獲得的方式透過感觸的隱喻（Metaphern des Berührens）被描述的。

（1）太一的概念（Der Begriff des Einen）擁有一個在古代有很多討論的特殊性：如果人們嚴肅地思考它的話，那麼它是與每個多（Vielheit）不連繫的。柏拉圖的《巴曼尼德斯》（*Parmenides*）已經從這得出這樣的結論，即嚴格的統一性（strikte Einheit）只能以否定方式來呈現。然而，沒有述詞可以應用到這樣一個毫無多的太一（ein solches vielheitsloses Eines）上；因為陳述某物的某物總是意指添加某個「不同的」事物（etwas 'anderes'）作為述詞到一個主詞上。這個思想（Gedanke）在普羅丁那裡被形成：甚至恆真句（selbst die Tautologie）「p是p」（'p ist p'）是被誤導，因

爲它把作爲主詞的p的差異蘊含到作爲述詞的p裡。由於語句的兩段式性質，該語句的形式通常被認爲是不適當的。甚且，絕對者的命名，例如：作爲「太一」，應是不適當的；因爲統一性概念（Einheitsbegriff）與能指（Signifikant）和所指（Signifikat）的雙重結構不兼容。普羅丁反而這樣談論一（von Einen），談話使得這種言論逐漸消除自身。在奧古斯丁的《論基督教的教義》第一卷，第六章，第六節（*De doctrina christiana* I 6, 6）裡同樣指出，關於三位一體沒有東西可以被陳述的。不僅在每個陳述之後，感覺適應了所談論的不準確的東西，上帝反而是如此不可言說的（unabbildbar, ineffabilis），以致甚至像「不可言說的」之類的述詞也不適用於祂。但是，儘管上帝是超然在人的命名的可能性之外，字詞（Wörter）的確指出祂；說話的能力賦予人是爲了轉向上帝的目的。然而，道／話語（Worte，譯註："Wort"指的是「道」或「聖言」，其複數是"Worte"；在這本書裡視脈絡也把它翻譯爲「語句」、「話語」。它與「語詞」["Wort"]不一樣，它的複數是"Wörter"。兩者皆爲中性名詞）在還尚未給祂命名時就指涉上帝了。奧古斯丁關於理解上帝的著名格言因此是這麼說的：「如果你了解某物，它就不是上帝」（si enim comprehendis, non est deus；《講道集》第117卷，第3章，第5節[serm. CXVII 3, 5]）。所以奧古斯丁清楚地表達出，甚至那些透過《聖經》的權威所涵蓋的表面上對上帝適當的描述，奧古斯丁這樣強調，透過理智（Intellekt）渴望一種超越（Transzendenz；《致辛普里西岸茲》第2卷，第2章，第1節[*Ad Simplicianum* II 2, 1]，譯註：辛普里西岸茲[Simplicianus]是米蘭的主教，他是羅馬天主教與東正教教會的聖人。奧古斯丁與他米蘭的見面收錄在《懺悔錄》第8卷第2章）。

（2）同樣地，在柏拉圖的《巴曼尼德斯》裡，尤其在亞里斯多德與塞克斯圖斯・恩丕里柯（Sextus Empiricus）那裡，相論（die Ideentheorie）受到反駁，這個理論是，由相建立起來的感官世界的基礎受到無窮後退（ein infiniter Regreß）的威脅（132a 以下各處）。柏拉圖對問題的解決在於：將相領域帶回到一個絕對的原理上，而這個絕對的原理把一個基礎問題帶到一個有系統的目的裡。除了統一性（Einheit）概念之外，尺度概念（Maßbegriff）也用於這個課題：因為，只有在測量問題（Meßproblem）不再出現與這個測量（Messung）本身有關時，某物才能「被測量」（'gemessen'）。在完全意義上的一個尺度（Maß），只是那個本身不可測量的東西而已。現在一個絕對的尺度（ein absolutes Maß）為什麼必須是有效的，因為沒有其他的確定性東西可以被述說或者被思想。因此，在柏拉圖那裡，上帝就是「所有事物的尺度」（"aller Dinge Maß", pantôn chrêmatôn metron；《法律篇》716c[Nomoi 716c]）；這種尺度概念對於古典的柏拉圖學院（die Ältere Akademie）而言非常重要，這一點可以清楚地被證明（Krämer，西元1959）。在這個傳統上，普羅丁稱太一（das Eine）為一個「不可測量的尺度」（"unmeßbares Maß"；第5卷，第5章[32]第4節[V 5[32]4]；參考第1卷，第2章[19]，第2節[I 2[19]2]）。在奧古斯丁那裡，尺度概念（Maßbegriff）同樣是很一般的。最早的文字段落同時是最令人印象深刻的：真理（=基督[Christus]）繼續地回歸到一個「尺度，沒有更進一步的尺度是可被應用在這個尺度上了」（《論幸福的生活》第4章，第34節[beata u. 4, 34]）。在這裡天父的三位一體的位格意指模態（modus）。在《論秩序》（De ordine）裡清楚地說，天父是無法逾越的尺度（das unüberschreitbare Maß；第2卷，第19章，第50節[II 19,50]）；這個尺度是人類的努力的最高目標（第2卷，第5章，第14節[II 5, 14]）。超越的與尺度的母題（das Transzendenz- und das Maßmotiv）是直接連結在這個陳述中：唯有少數的人成功「跨越所有可測量的事物以及達成沒有尺度的尺度」（mensura sine mensura；《關於創世記的忠實於原文的詮釋》第4卷，第3章，第8節[Gn.litt. IV 3, 8]）；超越的上帝（der transzendente Gott）在那裡被定義為「沒有數的數」（numerus sine numero）以及「沒有重量的重量」（pondus sine pondere）。用這樣的說法並不是有意成為任何悖論，而是指向上帝的不可推斷性（die Unableitbarkeit Gottes）。在早期的文本的一個段落裡，已經將「天父」（der 'Vater'）描述為「沒有開端的開端」（principium sine principio；《論秩序》第2卷，第5章，第16節[ord. II 5, 16]）。

（3）在《第七封書信》中，柏拉圖將相的獲取描述為「突然的獲取」

（"plötzliches", exaiphnês）。在《饗宴》中，著名的上升的描述以美的「突然的注視」（"plötzlichen Schau" des Schönen, exaiphnês katopsetai；211e）結束。在《巴曼尼德斯》也出現相同的表達，以便描述那個攀登並調解永恆與變化的東西（156d-e）。普羅丁同樣也使用突然的（exaiphnês）的概念以便表徵掌握太一的直接性（die Unvermitteltheit des Erfassens des Einen；第5卷，第5章[32]，第7節，第34節[V 5[32]7, 34]）。在奧古斯丁的著作中，這樣的神臨在的瞬間（Augenblicke einer Gottespräsenz）經常用「撞擊」（'ic-tus', Stoß, Ruck）來形容。因此，在一個顯著的段落談到「在顫慄的一瞥的撞擊」（in ictu trepidantis aspectus；《懺悔錄》第7卷，第17章，第23節[conf. VII 17, 23]）中抓住上帝；很清楚地，瞬間（Augenblick）被描述爲不可掌握的（aciem figere non evalui）。一個可相互比較的經驗被形容爲「心的完全的撞擊」（"ganzer Stoß des Herzens", toto ictu cordis；《懺悔錄》第9卷，第10章，第24節[conf. IX 10, 24]）。另外，也包括顯現出「閃電般的照亮」（"blitzartigen Erleuchtens", corucasti；《懺悔錄》第10卷，第27章，第38節[conf. X 27, 38]）的隱喻（Metapher）。

（4）除了在視覺圖像區域的表達之外（如在奧古斯丁那裡，這些表達呈現在光照概念[illuminatio-Begriff]中），觸覺的隱喻（haptische Meta-phen），即出自觸覺的詞場的的表達，在柏拉圖那裡已經扮演重要的角色（haptein, thinganein）。此後，這些表達就在柏拉圖的傳統中發現到，例如：在斯珀西波斯（Speusipp），亞里斯多德和普羅丁那裡。和那些強調唐突的描述一樣，它們表達絕對者規避了每個掌控。因此，在奧古斯丁那裡的一個講道裡，對上帝不可能的理解（comprehendere）與更爲卑微的觸摸（Berühren, attingere）形成對照（《講道集》第157卷[serm. CLVII]）。甚至根據《論基督教的教義》第一卷，第六章，第六節（De doctrina christiana I 6, 6），思想（Denken）只能嘗試去觸摸那絕對者（das Absolute, cogita-tion conetur attingere）。觸摸（attingere）這個詞在奧斯提亞的異象（Ostia-Vision）扮演著一個有意義的角色（《懺悔錄》第9卷，第10章，第24節[conf. IX 10, 24]）。另外，另一段經文將上帝的經驗表徵爲觸摸（Berührung），這

次本身是來自上帝（tetigisti me；《懺悔錄》第10卷，第27章，第38節[conf. X 27, 38]）。

柏拉圖的傳統經常談論作爲一個偉大者「超然於存有之外」（'jenseits des Seins'）的最高原理。如果奧古斯丁實際上是在否定的原則理論（einer negativen Prinzipientheorie）的指導下，那爲何他總是選擇上帝的稱號「存有」呢？奧古斯丁一再重複說，上帝必須被稱爲最高的存有（hoc enim maxime esse dicendum est；《論大公教會的道德》第2卷，第1章，第1節[mor. II 1, 1]）。這個問題可以清楚地被回答。奧古斯丁受到波菲利的顯著的影響（第壹章，第二節（二）[Kap.I. 2.b.]）；波菲利把新柏拉圖主義的「太一」也描述爲「存有」（'Sein', to einai als Infinitiv），並沒有與傳統產生衝突（Hadot 1968; 1973）。因此在奧古斯丁那裡，上帝的稱號「存有」（'Sein'）並不強迫接受其他的來源，例如：猶太─基督教對《出埃及記》第三章，第十四節（*Exodus* 3,14）的解釋（Gilson，西元1948）。

我們通常聽到「奧祕」（'Mystik'）和「理性」（'Rationalität'）這兩個詞是對立面。然而在奧古斯丁的情況中，我們當代的成見（Vorverständnis）可能會是誤導的，正如在否定的神學的傳統中一樣。在奧古斯丁那裡，奧祕正是由理性（ratio）、智慧（sapientia）與知識（scientia）諸如此類的概念所決定的（Ruh，西元1990）。他對上帝經驗的展示不是與體驗相關的，而是與論證相關的。此外，這個展示與文學的範例緊密連結，並致力於教理的正確性（dogmatische Korrektheit）。奧古斯丁的奧祕的經驗的描繪不含有情緒上的狂喜、畫面豐富的異象或者崇高的恍惚狀態；這些被描繪的經驗僅存在於瞬間，而且根據它們的內容，它們也都是不可言說的。在這裡，奧祕意指通過逐步的思想上的揚棄（gedankliche Aufhebung）所有感性的和精神的內容，在理性上攀升到理性之根的觀念。「抽離」（'Weglassen', aphairesis, abstractio，譯註：抽離這個詞的原始意義是「刪除」或「撤離」['take away']，意思是指將不同的思想歸納或將特定事實綜合成為關於某種事物的一種共同的理論，在這個過程中有些東西被刪除）的方法是攀升概念的特徵。這裡，這個經典的文本是奧古斯丁對「奧斯提亞的異象」

（'Vision von Ostia'）的描繪（《懺悔錄》第9卷，第10章，第23-26節[conf. IX 10, 23-26]）。在西元387年的秋天，他的母親莫妮卡過世的前幾天，母子倆在羅馬港都就有關在上帝裡的永生進行了交談。在那裡，他們兩人同時都「以心的整個衝擊微微地觸動了智慧」（attingimus eam modice toto ictu cordis；第9卷，第10章，第24節[IX 10, 24]）。同樣在此描繪中，重點在於按層級逐步（gradatim）所實現的攀升：一、在所有感性事物中漫遊，包括在天空中；二、轉向內在；三、把握並跨越我們的靈（Geist）。抽離（Weglassen；第9卷，第10章，第25節[IX 10, 25]）的方法應包括以下內容：一、身體上的欲望（tumultus carnis）；二、幻想（die Phantasien），即感官對象的摹本；三、魂的自我對話；四、夢的內容；五、語言和記號。總而言之，它說所有短暫的事物和所有受造物都應被棄絕以有利於「透過這些事物我們去愛上帝」（"eben dessen, den wir durch diese Dinge lieben", ipsum, quem in his amamus）。上帝的標記（Gottesbezeichnung）「它自身」（"es selbst", id ipsum）在奧斯提亞的異象（Ostia-Vision）的描繪中將《聖經》的表達（參考《詩篇》第4章，第9節[vgl. Ps 4, 9]）與新柏拉圖的「太一自身」（"Einen selbst", autohen）結合起來。

參、歷史的影響

一、中世紀的奧古斯丁主義

　　《聖經》之後，在中世紀的西方，奧古斯丁是信仰和神學問題的最高主管（Instanz），也是核心的哲學權威（Autorität）；他的影響超出了隨後才開始接受的亞略巴古的偽迪奧尼修斯（Pseudo-Dionysius Areopagita），以及特別超出對亞里斯多德的接受。除了安波羅修（Ambrosius，譯註：大約在西元339年出生在德國的特里爾[Trier]，在他父親過世後他一家人都搬到羅馬居住），希耶洛繆努斯（Hieronymus）和額我略一世（Gregor der Große）之外，他還是「偉大的教會教師」（"großen Kirchenlehrern", doctores maiores）之一。然而毫無疑問的，這位希波主教也超出他們的重要性。在卡洛林文藝復興時期（Karolingische Renaissance，譯註：大約發生在西元8世紀晚期左右，為了擺脫文盲，興辦學校與圖書館形成文藝復興的重要工作；它又稱為「歐洲的第一次覺醒」），奧古斯丁被公認為「繼使徒之後最重要的教會教師」（post apostolos omnium ecclesiarum magister）。教皇額我略一世（Gregor der Große，西元540-604）在奧古斯丁與中世紀的交流中扮演著一個有意義的角色：他的神學幾乎完全帶有奧古斯丁式的印記；然而，額我略一世（Gregor der Große）耽於單純與粗俗，對奧古斯丁的形像（Augustinusbild）這些都具有一個明顯的影響。

　　這位教父尤其在三個方面對中世紀產生了重大影響。人們把恩典學說（Gnadenlehre）的持續影響稱為「神學的奧古斯丁主義」（'theologischen Augustinismus'），自從對恩典神學的半柏拉糾主義（Semipelagianismus，

西元529：譯註：西方教會在西元529年的奧郎日的第二次大公會議（Second Council of Orange）中把柏拉糾主義與半柏拉糾主義判為異端）進行譴責以來，恩典學說的地位一直沒有受到挑戰。所謂的「哲學的奧古斯丁主義」（'philosophische Augustinismus'）主張哲學在神學上的完美（Vollendung），並拒絕獨立於信仰的理性使用（einen glaubensunabhängigen Vernunftgebrauch）。最後，「政治的奧古斯丁主義」透過兩個「國度」（'Reiche'）或者「統治」（'Herrschaften'）的對比來解釋屬靈的與屬世的力量的對立。

對奧古斯丁的運用顯然可見，即中世紀早期對有關薩克森的修士戈特沙爾克（Gottschalk，西元803-69）的恩典的學說與預定論（Prädestinationslehre）的爭論，可以被展現爲奧古斯丁的釋經學的問題。戈特沙爾克（Gottschalk）——像之前的聖比德（Beda，大約西元673-735）那樣——著手研究奧古斯丁的雙重預定論。在拉巴努斯·莫魯斯（Hrabanus Maurus）的運作下，他於西元848年被美因茲的宗教會議（Mainzer Synode）譴責；在這一方面，對立一邊也公開地引用這位教父。像拉巴努斯（Hrabanus）一樣，蘭斯的主教欣克馬（Bischof Hinkmar von Reims）反對一種嚴格的恩典神學的奧古斯丁主義（gnadentheologischen Augustinismus）；他指派約翰·司克特·愛留根納（Johannes Scotus Eriugena，大約西元810-77）研究預定問題（Prädestinationsproblem）。愛留根納致力於把奧古斯丁的要素——尤其三位一體類比（Trinitätsanalogien）——整合到他的迪奧尼修斯式的新柏拉圖主義中，接著，他從早期的奧古斯丁的觀點出發寫了一部著作《論預定》（De praedestinatione）：因爲惡（das Übel）是非存在的（nicht-seiend），上帝既不會知道惡，也不能預定人轉向惡；人擁有自由意志允許他去選擇那個非存在的東西（das Nicht-Seiende，譯註：即惡）。愛留根納的論文拒絕把地獄作爲永恆的懲罰之地——儘管他也參考奧古斯丁——，然而論文被懷疑是柏拉糾主義（Pelagianismus）。在西元855年，主教普魯登修斯（Prudentius）和弗羅盧思（Florus）反對該論文（Gegentraktaten）之後，這篇論文在瓦蘭西的宗教會議（Synode von Valence）中受

到譴責。

　　奧古斯丁在中世紀產生影響的一個重要基礎構成秩序規則（Ordensre-geln），這些規則傳統上與奧古斯丁的名字相連結。這涉及到三個文本，它們的眞實性是難以被評判。首先，存在一封被歸屬於教父給婦女社團的信（《書信》第211封[ep.CCXI]）；這封信包含了修道院共同生活的一些規則。根據語言的準則，它的眞實性似乎是合理的，但是由於缺乏早期的證據，整體上這個眞實性值得懷疑。其次，存在一種《第二規則》（*Regula secunda*；也稱爲《論修道院的秩序》[*De ordine monasterii*]或《修道院的教導》[*Disciplina monastica*]）；文體的比較（Stilvergleiche）反對它的眞實性。第三，傳統知道《奧古斯丁的條規》（*Regula sancti Augustini*；也稱爲《第三規則》（*Regula tertia*）或者《服事天主的規則》[*Regula ad servos dei*]）；大多數研究人員認爲它是眞實的，也認爲它是《書信》第二百一十一封（Brief CCXI）的基礎。但是，即使這第三規則不是眞實的，它的陳述仍然率直地是奧古斯丁式的，以至於足以代表這位希波主教的精神。特別是自西元十一世紀以來便一直依賴該規則的奧古斯丁詠禱司鐸團（die Augustiner-Chorherren）和奧古斯丁隱士（die Augustiner-Eremiten；自西元1256年以來），他們是屬於中世紀和早期近代最重要的教會社團（Gutierrez/Gavigan 1975以下各處）。

　　在中世紀盛期（Hochmittelalter），奧古斯丁還保持著他的傑出的地位。在彼得倫巴都（Petrus Lombardus，大約西元1095-1160）的《思想文集》（*Sentenzenwerk*，譯註：'sentenz'來自於拉丁文的'sententia'，意思是指「意義、思想、決定」。它是一種簡潔，措辭恰當的權威性口號。彼得倫巴都的《思想文集》是一本頗有影響力的中世紀神學教科書，由博納文圖拉[Bonaventura]和多瑪斯等人評述，它是一本頗有影響力的中世紀神學的大學學術的教科書，由基督教教父們撰寫，內容廣泛，匯集成千上萬章）中，此文集作爲中期士林神學訓練的基礎，這部作品的所有引文中有百分之九十是出自於奧古斯丁的文本。然而，在一個重要的細節上，奧古斯丁的恩典學說遭受到令人擔憂的限縮；在《思想文集》（*Sentenzen*）的一個關鍵點上，

原罪的原因在於肉體的缺陷，特別在於性行為的渴望（II 30, 5）。奧古斯丁本人絕不認為性慾（Sexualität）是完全腐敗的。透過伊卡隆的朱利安（Julian von Aeclanum）和魯斯佩的傅金提斯（Fulgentius von Ruspe），所謂的奧古斯丁的遺傳論（Traduzianismus）的尖銳的複述對這種重新解釋負有責任。

聖伯爾納多（Bernhard von Clairvaux，西元1091-1153）或聖維克托的休格（Hugo von St. Viktor，西元1096-1141）的奧祕的神學，和聖維克托的李察（Richard von St. Viktor，西元1110-73）的三位一體思辨（Trinitätsspekulation），從這位教父的作品獲得他們的根本的推動力。有「經院哲學之父」（"Vater der Scholastik"）之稱的坎特伯里的安色莫（Anselm von Canterbury，西元1033-1109），他的一個基督教的哲學（尋求理解的信仰，fides quaerens intellectum）的概念很明確基於奧古斯丁；在《交談》（Proslogion）裡，他把理性的洞察（die vernünftige Einsicht）確定在奧古斯丁的權威概念上，以作為信仰的目標（neque enim quaero intelligere ut credam, sed credo ut intelligam）。在奧古斯丁那裡，哲學和神學是如何不可分地彼此連結在一起。然而安色莫（Anselm）像哲學的奧古斯丁主義那樣，在整體上爭論：信仰的界限被設定在理性——這理性在魂裡為神的真理所光照，大阿爾伯特（Albertus Magnus，西元1200-80）與多瑪斯·阿奎納（Thomas von Aquin，西元1225-75）把理性的真理與啟示的真理清楚地區別開來。這種變化在西元十三世紀時導致了對亞里斯多德（以及他的猶太和阿拉伯註釋者）的接受，這個接受透過對一種非神學的理性使用的發現（die Entdeckung eines nichttheologischen Vernunftgebrauchs），相對化了奧古斯丁的壟斷地位。奧古斯丁的哲學正在引起爭議，一方面人們把它與亞里斯多德主義做對比，另一方面透過他繼續發展。對奧古斯丁的亞里斯多德化的一次重要修正在於：通過主動理智的概念（die intellectus agens-Konzeption，譯註：agens是動詞'ago'的現在分詞，它的意思是指一種使行動得以實現的驅動力 [drive]）對光照學說的解釋（Interpretation der Illuminationslehre），主動理智的概念可以追溯到阿維森納（Avicenna，譯註：大約在西元980-1037年，

是一位亞里斯多德主義者；但新柏拉圖主義哲學在他哲學思想上所扮演的角色不容忽視。他是中世紀時期的一位重要的波斯伊斯蘭哲學家與醫學家。因此之故，他的著作大部分是用波斯語寫成）的影響。在多瑪斯之前，這種「阿維森納的奧古斯丁主義」（'Augustinisme avicennisant'，譯註：這個詞是由Gilson所創造的一種表達方式：Gilson）已經爲查特爾學派（die Schule von Chartres），尤其是奧弗涅的威廉（Wilhelm von Auvergne，西元1190-1249年以前）所代表。多瑪斯激化了他們的觀點，即所有認知（Erkennen）都是基於對感官經驗的抽離，因此他提供了與奧古斯丁的一種對照論點（Gegenthese），而不是一種解釋。而魂作爲身體唯一形式的學說，以及物質作爲個體化原理（Individuationsprinzip）的假設，顯然與這位希波主教相矛盾。此外，多瑪斯是第一個批評這位教父的作品含有柏拉圖的成分作爲他的信仰信實的問題（參見Augustinus autem Platonem secutus quantum fides catholica patiebatur：《爭議的問題：論屬靈的受造物》[Quaestiones disputatae de spiritualibus creaturis]，第10條，第8點[art. X, ad 8]）。然而，在三位一體神學中，他很明確地依靠奧古斯丁。

反多瑪斯主義的奧古斯丁主義（anti-thomistischen Augustinismus）的最強烈代表是約翰·佩克漢姆（Johannes Peckham，大約西元1230-92）和威廉·德拉馬雷（Wilhelm de la Mare，於西元1282後過世）。儘管在西元1277年對多瑪斯主義進行了部分譴責，但它與奧古斯丁主義的事實差異不應該被高估：除了亞里斯多德之外，中期的士林哲學的重要來源是新柏拉圖主義的作品——即僞迪奧尼修斯（Pseudo-Dionysius），《亞里斯多德的神學》（*Theologie des Aristoteles*）以及《論原因之書》（*Liber de causis*）——它們與奧古斯丁的柏拉圖主義（augustinischen Platonismus）密切相關。因此，西元十三世紀的哲學爭論不是在亞里斯多德主義和奧古斯丁主義之間進行的，而是在新柏拉圖的——亞里斯多德的混合立場之間進行的。博納文圖拉（Bonaventura）——他的方濟會的奧古斯丁主義（franziskanischer Augustinismus）把自己視爲是多米尼加亞會的亞里斯多德主義（dominikanischen Aristotelismus）的複製品——他自己借用亞里斯多德的詞語，例

如：質料與形式、可能性與必然性、實體與偶性的區別；但是在《六日的創造》（*Hexaemeron*，譯註：這個詞源自於希臘文的兩個字根，分別是'hexa-'[數字六]與'hemer-'[日]。根據《創世記》天主在六日內完成對宇宙萬物的創造）裡他把對相論學說的拒絕視爲亞里斯多德和他的追隨者的「錯誤」（"Irrtümer"）的根源。萊茵的奧祕主義者的反亞里斯多德式的柏拉圖主義者（der anti-aristotelische Platonismus der rheinischen Mystiker）——艾克哈特教師（Meister Eckhart，西元1260-1328）、盧斯波俄克的約翰（Jan van Ruusbroec，西元1293-1381）、亨利蘇斯（Heinrich Seuse，西元1295-1366）與約翰滔勒（Johannes Tauler，西元1300-61）——除了採用這位教父的作品與晚期新柏拉圖主義的文獻來源外，還從亞里斯多德的傑出部分得到餵養。特別是奧古斯丁對攀升到上帝的「七個階段」的教導受到神祕主義者的歡迎（《論眞正的宗教》第26章，第49節[uera rel. 26, 49]；參見艾克哈特教師，德文作品第5卷，109-119[V, 109-119]）。

　　根特的亨利（Heinrich von Gent，西元1217-93）在奧古斯丁主義的反多瑪斯主義的復興中也發揮了重要作用，而沒有落後於亞里斯多德主義的概念水準。儘管鄧斯·司各脫（Duns Scotus，西元1265-1308）想要直接遵循亨利的意圖，他的哲學反而與傳統背道而馳，這在他的學生奧卡姆的威廉（Wilhelm von Ockham，西元1285-1349）時達到他的高峰。一再強調一種直接的、理智的本質知識，以反對多瑪斯的抽象理論，這似乎是奧古斯丁式的，它的後果卻是革命的：共相論的地位朝著還沒有被鄧斯·司各脫（Duns Scotus）實現，但卻被奧卡姆（Ockham）實現的唯名論的方向轉變。在奧古斯丁晚期的作品裡看似隨意的舉動（der scheinbar voluntaristische Zug），也得到了相應的重新解釋。鄧斯·司各脫將上帝的意志而非理智，視爲倫理的判斷準則；但是，他仍然將此意志與邏輯和十誡（Dekalog）的前兩個戒律連繫在一起。另一方面，奧卡姆對共相論的否定，造成一種極端的意志論（radikaler Voluntarismus）。對極端的意志論而言，由上帝所設定的世界的秩序被認爲是有意地（willentlich）被廢除。與奧古斯丁的意志概念不同，根據奧卡姆的說法，上帝的自由的任意性（freie

Willkür）實際上超越了理性：上帝甚至決定了理性的規則。奧卡姆不僅掌握自然秩序與理性的秩序，而且將道德法則（moralische Gesetz）理解爲偶然的。遵循這個格言「去愛，而且去做你想要的，就去做」（dilige et quod vis fac），對上帝的愛表現爲那唯一不變的誡命。

　　關於奧古斯丁的國家理論的歷史影響，我們可以談論一種「政治的奧古斯丁主義」（'Politischen Augustinismus'; Arquillière）。這個主義是依據這位教父的決定，地上的國缺乏公正，排除了它的權力必須由教會賦予（potestas directa et indirecta）。此職位後來的主要擁護者爲羅馬的埃吉迪烏茲（Aegidius von Rom，西元1243-1316），他的多瑪斯主義式所影響的奧古斯丁主義於西元1287年被宣布爲奧古斯丁隱士的教團的學說（Ordensdoktrin der Augustiner-Eremiten）。埃吉迪烏茲（Aegidius）在《論教會的權力》第二卷，第七章（De ecclesiastica potestate II 7）清楚地引述奧古斯丁，以便把政治的統治（politische Herrschaft）歸因於屬靈的權柄（geistliche Autorität）。在任命的爭端（Investiturstreit）期間（大約西元1075），這位教父的兩個國度學說（die Zwei-Reiche-Lehre）已經有爭議地被討論過。其中可以區分有四種不同的解釋：彼得魯斯·達米亞尼（Petrus Damiani，西元1007-72）教導的是修道院冥想的版本（eine mönchisch-kontemplative Version），席爾瓦·坎迪達的洪伯特（Humbert von Silva Candida，西元1061過世）教導的是修道院修士等級制度的版本（eine mönchisch-hierokratische，譯註：'hierokratische'源自於希臘文的'hieros'[神聖的]與'kratein'[統治]。所以這個詞的意思是指「神權制度（Theokratie）的一種形式」。這個制度的統治權的主張源於神職人員的聖潔和智慧），克萊爾沃的伯爾納多（Bernhard von Clairvaux）代表了對奧古斯丁的哲學冥想的解釋，而約克的匿名者（der Anonymus von York）則代表了一元論國度神學（eine monistisch-reichstheologische; Duchrow[2]，西元1983）。然而，政治上的奧古斯丁主義似乎與其說是從《論上帝之國》的釋經（De civitate dei-Exegese）興起，不如說是從歷史的需求中產生；因爲奧古斯丁代表那個與政治權力的基督教化（Christianisierung）相反對在總體上持保守之立場。另一方面，這位教父

幾乎不會分享出現在任命爭端內部的那種政治事物的冷靜的評價；勞藤巴赫的麥勒苟（Manegold von Lautenbach，大約西元1030-1103）認爲像亨利四世（Heinrich IV）這樣的無能的統治者應該「像受僱的豬農一樣被趕跑」（"davonzujagen wie ein gemieteter Schweinehirt"）。這位非洲的教父更像代表了與國家對立的一種內在有距離的忠誠的模範。

奧古斯丁的歷史理論也對中世紀產生一個長久的影響，尤其對弗萊辛的奧托（Otto von Freising，大約西元1112-58）與菲奧雷的約阿西姆（Joachim von Fiore，大約西元1130-1202）的影響更是深遠。奧托（Otto）像奧古斯丁那樣把世界歷史解釋爲一系列的年代，目的是與上帝的永遠和平同在；他的《論兩座城市的歷史》（*Historia de duabus civitatibus*）也把歷史的進程解釋爲兩個國度之間的衝突。菲奧雷的約阿西姆區分了三個偉大的歷史時期：父神（Vater）的《舊約》時代，子神（Sohn）的《新約》時代和來臨的聖靈的修道院時代；這種預言式－千禧的歷史解釋（prophetisch-chiliastische Geschichtsdeutung，譯註：形容詞'chiliastisch'源自於希臘文的名詞'chilia'意思是指「一千」）遠遠超出奧古斯丁的意圖：因爲他絕不認爲在朝向宗教精神化（religiöser Vergeistigung）時代方面已取得進展。奧古斯丁還明確表示反對世界末日的可預測性（《書信》第197封[ep CXCVII]）。

彼特拉克（Petrarca，西元1304-74）的自然美學可能將他的一個重要見解歸功於奧古斯丁的影響。當彼特拉克在西元1335年4月26日在行李箱裡帶著《懺悔錄》的版本登上旺度山，在山頂上閱讀時引起他「皈依」（"Konversion"）向神。因奧古斯丁對向外尋求的譴責（Tadel der Außenorientierung）彼特拉克感到巨大的撞擊，以致我們可以推斷，他把這次的登山當成「第一個客旅」的經歷（Ritter，西元1974；Steinmann，西元1995）。如果彼特拉克最初確實是爲了自己的緣故尋求風景享受，那麼奧古斯丁仍然會出現在一個現代意識的誕生時刻中，儘管它是以消極的形式。

二、奧古斯丁在現代與現在的影響力

奧古斯丁在中世紀所扮演著無與倫比的角色，在現代初期，在恩典與預定論（Prädestination）的問題上持續不間斷。不僅改革者，而且特利藤的大公會議（Konzil von Trient，西元1542-64）引證他，這一事實甚至再一次延續恢復了中世紀早期這位希波主教的壟斷地位。中世紀後期的神學家像多瑪斯·布拉德華（Thomas von Bradwardine，西元1290-1349），里米尼的格里戈爾（Gregor von Rimini，西元1300-58）和約翰·威克里夫（John Wyclif，西元1320-84）等這三人都代表了激進的恩典學說，透過他們已經備妥在改革和反改革時期重新發揮作用。布拉德華（Bradwardine）誇大了奧古斯丁的立場，即他不僅否認人類行善的可能性，而且甚至允許上帝參與惡人的行動；以他的第一原因的運行一切的學說，他得出了一個嚴格的決定論（Determinismus）。里米尼的格里戈爾（Gregor von Rimini）在中世紀晚期的潛能的絕對理論（potentia absoluta-Theorie）的基礎上更新了雙重預定論（eine doppelte Prädestination）。約翰·威克里夫（John Wyclif）想要將他自己直接地導向奧古斯丁，他根據一個嚴格的共相實在論（Universalienrealismus），教導萬物的不可毀滅性（die Unzerstörbarkeit alles Seienden）──所有受造物都在上帝原型之中被創造──與經文的嚴格的啟示特質和雙重預定論。後來他反對他的時代的教會，藉提出揀選準則他反對教會對職務的理解。在他的聖經的虔誠、預定論學說與反對教會的一種外在的理解上，威克里夫屬於改革中最有影響力的先驅。

現代初期的奧古斯丁的形象（Augustinusbild）繼續強烈地為人文主義和文藝復興─柏拉圖主義所決定。馬爾希利歐·費奇諾（Marsilio Ficino，西元1433-99）對於他的基督教和柏拉圖主義的聚合在很大程度上依賴於奧古斯丁（例如：《柏拉圖的神學》第5卷，第15章；第12卷[Platonica theologia V 15; XII]）。在鹿特丹的伊拉斯謨的人文主義（Humanismus des Erasmus von Rotterdam，西元1469-1536）中，《論基督宗教的學說》這部作品在允許基督徒使用古代教育方面扮演著一個關鍵性的角色。馬丁·路

德（Martin Luther，西元1483-1546）與奧古斯丁的密切性似乎源自於這樣的一個事實：較晚期的這位改革者屬於奧古斯丁的教規團（Augustiner-Chorherren）。事實上，在西元1509-10年之前，這位教父對馬丁路德而言卻不具意義的；然而，路德是否受到里米尼的格里戈爾的奧古斯丁主義（Augustinismus des Gregor von Rimini）的影響是不確定的。直到在核心改革的洞察（Einsichten）的背景裡，他清楚地引證奧古斯丁：自西元1515-16年以來，路德就已經認識反伯拉糾主義的作品（die anti-pelaginischen Schriften），而且他廣泛的使用其中他們對羅馬書信的解釋（Römerbriefauslegungen）。在此，他稱奧古斯丁爲「屬神的保羅的最忠實的詮釋者」（"treuesten Ausleger des göttlichen Paulus", interpres fidelissimus divi Pauli）。然而，在西元1519年之後，尤其是西元1527年之後，他再次與這位波希的主教保持距離。在西元1517-19年裡，卡爾施塔特（Karlstadts，西元1480-1541）與奧古斯丁的對峙同樣是處邊緣地位，儘管更爲激烈。在茲運理（Zwingli，西元1484-1531）那裡，奧古斯丁的接受程度還是不清楚的，儘管估計它可能是很高的；他的奧古斯丁的形象（Augustinusbild）可能主要是由路德確定的。相反地，對約翰·喀爾文（Johannes Calvin，西元1509-64）而言，一個強烈的影響從他自己的反伯拉糾主義的論述的講演得到證實。喀爾文完全以他的關注問題來利用這位教父（Augustinus totus noster）；喀爾文確認出在《教導》（*Institutiones*）裡有1051處的引文出自於這些的作品，以及總共有3724處的引文出自於這位早期教父的作品（Smits，西元1956-58）。在西元1541年和1546年的宗教對話中，兩個敵對的方面都承認奧古斯丁的權威（Augustins Autorität），但對這位教父的解釋仍然各不相同。

　　同時代的人已經注意到了笛卡兒（Descrates，西元1596-1650）的我思學說（Cogito-Lehre）與奧古斯丁的陳述之間的緊密連繫。自西元1637年以來，梅森（Mersenne，譯註：西元1588-1648，是法國的一位數學家與神學家。他最爲人知道的發現是梅森定律[Mersenne Law]。這是描述拉伸弦或單弦的振動頻率的定律，這對樂器製作與音樂調音很有幫助。其主要著作《宇宙之和諧》[Harmonie universelle]，使得他有「聲學之父」[father of acoustics]的美名）提請現代的我—概念（Ich-Konzeption）的創始人注意相關的文本的對比（Textparallelen）。然而，在西元1644年5月2日寫給梅茲藍（Mesland）的信中，笛卡兒在這些努力中只看到嘗試藉助於這位教父使他的地位合法化；他從不承認一種依存或實質的關聯。也許是在這樣的背景：笛卡兒不想要使得他的哲學在任何情況之下都依賴於啓示眞理。在他死後，由於這種「未被承認的抄襲」（"uneingestandenen Plagiats"），反對者對笛卡兒的立場發起了攻擊。另一方面，雅克·貝尼涅·博須埃（J.B. Bossuet，西元1627-1704）捍衛笛卡兒的哲學，儘管後者恰恰作爲一種奧古斯丁主義。博須埃也是一位在他的《宇宙史的談論》（*Discours sur l' histoire universelle*）裡以求助於奧古斯丁的救贖史概念（heilsgeschichte Konzeption）形塑現代歷史哲學的人。同樣的，尼古拉·馬勒伯朗士（N. de Malebranche，西元1638-1715）屬於奧古斯丁的笛卡兒主義（augustinischen Cartesianismus）的代表。他的思想觀念，例如：他的偶因論（Okkasionalismus），其中的因果關係和知識是從上帝的唯一的效力（Alleinwirksamkeit Gottes）的意義來解釋的，這在很大程度上要歸功於這位教父的教導（Lektüre）。

西元十七世紀時的楊森主義（Jansenismus）在反對當代的耶穌會士中的半柏拉糾主義的趨向時，恩典的主題再次成爲核心的世界觀的問題的要角。荷蘭神學家康內留斯·楊森（Cornelius Jansen，西元1585-1638）受到比利時的邁克爾·貝烏斯（Michael Baius，西元1513-89）的奧古斯丁主義的影響，他教導人類完全無法與上帝和解（Versöhnung mit Gott）的學說；唯有恩典能夠從屬地的喜悅（delectatio terrena）轉向到屬天的喜悅（delectatio caelestis）。楊森的作品《奧古斯丁》（死後，西元1640年）確定了進一步的衝突，這場衝突集中在法國。安托萬·阿爾諾（A. Arnauld，西元1612-94）和皇家港的修女們（die Nonnen von Port-Royal）反對黎塞留（Richelieu）與馬札然（Mazarin），他們出於國家感的理由（Gründen der Staatsräson）而拒絕恩典神學。另一方面，皇家港的運動得到來自布萊茲·巴斯卡（Blaise Pascal，西元1623-62）的反耶穌會的《致某省的

信》（*Lettres à un provincial*）的支持。巴斯卡的奧古斯丁式所形塑的宗教與神學，表現出色的風格，它贏得楊森主義（Jansenismus）的眾多支持者。巴斯卡從奧古斯丁的「心」或「意志」（人的魂的中心[des seelischen Zentrums des Menschen]; ratio cordis）的概念中得出了心的理性（raison de cœur）的核心概念（《講道集》第126卷，第2章，第3節[serm. CXXVI 2, 3]；參見Sellier，西元1970）。萊布尼茲（G. W. Leibniz，西元1646-1716）在《神義論》（*Theodicée*）裡捍衛奧古斯丁的缺乏概念（privatio-Begriff；第1部分，§29[I Teil, §29]），反而批評他的原罪的學說（第3部分，§§283以下各處（III. Teil, §§283ff.））；對於意志因不重要的原因而實現轉變爲善，他引證「拿起來讀的母題」（das tolle-lege-Motiv）作爲一個明顯的例子（第1部分，§100[I.Teil, §100]）。

在最後一次重要的恩典神學爭執之後，這位教父不再在西方的精神史上確保支配的地位。啓蒙運動的時代一開始本身就帶有否定的。伏爾泰（Voltaire，西元1694-1778）突顯地說：「一個非洲人的夢想是什麼，他一會兒是摩尼教徒，一會兒是基督徒，一會兒是過度的，一會兒是順從的，一會兒是寬容的，一會兒是迫害者，這意指什麼呢？」愛德華・吉本（Edward Gibbon，西元1737-94）在他的歷史的作品中，指責奧古斯丁的「虛假與裝飾的修辭學」（"falsche und gezierte Rhetorik"）以及他的「膚淺的博學」（"oberflächliche Gelehrsamkeit"）。赫德（J.G. Herder，西元1744-1803）將奧古斯丁描述爲「教會的專制者」（"kirchlichen Despoten"），他的熱忱對教會的恩典學說是有害的（《基督教經文》[*Christliche Schriften*]）。或許由於這種普遍的蔑視，奧古斯丁就不值得出現在康德和德國唯心主義裡。只有施萊爾馬赫（Schleiermacher，西元1768-1834）捍衛了奧古斯丁的恩典學說，以及透過喀爾文對他的學說的接受（KGA，第10卷，145以下[KGA, Bd. X, 145ff.]）。另一方面，尼采（西元1844-1900）對這位教會之父表現出特別貶損。在西元1885年3月31日，他給奧韋爾貝克（Overbeck）的一封信中評價了《懺悔錄》：「噢，這位年老的演說家！如此錯誤與善變！……哲學價值是一無可取。卑鄙的柏拉圖主義，也就是說，一種爲最高貴的、

屬魂的貴族統治所發明的一種思想方式，它正是為奴隸本性（Sklaven-Naturen）而預備。」

　　在《懺悔錄》第十一卷的「時間論文」決定了奧古斯丁出現在西元二十世紀的哲學中。時間理論是在正視這位教父時發展出來的，胡塞爾（Husserls，西元1859-1938）的時間理論與奧古斯丁的時間理論有著最緊密的連結。在西元1904年冬季的演講中，胡塞爾特別正面採用外部時間與內部時間之間的區別；奧古斯丁對記憶（Erinnerung）和期望（Erwartung）內聚到「內在的時間體驗」（"innere Zeiterlebnis"）中的觀察看到他的長久的興趣。海德格（西元1889-1976）在西元1921年夏季的一次講課和西元1930年在伯依倫（Beuron）的一次演講中討論了奧古斯丁的時間理論；由於時間理論與回憶的概念（memoria-Begriff）的連繫，他認為這個理論比亞里斯多德和康德的觀點更廣泛；儘管它已經接近一種「存在」（"existenzialen"）的時間的意義，但是它仍然被——據稱是扭曲的時間現象的——表象（Vorstellung）所主導，即時間就是一系列現在的點（Jetztpunkten）。從另一個觀點來看，羅素（Russell，西元1872-1970）稱讚這位教父是一位時間的澈底的主觀主義者，其尖銳的理論意味著超越了古代的觀點，比康德的觀點更清晰。羅素認為，奧古斯丁的過度的（exzessiver）主觀主義是由於他對罪惡意識的增強。維根斯坦（Wittgenstein，西元1889-1951）居然慎重地接受了《懺悔錄》；不僅《哲學的研究》（*Philosophischen Untersuchungen*），而且《哲學評論》（*Philosophischen Bemerkungen*）和《藍皮書》（*Blaue Buch*）都包含有這個接受的痕跡。維根斯坦指責奧古斯丁的時間理論，認為它的問題只是產生於對「時間」的語法使用的誤解；奧古斯丁以不正確的方式將時間空間化。

　　在謝勒（M. Scheler，西元1874-1928）那裡有一種反對康德的訴諸幸福論（Eudämonismus），清楚地，幸福論也就是涉及這位教父。宗教哲學家魯道夫・奧托（R. Otto，西元1869-1937）接受了奧古斯丁關於神的言談方式，即奧古斯丁的「完全不一樣」（"Ganz Anderen"）的上帝（參見「其他，完全其他」aliud, aliud valde；《懺悔錄》第7卷，第10章，第16節[conf.

VII 10, 16])。從西元1930年代到1960年代（J. Hessen, J. Guitton, R. Guardi-
ni, J. Bernhart）在法國與德國的基督教存在主義與某種的奧古斯丁—文藝復
興（Augustinus-Renaissance）結合在一起。在這場運動中，這位希波的主教
以一位具奧祕的內在性（mystischen Innerlichkei）、人格性（Personalität）
與對話性（Dialogizität）的哲學家呈現。與此相關的是卡繆（A. Camus，西
元1913-60）的立場。卡繆寫了有關普羅丁與奧古斯丁的畢業論文；在卡繆
的小說作品中，這位非洲主教的出現是基於附帶有奧古斯丁的邪惡的理論的
意義。雅斯培（K. Jaspers，西元1883-1969）認為奧古斯丁（Augustine）被
當作柏拉圖和康德之間唯一的「哲學思考奠基人」（"Gründer des Philoso-
phierens"），像在齊克果（Kierkegaard）和尼采中則被當作是「原初的震
撼」（"ursprünglich Erschütterte（n）"）那樣。「奧古斯丁對我們的意義」
在於他的「邊界處境的經歷」（"Erfahrung der Grenzsituationen"；西元1957,
176以下）。另一方面，雅斯培的學生漢娜‧鄂蘭（H. Arendt，西元1906-
75）無與倫比精確研究這位教父，是由於他的「神所安排的愛」（'ordinata
dilectio'）的概念，以及由於他的創新性的意志概念（Willensbegriff；參見
第貳章，第六節（二）Kap.II.6.b）。

在西歐和美國，在過去幾十年來歷史語言學的個人勞動中，存在主義
的熱情的基調和這位「教父」無距離的現代化（die distanzlose Modernisier-
ung）已經離去。奧古斯丁的研究──通常由拉丁語文學家、神學家、歷史
學家和哲學家進行跨學科研究──通常是藉由一些重要機構來組織的。在這
些機構中，特別強調的是奧古斯丁研究學院（巴黎[Paris]）、在維拉諾瓦大
學的奧古斯丁研究所（維拉諾瓦，賓州[Pennsylvania]）、教父奧古斯丁研
究所（羅馬[Rom]），奧古斯丁語言詞庫所（愛因霍恩[Eindhoven]），奧古
斯丁歷史學院（魯汶[Löwen]），奧古斯丁研究所（符茲堡[Würzburg]）和
奧古斯丁詞典的編輯部（吉森[Gießen]），以及奧地利科學研究院委員會的
教父的編輯（維也納[Wien]）。

附　錄

年表

354	11月13日：奧古斯丁出生於北非的塔加斯特城（Thagaste）。
370	開始在迦太基（Karthago）學習修辭學。
373	閱讀西塞羅的《論哲學》（*Hortensius*）。
373-382	屬於摩尼教徒的宗教成員。
375	返回塔加斯特城；奧古斯丁成爲語法教師與修辭學教師。
376	在迦太基的教學活動，與摩尼教徒浮士德（Faustus）見面。
383	在羅馬教學活動；對「新學院」（'Neuen Akademie'）的懷疑論表示興趣。
384	奧古斯丁在米蘭獲得崇高職位的修辭學教師（*magister rhetoricae*）；與主教安波羅修（Ambrosius）相遇。
386	夏天：閱讀《柏拉圖主義者之著作》（*Platonicorum libri*）和「皈依」（'Bekehrung'）。
386/7	留在卡撒西亞坤（Cassiciacum）；重要的早期對話錄產生。
387	返回米蘭並洗禮；秋季：「奧斯提亞的異象」（'Vision von Ostia'）和母親莫妮卡的去世。
387/8	留在羅馬。
388	返回非洲：先是迦太基，接著塔加斯特城。
390	奧古斯丁在非自願之下在希波・里吉斯（Hippo Regius）被選爲教士。
391	主持聖職（Priesterweihe）；聖經研究的「假期」（'Urlaub'）；奧古斯丁過著修道院的生活。

395	接受聖職成為希波的主教。
	自西元 397 年以來與多納徒（Donatisten）的文學的與教會政治的對峙。
396/7	在《致辛普里西岸茲》（*Ad Simplicianum*）中重估恩典學說與原罪學說。
392-420	《在詩篇詳解》的產生。
397-401	《懺悔錄》的產生。
399-419	《論三位一體》的產生。
410	亞拉里克（Alarich）征服羅馬；難民潮等湧入到非洲。
411	自西元 411 以來伯拉糾主義者對有關恩典、原罪與嬰兒洗的爭論。
413-427	《論上帝之國》的產生。
430	8 月 28 日：希波在汪達爾人（die Vandalen）圍攻期間，奧古斯丁過世。
431/439	第一部出自於玻西底烏斯（Possidius）之筆的自傳出版。

書目

（一）文本

Sancti Aurelii Augustini opera omnia, studio monachorum ordinis s. Benedicti, 11 Bde., Paris 1679-1700 (Mauriner-Ausgabe).

Sancti Aurelii Augustini opera omnia, in: J.P. Migne, Patrologiae cursus completus, series Latina, Bde. 32-47, Paris 1841-1849 (entspricht der Mauriner-Ausgabe mit Ausnahme der Predigten; abgekürzt: PL).

Augustini opera, in: Corpus scriptorum ecclesiasticorum Latinorum, Wien 1887ff. (abgekürzt: CSEL).

Aurelii Augustini opera, in: Corpus Christianorum, series Latina, Turnhout 1954ff. (abgekürzt: CCL).

（二）補助工具

Andersen, C. [2]1973: Bibliographia Augustiniana, Darmstadt.

Augustine Bibliography (1972): Reproduction des fichiers bibliographiques de l'Institut des études augustiniennes, 2 Bde., Boston.

Augustiniana. Tijdschrift voor de Studie van Sint Augustinus en de Augustijnerorde, Löwen 1951ff (abgekürtzt: Aug.).

Augustinian Studies. Villanova 1970ff, (abgekürzt: AS).

Augustinus-Lexikon. Hg. v.C.Mayer u.a., Basel/Stuttgart 1986-94, Bd.I(angelegt auf vier Bde. und einen Register-Bd.).

Van Bavel, T. (1963): Répertoire bibliographique de saint Augustin, 1950-1960, New York/Oxford.

Miethe, T.L.(1982): Augustinian Bibliography, 1970-1980, Westport/London.

Revue des Etudes Augustiniennes, Paris 1955ff. (abgekürtzt: REA; enthält als 'Bulletin augustinien' eine jährliche Bibliographie der Neuerscheinungen).

（三）譯本

1. 全部翻譯或部分翻譯

Bibliothek der Kirchenväter, München 1911ff.

Bibliothèque augustinienne. Œuvres de saint Augustin, Paris 1947ff.(zuverlässige lat.-frz. Ausgaben mit soliden Einleitungen und Anmerkungen); *Nouvelle bibliothèque augustinienne* (revidierte frz. Übersetzungen ohne Kommentar).

Deutsche Augustinus-Ausgabe. Hg. und übers, v.C.J.Perl, Paderborn 1955ff.

Sankt Augustinus, der Lehrer der Gnade. Lat.-dt. Gesamtausgabe seiner antipelagianischen Schriften, hg.v.S.Kopp, T.G.Ring und A. Zumkeller, Würzburg 1955ff.; bislang: Prolegomena sowie Bde. I, II, III und VII.

2. 重要的單行翻譯

Bekenntnisse. Übers. v. W. Thimme, München 1985.

Bekenntnisse. Übers. v. K. Flasch und B. Mojsisch, Stuttgart 1989.

Confessiones. Lat/dt., eingel., übers. und komm. v.J.Bernhart, München 1955; Frankfurt a. M. 1987.

De beata vita – Über das Glück. Lat./dt., Übers., Anmerkungen und Nachwort v.I.Schwarz-Kirchenbauer und W.Schwarz, Zürich 1972; Stuttgart 1982.

De utilitate credendi/Über den Nutzen des Glaubens. Lat./dt., übers. und eingel. v.A.Hoffmann, Freiburg i.Br. (u.a.) 1992.

De vera religione/Über die wahre Religion. Lat. /dt., übers. und Anmerkungen v.W.Thimme, Zürich 1962; Stuttgart[2] 1983.

Philosophische Frühdialoge. Eingel., übers. und erl. v.E. Mühlenberg, I.Schwarz-Kirchenbauer und B.R.Voss, Zürich 1972.

Philosophische Spätdialoge. Lat./dt., übers. und erl. v.G.Weigel und K.H. Lütcke, Zürich 1973.

Selbstgespräche/Von der Unterblichkeit der Seele. Lat/dt., Einführung, Übertragung und Anmerkingen v.H.Müller, Zürich/München 1986.

Vom Gottesstaat(De civitate dei). Übers. v.W. Thimme; eingel.und komm. v.C.Andresen, 2 Bde., Zürich 1955; München[2] 1985.

（四）文學作品

1. 完整的目錄

Andresen, C.(Hg.)[2] 1975: Zum Augustin-Gespräch der Gegenwert, Darmstadt, Wege der Forschung Bd. 5.

-(Hg.)1981: Zum Augustin-Gespräch der Gegenwart II, Darmstadt, Wege der Forschung Bd. 327.

Augustinus Magister 1954: Congrès international augustinien, 3 Bde., Paris.

Bonner, G. 1963: St. Augustine of Hippo: Life and Controversies, Philadelphia.

Brown, P.[2]1982: Augustinus von Hippo, Frankfurt a.M. (engl. Berkeley/Los Angeles 1967).

Congresso 1987: Congresso internazionale su S. Agostino nel XVI centenario della conversion, 3 Bde., Roma.

Flasch, K. 1980: Augustin. Einführung in sein Denken, Stuttgart.

Kirwan, Ch. 1989: Augustine, London/New York.

Markus, R. A.(Hg.)1972: Augustine. A Collection of Critical Essays, New York.

Mayer, C.P./Chelius, K.H.(Hgg.)1989: Internationales Symposion über den Stand der Augustinus-Forschung, Würzburg.

Schindler, A. 1979: Art. 'Augustin', in : Theologische Real-Enzyklopädie, Bd. 4, Berlin/New York, 646-698.

Taylor, Ch. 1994: Quellen des Selbst. Die Entstehung der neuzeitlichen Identität, Frankfurt a.M. (engl. Cambridge 1989).

Windelband, W. 1935: Lehrbuch der Geschichte der Philosophie, Tübingen.

2. 發展階段有爭議的解釋

Alfaric, P. 1918: L'évolution intellectuelle de saint Augustin. Bd.I: Du Manichéisme au Néoplatonisme, Paris.

Boissier, G. 1888: La conversion de saint Augustin, in: Revue des deux mondes, 1er janvier 1888.

v. Harnack, A. 1888: Augustins Confessionen, Gießen.

Madec, G. 1898: Le néoplatonisme dans la conversion d'Augustin, in: Mayer/Chelius (1989), 9-25 (s.u.1).

Thimme, W. 1908: Augustins geistige Entwicklung in den ersten Jahren nach seiner Bekehrung (386-391), Berlin.

a) 爲何皈依？

Boyer, C. 1920: Christianisme et Néo-Platonisme dans la formation de saint Augustin, Paris.

Courcelle, P. 1963: Les Confessions de saint Augustin dans la tradition littéraire, Paris

-^{2} 1968: Rescherches sur les 'Confessions' de saint Augustin, Paris.

Courcelle, J./Courcelle, P. 1965ff.: Iconographie de saint Augustin, Paris (bislang 4 Bde.).

Ferrari, L.C. 1984: The Conversions of Saint Augustine, Villanova.

Lütcke, K.H. 1968: 'Auctoritas' bei Augstin, Stuttgart.

O' Connell, R. J. 1969: St. Augustine's Confessions. The Odyssey of Soul, Cambridge/Mass.

O' Donnell, J.J. 1992: Augustine, Confessions. Latin Text with Commentary, 3 Bde. Oxford.

O' Meara, J.J.[2] 1980: The Young Augustine. An Introduction to the *Confessions* of St. Augustine, London/New York.

b) 奧古斯丁的柏拉圖主義的根源

Courcelle, P. 1948: Les lettres grecques en occident de Macrobe à Cassiodor, Paris.

Dörrie, H. 1971: Porphyrios als Mittler zwischen Plotin und Augustin, in: W. Beierwaltes (Hg.), Platonismus in der Philosophie des Mittelalters, Damstadt. 410-439.

Gilson, E. 1948: Ľ esprit de la philosophie médiévale, Paris.

Hadot, P. 1960: Citations de Porphyre chez Augustin, in: REA 8, 205-244.

- 1968: Porphyre et Victorinus, 2 Bde., Paris.

Henry, P. 1934: Plotin et ľoccident, Louvain.

O'Connell, R.J. 1984: Saint Augustine's Platonism, Villanova.

Theiler, W. 1933: Porphyrios und Augustin, Halle.

c) 恩典教師的發展

Beatrice, P.F. 1978: Tradux Peccati. Alle fonti della dottrina agostiniana del peccato originale, Milano.

Bonner, G. 1972: Augustine and Pelagianism in the Light of Modern Research, Villanova.

Brown, P. 1972: Religion and Society in the Age of Saint Augustine, London.

- 1991: Die Keuschheit der Engel. Sexuelle Entsagung, Askese und Körperlichkeit am Anfang des Christentums, München (engl. New York 1988).

Flasch, K. 1980: s.u.1.

-1990: Logik des Schreckens. Augustinus von Hippo: Die Gnadenlehre von 397, Mainz.

Greshake, G. 1972: Gnade als konkrete Freiheit, Mainz.

O'Daly, G.J.P. 1989: Predestination and Freedom in Augustine's Ethics, in: G. Vesey (Hg.), The Philosophy in Christianity, Cambridge, 85-97.

Ring, T.G. 1994: Bruch oder Entwicklung im Gnadenbegriff Augustins? Kritische Bemerkungen zu K. Flasch, Logik des Schreckens, in: Aug. 44, 31-113.

Simonis [2] 1981: Heilsnotwendigkeit der Kirche und Erbsünde bei Augustinus, in: C. Andresen (Hg.) 1981 (s.u.1).

Zeoli, A. 1963: La teologia agostiniana della grazia fino alle *Quaest. in Simplicianum (396)*, Napoli.

3. 卡撒西亞坤的早期哲學

Doignon, J. 1989: Etat des questions relatives aux premiers Dialogues de saint Augustin, in: Mayer/Chelius 1989, 47-86 (s.u.1).

Madec, G. 1986: L'historicité des Dialogues de Cassiciacum, in: REA 32, 207-231.

a) 明確性

Bucher, T.G. 1982: Zur formalen Logik bei Augustin, in: Freiburger Zeitschrift für Philosophie und Theologie 29, 3-45.

Diggs, B.J. 1949/50: Saint Augustine against the Academicians, in: Traditio 7, 73-93.

Kirwan, C. 1983: Augustine against the Skeptics, in: M. Burnyeat(Hg.), The Skeptical Tradition, Berkeley, 205-223.

Mourant, J. 1966: Augustine and the Academics, in: RechAug 4, 67-96.

Ricken, F. 1994: Antike Skeptiker, München, 29-67.

Smalbrugge, M.A. 1986: L' argumentation probabiliste d'Augustin dans le 'Contra Academicos', in: REA 32, 255-279.

b) 幸福的倫理學

Babcock, W.S.(Hg.)1991: The Ethics of St. Augustine, Atlanta.

Beierwaltes, W. 1981: Regio beatitudinis. Zu Augustins Begriff des glücklichen Lebens, Sitzungsber. d. Heidelb. Akad. Der Wissenschaften (Philosophisch-historische Klasse), Bericht 6.

Burnaby, J. 1970: Amor in St. Augustine, in: Ch. W. Kegley (Hg.), The Philosophy and Theology of A. Nygren, London u.a., 174-186.

Hadot, P. 1991: Philosophie als Lebensform. Geistige Übungen in der Antike, Berlin (frz. 1981, ² 1987).

Hanse, H. 1939: 'Gott haben' in der Antike und im frühesten Christentum, Berlin.

Holl, K. 1923: Augustins innere Entwicklung, Berlin.

Holte, R. 1962: Béatitude et sagesse. Saint Augustin et le problème de la fin de l'homme dans la philosophie ancienne, Paris/Worcester, Mass.

Mausbach, J. ² 1929: Die Ethik des Heiligen Augustinus, 2 Bde., Freiburg i. Br. 1909.

Nygren, A. ² 1954: Eros und Agape. Gestaltwandlungen der christlchen Liebe, Gütersloh, Teil II, 351-443.

Wetzel, J. 1992: Augustine and the Limits of Virtue, Cambridge/Mass.

c) 惡與秩序，自由與神意

Beierwaltes, W. 1969: Augustins Interpretation von Sapientia 11, 21, in: REA 15, 51-61.

Evans, G. R. 1982: Augustine on Evil, Cambridge.

Jolivet, R. 1936: Le problème de mal d'après saint Augustin, Paris.

O' Daly, G.J.P. 1989: Predestination and Freedom in Augustine's Ethics, in: G. Vesey (Hg.), The Philosophy in Christianity, Cambridge, 85-97.

Parma, Ch. 1971: Pronoia und Providentia. Der Vorsehungsbegriff Plotins und

Augustins, Leiden.

Rist, J. M. 1969: Augustine on free Will and Predestination, in: Journal of Theological Studies 20, 420-447 (ND in: Markus (1972) 218-252; s.u.1).

d) 美、技藝、音樂

Beierwaltes, W. 1975: Aequalitas numerosa. Zu Augustins Begriff des Schönen, in: Wissenschaft und Weisheit 38, 140-157.

Chapman, E. 1939: St. Augustine's Philosophy of Beauty, New York.

Harrison, C. 1991: Beauty and Revelation in the Thought of St. Augustine, Oxford.

Keller, A. 1993: Aurelius Augustinus und die Musik, Würzburg.

O'Connell, R.J. 1978: Art and the Christian Intelligence in St. Augustine, Oxford.

Svoboda, K. 1933: L' esthétique de saint Augustin et ses sources, Brno/Paris.

e) 教育

Blumenberg, H. 1961: Augustins Anteil an der Geschichte des Begriffs der theoretischen Neugierde, in: REA 7, 35-70.

_ [4]1988: Der Prozeß der theoretischen Neugierde, Frankfurt a.M., 103-121.

Hadot, I. 1984: Arts libéraux et philosophie dans la pensée antique, Paris, 101-136.

Hagendahl, H. 1967: Augustine and the Latin Classics, 2 Bde., Göteborg.

Howie, G. 1969: Educational Theory and Practice in St. Augustine, London.

Lorenz, R. 1955/56: Die Wissenschaftslehre Augustins, in: Zeitschrift für Kirchengeschichte 67, 29-60 und 213-251.

Marrou, H. I.[4] 1958: Saint Augustin et la fin de la culture antique, Paris(dt. Augustinus und das Ende der antiken Bildung, Paderborn u.a. 1982).

O'Connell, R. J. 1968: St. Augustine's Early Theory of Man, Cambridge/Mass.

4. 知識理論與爬升的概念

Beierwaltes, W. 1977: Plotins Metaphysik des Lichtes, in: C. Zintzen(Hg.), Die Philosophie des Neuplatonismus, Wege der Forschung 186, Darmstadt, 75-117.

a) 知覺與想像力（Imagination）

Blumenthal, H. J. 1971: Plotinus' Psychology. His Doctrine of the Embodied Soul, the Hague.

Dulaey, M. 1973: La rêve dans la vie et la pensée de saint Augustin, Paris.

O' Connell, R. J. 1986: Imagination and Metaphysics in St. Augustine, Marquette.

O' Daly, G.J.P. 1985: Sensus interior in St. Augustine, De libero arbitrio 2, 3, 25-6, 51, in: Studia Patristica 16, 528-532.

_ 1987: Augustine's philosophy of Mind, Berkeley/Los Angeles, 80-130.

Teske, R. J. 1993: Augustine, Maximinus, and Imagination, in: Aug. 43, 27-41.

b) 數與相

Hadot, P. 1967: 'Numerus intelligibilis infinite crescit'. Augustin, Epistula 3, 2, in: Miscellanea André Combes, Divinitas 11, 181-191.

Horn, Ch. 1994: Augustins Philosophie der Zahlen, in: REA 40, 389-415.

Knappitsch, A. 1905: Sanctus Augustinus Zahlensymbolik, Graz.

O' Meara, D. 1989: Pythagoras Revived. Mathematics and Philosophy in Late Antiquity, Oxford.

Schmitt, A. 1990: Zahl und Schönheit in Augustins De musica VI, in: Würzb. Jahrb. für die Altertumswiss. 16, 221-237.

c) 記憶作爲思想、自我意識與作爲先天的知識

Mourant, J. A. 1980: St. Augustine on Memory, Villanova.

O' Daly, G. J. P. 1974: Did St. Augustine ever believe in the Soul's Pre-existence?, in: Aug. Stud. 5, 227-235.

-1976: Memory in Plotinus and two Early Texts of St. Augustine, in: Studia Pa-
   tristica 14= TU 117, 461-469.

-1987: s.u.4.a.

Teske, R. J. 1984: Platonic Reminiscence and Memory of the Present in St. Au-
   gustine, in: The New Scholasticism 58, 220-235.

Winkler, K. 1954: La théorie augustinienne de la mémoire à son point de départ,
   in: Augustinus Magister I, 512-519 (s.u. 1).

d) 光照理論

Bubacz, B. 1980: Augustine's Illumination Theory and Epistemic Structuring, in:
   AS 11, 35-48.

_ 1981: St. Augustine's Theory of Knowledge. A Contemporary Analysis, New
   York/Toronto.

Jolivet, R. 1934: Dieu soleil des esprits. La doctrine augustinienne de
   l'illumination, Paris.

Körner, F. 1956: Deus in homine videt. Das Subjekt des menschlichen Erken-
   nens nach der Lehre Augustins, in: Philosophisches Jahrbuch 64, 166-217.

Nash, R. H. 1969: The Light of the Mind: St. Augustine's Theory of Knowledge,
   Lexington.

Warnach, V. 1954: Erleuchtung und Einsprechung bei Augustinus, in: Augusti-
   nus Magister I, 429-450 (s.u.1).

Wenning, G. 1989: Die Illuminationslehre Augustins, in: Aug. 39, 99-118.

Wienbruch, U. 1989: Erleuchtete Erkenntnis. Zur Erkenntnislehre Augustins,
   Bonn.

e) 奧古斯丁的我思作爲「內在世界」的發現

Abercrombie, N. [2] 1972: Saint Augustine and Classical French Thought, New
   York 1938.

Blanchet, L. 1920: Les antécédents historiques du 'Je pense, donc je suis', Paris.

Booth, E. 1977-79: St. Augustine's 'notitia sui' Related to Aristotle and the Early Neoplatonists, in: Aug. 27, 70-132, 364-401; 28, 183-221 und 29, 97-124.

Gilson, E. ³ 1967: Études sur le rôle de la pensée médiévale dans la formation du système cartésien, Paris 1930.

Hintikka, J. 1962: "Cogito, Ergo Sum": Inference or Performance? In: Philosophical Review 71, 3-3 2.

Matthews, G.B. 1992: Thought's Ego in Augustine and Descartes, Ithaca/London.

Mayer, C. P. 1983: Identität und Ich-Erfahrung nach der Augustinischen Gedächtnislehre- Eine Replik auf die Interpretation der Augustin- Zitate in Martin Walsers Roman 'Das Einhorn', in: Münchner theologische Zeitschrift 34, 310-322.

5.「裡面的教師」的語言理論

Borsche, T. 1986: Macht und Ohnmacht der Wörter. Bemerkungen zu Augustins 'De magistro', in: B. Mojsisch(Hg.): Sprachphilosophie in Antike und Mittelalter, Amsterdam, 121-161.

Burnyeat, M.F. 1987: Wittgenstein and Augustine *de magistro*, in: Proceedings of the Aristotelian Society 61, 1-24.

Hennigfeld, J. 1994: Augustinus. Äußeres Zeichen und inneres Wort, in: ders., Geschichte der Sprachphilosophie. Antike und Mittelalter, Berlin/New York, 125-167.

Jackson, B.D. 1969: The Theory of Signs in *De doctrina Christiana*, in: REA 15, 9-49 (=R.A. Markus (1972) 92-147).

Mayer, C.P. 1969-74: Die Zeichen in der geistigen Entwicklung und in der Theologie Augustins, 2 Bde., Würzburg.

Pinborg, J. 1962: Das Sprachdenken der Stoa und Augustins Dialektik, in: Classica et Mediaevalia 23, 144-177.

Ruef, H. 1981: Augustin über Semiotik und Sprache. Sprachtheoretische Analysen zu Augustins Schrift 'De dialectica' mit einer deutschen Übersetzung, Bern.

Simone, R. 1972: Sémiologie augustinienne, in: Semiotica 6, 1-31.

6. 時間的「主體性」與「客觀性」

Callahan, J.E. 1958: Basil of Caesarea. A New Source for St. Augustine's Theory of Time, in: Harvard Studies in Classical Philology 63, 437-459.

Flasch, K. 1993: Was ist Zeit? Augustinus von Hippo. Das XI. Buch der Confessiones. Historisch-philosophische Studie. Text – Übersetzung – Kommentar, Frankfurt a. M.

Grandgeorge, L. 1969: Saint Augustin et le néoplatonisme, Paris 1896(ND Frankfurt a. M.), 76ff.

Günther, D. 1992: Schöpfung und Geist. Studien zum Zeitverständnis Augustins im XI: Buch der Confessiones, Amsterdam.

Liuzzi, T. 1984: Tempo e memoria in Agostino. Dalle 'Confessioni' al 'De Trinitate', in: Rivista di storia della filosofia 1, 35-60.

*Meijering, E.*P. 1979: Augustin über Schöpfung, Ewigkeit und Zeit. Das XI. Buch der Bekenntnisse, Leiden.

O' *Daly, G. J. P.* 1977: Time as *Distentio* and St. Augustine's Exegesis of *Philippians* 3, 12-14, in: REA 23, 265-271.

-1981: Augustine on the Measurement of Time: Some Comparisons with Aristotelian and Stoic Texts, in: H.J.Blumenthal/R.A. Markus(Hgg.): Neoplatonism and Early Christian Thought, London, 171-179.

Sorabji, R. 1983: Time, Creation and Continuum. Theories in Antiquity and the Early Middle Ages, London.

Teske, R.J. 1983: The World-Soul and Time in St. Augustine, in: AS 14, 75-92.

7. 國家概念與歷史哲學

Donnelly, D.F./Sherman, M.A. 1992: Augustine's 'De civitate dei': An Annotated Bibliography of Modern Criticism, 1960-1990, New York: u.a.

Duchrow, U.[2] 1983: Christenheit und Weltverantwortung. Traditionsgeschichte und systematische Struktur der Zweireichelehre, Stuttgart 1970.

Guy, J.-C. 1961: Unité et structure logique de la 'cité de Dieu' de saint Augustin, Paris.

Hahn, T. 1990: Tyconius-Studien. Ein Beitrag zur Kirchen- und Dogmengeschichte des vierten Jahrhunderts, Leipzig.

Kamlah, W.[2] 1951: Christentum und Geschichtlichkeit. Untersuchungen zur Entstehung des Christentums und zu Augustins "Bürgerschaft Gottes", Stuttgart/Köln.

Klein, R. 1988: Die Sklaverei in der Sicht der Bischöfe Ambrosius und Augustinus, Stuttgart.

Leisegang, H. 1925: Der Ursprung der Lehre Augustins von der *civitas dei*, in: Archiv f. Kulturggeschichte 16, 127-158.

Löwith, K.[8] 1990: Weltgeschichte und Heilsgeschehen. Die theologischen Voraussetzungen der Geschichtsphilosophie, Zürich, bes. 148-174.

Markus, J. R.[2] 1983: Saeculum. History and Society in the Theology of St. Augustine, Cambridge.

Van Oort, J. 1991: Jerusalem and Babylon. A Study into Augustine's City of God and the Sources of his Doctrine of the Two Cities, Leiden.

Schilling, O. 1910: Die Staats- und Soziallehre des hl. Augustin, Freiburg.

Scholz, H.[2] 1967: Glaube und Unglaube in der Weltgeschichte. Ein Kommentar zu Augustins "De Civitate Dei", Leipzig 1911.

*Schwarte, K.*H. 1966: Die Vorgeschichte der augustinischen Weltalterlehre, Bonn.

Sternberger, D. 1978: Drei Wurzeln der Politik, 2 Bde., Frankfurt a. M.

White, M. 1994: Pluralism and Secularism in the Political Order: St. Augustine and Theoretical Liberalism, in: The University of Dayton Review 22.

8. 哲學的神學

Madec, G. 1989: La patrie et la voie, Paris.

Simonis, W. 1970: Ecclesia visibilis et invisibilis, Frankfurt a. M.

TeSelle, E. 1970: Augustine the Theologian, London.

a) 三位一體

Genn. F. 1986: Trinität und Amt nach Augustinus, Einsiedeln.

Hadot, P. 1962: L'image de la trinité dans l' âme chez Marius Victorinus et chez saint Augustin, in: Studia Patristica 81, 409-442.

Pintaric, D. 1983: Sprache und Trinität. Semantische Probleme in der Trinität-slehre des hl. Augustinus, Salzburg/München.

du Roy, O. 1966: L'intelligence de la foi en la trinité selon saint Augustin. Génèse de sa théologie trinitaire jusqu'en 391, Paris.

Schindler, A. 1965: Wort und Analogie in Augustins Trinitätslehre, Tübingen.

Schmaus, M. 1927: Die psychologische Trinitätslehre des hl. Augustinus, Münster.

b) 意志作為愛

Arendt, H. 1929: Der Liebesbegriff bei Augustin. Versuch einer philosophischen Interpretation, Berlin.

-1979: Vom Leben des Geistes, Bd. II: Das Wollen, München/Zürich, 82-107 (engl. New York 1978).

Bodei, R. 1991: Ordo Amoris. Conflitti terreni e felicità celeste, Bologna.

Burnaby, J 1947: Amor Dei. A Study of the Religion of St. Augustine, London.

Dihle, A. 1985: Die Vorstellung vom Willen in der Antike, Göttingen (engl. Berkeley/Los Angeles 1982).

Kahn. Ch. 1988: Discovery of the Will: From Aristotle to Augustine, in: J. M.

Dillon/A. A. Long (Hgg.), The Question of Eclecticism, Berkeley, 234-259.

Pohlenz, M.[4] 1970: Die Stoa. Geschichte einer geistigen Bewegung, Band I, Göttungen.

c) 經文解釋

Drobner, H.R. 1986: Person-Exegese und Christologie bei Augustinus, Leiden.

Duchrow, U. 1965: Sprachverständnis und biblisches Hören bei Augustin, Tübingen.

de Lubac, H. 1968: Geist aus der Geschichte. Das Schrifverständnis des Origenes, Einsiedeln(frz. Paris 1950).

Schäublin, Ch. 1992: Zur paganen Prägung der christlichen Exegese, in: J. van Oort/U. Wickert(Hgg.), Christliche Exegese zwischen Nicaea und Chalcedon, Kampen, 148-173.

Strauss, G. 1959: Schriftgebrauch, Schriftauslegung und Schriftbeweis bei Augustin, Tübingen.

Tardieu, M. 1987: Principes de l' exégèse manichéenne du Nouveau Testament, in: ders.(Hg.), Les règles de l'interpretation, Paris, 123-146.

Vogels, H.J. 1930: Die Heilige Schrift bei Augustinus, in: Grabmann, M./Mausbach, J.(Hgg.), Aurelius Saugustinus, 411-421.

d) 魂的不朽的證明與神的證明

Bourke, V.J. 1992: Augustine's Love of Wisdom. An Introspective Philosophy, West Lafayette.

Gilson, E. [4] 1969: Introduction à l'étude de saint Augustin, Paris 1929.

Hadot, P. 1990: La notion d' infini chez saint Augustin, in: Philsophie 26, 59-72.

Hölscher, L. 1986: The Reality of Mind: St. Augustine's Philosophical Arguments for the Human Soul as a Spiritual Substance, London.

Kondoleon, Th. 1983: Augustine's Argument for God's Existence *De Libero Arbitrio*, Book II, in: Augustinian Studies 14, 105-115.

e) 否定的神學與「奧祕」

Henry, P. 1938: La vision d' Ostie, Paris.

Krämer, H.J. 1959: Arete bei Platon und Aristoteles, Heidelberg.

Lossky, V: 1954: Les élements de 'Théologie négative' dans la pensée de saint Augustin, in: Augustinus Magister I, 575-581 (s.u.1).

Louth, A. 1981: The Origins of the Christian Mystical Tradition, Oxford, 132-158.

Mourant, J. 1970: Ostia reexamined, in: International Journal of the Philosophy of Religion 1, 35-45.

Ruh, K. 1990: Geschichte der abendländischen Mystik, Bd. 1, München, 83-117.

9. 中世紀的奧古斯丁主義

Arquillière, H.X.[2] 1972: Augustinisme politique. Essai sur la formation des théories politiques de moyen-âge, Paris.

Gutiérrez, D./Gavigan, J. 1975ff.: Geschichte des Augustinerordens, Würzburg (bislang Bde. I 1, I 2, II und IV).

Koch, J. 1969: Augustinischer und dionysischer Neuplatonismus und das Mittelalter, in: W. Beierwaltes(Hg.), Platonismus in der Philosophie des Mittelalters, Darmstadt, 317-342.

Leff, G. 1979: Art. 'Augustinismus im Mittelalter', in: Theologische Real-Enzyklopädie Bd. 4, Berlin/New York, 699-717.

O' Meara, J.J. 1980: Eriugena's Use of Augustine, in: AS 11, 21-34.

Ritter, J. 1974: Landschaft. Zur Funktion des Ästhetischen in der modernen Gesellschaft, in: ders., Subjektivität, Frankfurt a.M., 141-163.

Sage, A. 1961: La Règle de saint Augustin, commentée par ses écrits, Paris.

Suerbaum, W.[2] 1977: Vom antiken zum mittelalterlichen Staatsbegriff. Über Verwendung und Bedeutung von res publica, regnum, imperium und status von Cicero bis Jordanis, Münster.

Steinmann, K. 1995: Patrara. Die Besteigung des Mont Ventoux, lat.-dt., Stutt-gart.

Trapp, D. 1965: Augustinian Theology of the 14th Century, in: Aug. 6, 146-247.

Zumkeller, A./Krümmel A.(Hgg.)1994: Traditio Augustiniana. Festgabe W. Eck-ermann, Würzburg.

10. 奧古斯丁在現代與現在的存在

Béné, Ch. 1969: Érasme et saint Augustin ou l'influence de saint Augustin sur l' humanisme, Genf.

Delius, H. -U. 1984: Augustin als Quelle Luthers. Eine Materialsammlung, Ber-lin.

Gouhier, H. 1978: Cartésianisme et augustinisme au XVIIe siècle, Paris.

Jaspers, K. 1957: Drei Gründer des Philosophierens: Plato, Augustin, Kant, München.

Lange van Ravanswaay, J.M.J. 1990: Augustinus totus noster. Das Augustinver-ständnis bei Johannes Calvin, Göttingen.

McEvoy, J. 1984: St. Augustine's Account of Time and Wittgensteins Criticism, in: The Review of Metaphysics 37, 547-577.

Pacioni, V. 1987: La presenza di S. Agostino nell'opera letteraria e filosofica di Albert Camus, in: Congresso(1987)III, 369-379.

Sellier, Ph. 1970: Pascal et saint Augustin, Paris.

Smits, L. 1956-58: Saint Augustin dans l'œuvre de Jean Calvin, 2 Bde., Assen.

Vanneste, A. 1994: Pour une relecture critique de l'Augustinus de jansénius, in: Aug. 44, 115-136.

名詞索引

C

D

人物索引

*以下未譯中文者為現代作者

G

H

事物索引

〔作者有時把Böses與Übel互相使用，因此本書有時把這兩個詞都翻譯為「惡」。〕

國家圖書館出版品預行編目資料

奧古斯丁哲學思想導論／克里斯多夫・霍恩
(Christoph Horn)著；羅月美譯. ——初
版. ——臺北市：五南圖書出版股份有限公司，
2021.03
　　面；　公分
譯自：Augustinus
ISBN 978-986-522-398-4 (平裝)

1.奧古斯丁(Augustine, Saint, Bishop of
　Hippo, 354-430)　2.學術思想　3.神學
　4.基督教哲學

142.16　　　　　　　　　　109020873

1B1P

奧古斯丁哲學思想導論

作　　者 ― (德)克里斯多夫・霍恩

　　　　　　(Prof. Dr. Christoph Horn)

譯　　者 ― 羅月美

發 行 人 ― 楊榮川

總 經 理 ― 楊士清

總 編 輯 ― 楊秀麗

副總編輯 ― 蘇美嬌

封面設計 ― 姚孝慈

出 版 者 ― 五南圖書出版股份有限公司

地　　址：106台北市大安區和平東路二段339號4樓

電　　話：(02)2705-5066　　傳　　真：(02)2706-6100

網　　址：https://www.wunan.com.tw

電子郵件：wunan@wunan.com.tw

劃撥帳號：01068953

戶　　名：五南圖書出版股份有限公司

法律顧問　林勝安律師事務所　林勝安律師

出版日期　2021年3月初版一刷

定　　價　新臺幣320元

經典永恆·名著常在

五十週年的獻禮——經典名著文庫

五南，五十年了，半個世紀，人生旅程的一大半，走過來了。
思索著，邁向百年的未來歷程，能為知識界、文化學術界作些什麼？
在速食文化的生態下，有什麼值得讓人雋永品味的？

歷代經典·當今名著，經過時間的洗禮，千錘百鍊，流傳至今，光芒耀人；
不僅使我們能領悟前人的智慧，同時也增深加廣我們思考的深度與視野。
我們決心投入巨資，有計畫的系統梳選，成立「經典名著文庫」，
希望收入古今中外思想性的、充滿睿智與獨見的經典、名著。
這是一項理想性的、永續性的巨大出版工程。
不在意讀者的眾寡，只考慮它的學術價值，力求完整展現先哲思想的軌跡；
為知識界開啟一片智慧之窗，營造一座百花綻放的世界文明公園，
任君遨遊、取菁吸蜜、嘉惠學子！